教育部人才培养模式改革和开放教育试点法学教材

仲裁法学

（第四版）

主　编　常　英

撰稿人　常　英　宋朝武
　　　　杨秀清　俞兆平
　　　　史　飚　邱星美

中国政法大学出版社
2019·北京

声　明　1. 版权所有，侵权必究。
　　　　2. 如有缺页、倒装问题，由出版社负责退换。

图书在版编目（CIP）数据

仲裁法学/常英主编. —4版. —北京：中国政法大学出版社，2019.2（2020.9重印）
ISBN 978-7-5620-8336-8

Ⅰ.①仲… Ⅱ.①常… Ⅲ.①仲裁法—法的理论—中国 Ⅳ.①D925.701

中国版本图书馆CIP数据核字(2018)第135744号

出　版　者	中国政法大学出版社	
地　　　址	北京市海淀区西土城路25号	
邮　　　箱	fadapress@163.com	
网　　　址	http://www.cuplpress.com（网络实名：中国政法大学出版社）	
电　　　话	010-58908435(第一编辑部) 58908334(邮购部)	
承　　　印	固安华明印业有限公司	
开　　　本	787mm×1092mm　1/16	
印　　　张	19.5	
字　　　数	425千字	
版　　　次	2019年2月第4版	
印　　　次	2020年9月第2次印刷	
印　　　数	8001~18000 册	
定　　　价	46.00元	

作者简介

常　英　中国政法大学教授，硕士生导师，主要研究领域为民事诉讼法学与仲裁法学。主要著作：《民事诉讼与律师实务》《民事诉讼基本法教程》《民事诉讼法学》等，并在《政法论坛》等刊物上公开发表论文20余篇。

宋朝武　中国政法大学教授，博士生导师，中国政法大学民事诉讼法研究所所长，中国政法大学法律专家咨询委员会委员，北京市人民检察院第二分院专家咨询委员会委员，主要研究领域为民事诉讼法学与仲裁法学。主要著作：《中国仲裁制度：问题与对策》《调解立法研究》《民事证据法学》《仲裁法理论与适用》《仲裁法学》《民事诉讼法学》《民事诉讼法学教学案例》等，并在《中国法学》《法学评论》《政法论坛》等刊物上公开发表论文近50篇。

杨秀清　中国政法大学教授，博士生导师，中国政法大学民商经济法学院副院长，主要研究领域为民事诉讼法学与仲裁法学。主要著作：《协议仲裁制度研究》《民事裁判过程论》《仲裁法学》《现代民商法原理与实务》《仲裁法理论与适用》等，并在《新华文摘》《法学评论》《法学杂志》《台湾民商法论丛》《政法论坛》《河北法学》《社会科学论坛》《南京师范大学学报》《法律适用》《北京仲裁》《仲裁研究》等刊物上公开发表论文40余篇。

俞兆平　中国政法大学副教授，硕士生导师，主要研究领域为民事诉讼法学与民事诉讼实务。主要著作：《民事诉讼法学》《民事证据法学》《公证与律师制度》《房地产法与律师实务》《破产制度与律师实务》等，并在《法学评论》《政法论坛》等刊物上公开发表论文10余篇。

邱星美　中国政法大学副教授，硕士生导师，主要研究领域为民事诉讼法学、民事强制执行法学、公证法学、民事诉讼实务、证据法学。主要著作：《调解立法研究》《公证与律师制度》《民事诉讼法》《民事诉讼法学》《民事诉讼法案例教程》《综合法律知识分册》《民事诉讼法实施问题研究》《民事诉讼理念与机制》等，并在《法学研究》《政法论坛》《法律适用》《法律科学》《宁夏社会科学》等刊物上公开发表论文30余篇。

史　飚　中国政法大学副教授，硕士生导师，主要研究领域为民事诉讼法学和仲裁法学。主要著作：《商事仲裁监督与制约机制研究》《仲裁法学》《新民事诉讼法精解与适用指引》《民事诉讼法学》《民事诉讼法修改的若干基本问题》等,并在《法制与社会发展》《政法论坛》《山西大学学报》《山西财经大学学报》《北京仲裁》《法大民商经济法评论》等刊物上公开发表论文20余篇。此外,还主持研究教育部社科基金项目"商事仲裁的监督与制约机制研究"。

出版说明

广播电视大学自 1979 创建至今已有二十多年，为国家培养了几十万法律专业高等专门人才。1999 年，为适应我国社会经济发展，建设社会主义法治国家的需要，教育部现代远程教育工程，中央广播电视大学"人才培养模式改革与开放教育试点"项目，作为国家的重点科研课题正式启动，法学专业本科人才培养模式改革与开放教育试点是该项目的重要组成部分。为了实现教育资源的优化配置，中央广播电视大学和中国政法大学合作推出了法律专业专科起点的本科教育，同时邀请了北京大学、中国人民大学等部分高等学校的专家参加教学资源的建设。

为了更好地探索现代远程开放教育规律，充分体现学生自主学习的特点，中央广播电视大学结合二十多年办学经验，从教材的体例、版式设计上做了改革，以适合学生的学习；在内容上力求反映应用性的特点，使学生掌握本学科的基本概念和理论体系，具有分析问题和解决问题的能力，同时培养其自学能力和认识事物的创新能力，以满足人才培养模式改革和开放教育的需求。在建设文字教材的同时，我们还根据远程开放教育的特点，辅之以录音、录像、CAI、网络软件等学习材料为学习者提供学习支持服务。本教材为中央广播电视大学实施教育部"人才培养模式改革和开放教育试点"项目法学专业系列材料。

该系列材料分别由中央广播电视大学出版社和中国政法大学出版社等出版。在教材建设过程中，我们得到了中央广播电视大学、中国政法大学、北京大学、中国人民大学、清华大学、中国人民公安大学、中央民族大学、对外经济贸易大学、中国社会科学院法学研究所、国家法官学院等十几所高等院校、法学研究机构、国家司法机关的有关专家、学者的大力支持，在此表示衷心的感谢。

法学教材编委会
2007 年 7 月

第四版说明

《仲裁法学》第三版于 2013 年 8 月出版，主要是根据 2013 年 1 月 1 日起实施的《民事诉讼法》以及近年来仲裁理论研究与实践的成果，对相关问题以及行文进行了适当的修改与完善。其中主要涉及仲裁前的证据保全、仲裁前的行为保全、仲裁前的财产保全、仲裁中的行为保全以及仲裁裁决不予执行的法定事由等。

随着我国"一带一路"经济策略的确立，对仲裁的国内发展和国际化提出了进一步需求和促进。为适应仲裁国际化的需求，最高人民法院于 2016 年 12 月 30 日公布《最高人民法院关于为自由贸易试验区建设提供司法保障的意见》，其中有条件地承认了临时仲裁制度，珠海横琴自贸区率先推出临时仲裁规则以落实该意见，广州仲裁委员会也相继推出临时仲裁规则。

由于 2012 年《民事诉讼法》修订，2015 年《最高人民法院关于适用〈中华人民共和国民事诉讼法〉的解释》的修订出台，仲裁司法审查的程序和标准不断发生变化，为此，2017 年 12 月 26 日公布了《关于仲裁司法审查案件报核问题的有关规定》（法释〔2017〕21 号）和《关于审理仲裁司法审查案件若干问题的规定》（法释〔2017〕22 号）两项司法解释，以适应仲裁事业日益发展的国内外形势需要。这两项仲裁司法审查新规定已于 2018 年 1 月 1 日起实施。

鉴于仲裁实践中虚假仲裁以及恶意仲裁对案外人权益侵害的情形出现，最高人民法院于 2018 年 2 月 22 日公布并于 2018 年 3 月 1 日实施了《最高人民法院关于人民法院办理仲裁裁决执行案件若干问题的规定》（法释〔2018〕5 号），明确赋予了案外人申请不予执行仲裁裁决的权利，并对法院审理的条件以及救济作了规定。

随着仲裁民间化和国际化的需要，近年来各大仲裁机构纷纷修订自己的仲裁规则，在国际商事仲裁领域引入先进的仲裁制度，以适应国际化的需求。

鉴于此，有必要对第三版书中的部分内容进行再次修订。此次修订，主要由杨秀清和史飚负责。

具体内容方面，主要集中在临时仲裁、仲裁协议和仲裁司法监督等。

《仲裁法学》课程组
2018 年 11 月

第三版说明

《仲裁法学》第二版于 2007 年 8 月出版，修订集中在仲裁协议、仲裁证据以及仲裁执行部分，主要是将 2001 年 12 月 6 日最高人民法院审判委员会第 1201 次会议通过的《关于民事诉讼证据的若干规定》中的有关具体内容和 2005 年 12 月 26 日最高人民法院审判委员会第 1375 次会议通过的《关于适用〈中华人民共和国仲裁法〉若干问题的解释》的内容融入相关内容的修改之中。

随着 2012 年 8 月 31 日《民事诉讼法》第二次修正，以及近年来仲裁理论研究与实践的进一步深入发展，为了使本教材更加紧密地反映仲裁法学理论研究的最新成果、仲裁实践发展的动态以及相关法律及司法解释的规定，有必要对第二版书中的部分内容进行再次修订。此次修订，主要由杨秀清和史飚负责。

具体内容方面，在认真斟酌教材全部内容的基础上对部分章节的内容作了相应的调整，使整个教材在逻辑体系上更加清晰和完善；此外，根据 2013 年 1 月 1 日起实施的《民事诉讼法》对相关问题以及行文进行了适当的修改与完善，主要涉及仲裁前的证据保全、仲裁前的行为保全、仲裁前的财产保全、仲裁中的行为保全以及仲裁裁决不予执行的法定事由等。

《仲裁法学》课程组
2013 年 7 月

第二版说明

《仲裁法学》第一版于2001年1月出版发行以后，颇受读者的好评。但是，随着仲裁理论研究与实践的进一步深入发展，为了使本教材更加紧密地反映近年来仲裁法学理论研究的最新成果、仲裁实践发展的动态以及相关司法解释的规定，有必要对原书中的部分内容进行修订。此次修订，除组织原书作者参与外，我们还邀请了中国政法大学副教授邱星美与史飚参与其中。

在具体内容方面，作者在认真斟酌教材全部内容的基础上对相关问题以及行文进行了适当的修改与完善，特别增加了以下两个重要司法解释的内容：①增加了2001年12月6日最高人民法院审判委员会第1201次会议通过的《关于民事诉讼证据的若干规定》中的有关具体内容；②将2005年12月26日最高人民法院审判委员会第1375次会议通过的《关于适用〈中华人民共和国仲裁法〉若干问题的解释》的内容融入相关内容的修改之中。

《仲裁法学》课题组
2007年7月

第一版说明

本教材是在中央广播电视大学文法部和中国政法大学经济法系的推动下，在中央广播电视大学教务处、中国政法大学教务处和法律系以及中国政法大学出版社的支持下出版的。

本教材的主编中国政法大学常英教授在时间非常紧张的情况下，仍完成了编写工作，为教材的出版付出了大量的心血。中国政法大学出版社社长李传敢先生也给予了大力支持。在本教材的建设过程中，中国政法大学白绿铉教授、中国人民公安大学陈雅琴教授、国家法官学院毕玉谦研究员对《仲裁法学》教学大纲及书稿进行了审定，并提出了宝贵的意见。参加大纲和书稿审定工作的还有中国政法大学常英教授，中央广播电视大学文法部副主任叶志宏、教务处王国川，中国政法大学出版社副编审杜娟、编辑韩思艺。

本教材不足之处，请读者批评指正，以便修正和提高。

《仲裁法学》课程组
2001 年 1 月

目 录

1 导 言

第一编 总 论

9 第一章 仲裁制度概述
9 　第一节　仲裁的概念与性质
15 　第二节　仲裁的分类
19 　第三节　仲裁法

26 第二章 仲裁制度的产生与发展
26 　第一节　外国仲裁制度的产生与发展
29 　第二节　我国仲裁制度的产生与发展

36 第三章 仲裁法的基本原则和基本制度
36 　第一节　仲裁法的基本原则与基本制度概述
37 　第二节　仲裁法的基本原则
42 　第三节　仲裁法的基本制度

51 第四章 仲裁机构与仲裁协会
51 　第一节　仲裁机构概述
54 　第二节　仲裁委员会
59 　第三节　仲裁员
65 　第四节　中国仲裁协会
67 　第五节　仲裁规则

74 第五章 仲裁协议
74 　第一节　仲裁协议概述
81 　第二节　仲裁协议的内容
87 　第三节　仲裁协议的效力
93 　第四节　仲裁协议的无效

105	**第六章 证 据**
105	第一节 证据概述
116	第二节 证明对象与举证责任
125	**第七章 期间与送达**
125	第一节 期 间
127	第二节 送 达
130	第三节 仲裁时效
134	**第八章 仲裁费用**
134	第一节 仲裁费用概述
135	第二节 仲裁费用的种类及征收

第二编 仲裁程序

141	**第九章 仲裁参加人**
141	第一节 仲裁当事人
145	第二节 仲裁代理人
152	**第十章 仲裁的申请与受理**
152	第一节 仲裁的申请
155	第二节 仲裁的受理
156	第三节 仲裁答辩与反请求
161	**第十一章 仲裁保全与证据制度**
161	第一节 仲裁保全
168	第二节 仲裁证据保全
173	**第十二章 仲裁庭**
173	第一节 仲裁庭概述
175	第二节 仲裁庭的组成形式
177	第三节 仲裁庭的职责
181	**第十三章 仲裁审理**
181	第一节 仲裁审理概述
182	第二节 仲裁审理前的准备
184	第三节 仲裁审理程序
189	第四节 仲裁审理中特殊情形的处理
193	第五节 仲裁中的和解与调解

201	**第十四章**	**仲裁裁决**
201	第一节	仲裁裁决概述
203	第二节	仲裁裁决的作出与效力

第三编 涉外仲裁

211	**第十五章**	**涉外仲裁概述**
211	第一节	涉外仲裁的概念
214	第二节	我国的涉外仲裁机构
222	第三节	主要的国际商事仲裁机构
231	**第十六章**	**涉外仲裁程序**
231	第一节	通常程序
238	第二节	简易程序
241	第三节	我国涉外仲裁中的法律适用

第四编 仲裁裁决的撤销与执行

249	**第十七章**	**仲裁裁决的撤销**
249	第一节	申请撤销仲裁裁决概述
251	第二节	申请撤销仲裁裁决的条件
258	第三节	撤销仲裁裁决的程序及效力
264	**第十八章**	**仲裁裁决的执行与不予执行**
264	第一节	仲裁裁决的执行概述
265	第二节	仲裁裁决在国内的执行
284	第三节	涉外仲裁裁决在国外的执行
286	第四节	不予执行仲裁裁决

导　言

■ **学习目的和要求**

通过本章学习，要求学生
- 重点掌握：仲裁法学的研究对象。
- 掌握：仲裁制度的产生。
- 一般了解：学习仲裁法学的方法。

一、契约理论与仲裁制度的产生

作为许多法律思想的发源地，古罗马也孕育了契约理论。当时，由于政治社会的变迁，以身份规范人们的行为逐渐转变为以契约来规范人们的行为。正如英国法律史学家亨利·梅因（Henry Sumner Maine）爵士所说："迄今为止，所有进步社会的运动，都是一个从身份到契约的运动。"[1]

契约是人与人之间某种交往的外在化，在人们进行以契约为其外在表现形式的社会交往过程中，不可避免地会在不同的利益主体之间产生各种纠纷，而社会纠纷的大量存在，不仅破坏了社会秩序和社会交往的顺利进行，而且使社会主体自身利益的实现受到了极大的阻碍。因此，解决社会纠纷就成为维持社会稳定与发展的重要方面。契约理论的发展正是在个人意思自由与社会秩序之间不断地寻求其最佳的平衡的结果。随着社会经济的发展，契约理论不断成熟，而契约理论的成熟必然导致私法的发达，私法的发达又反过来推动契约理论的进一

> 政治社会的变迁使社会关系从身份走向契约

---

[1] [英]亨利·梅因著，沈景一译：《古代法》，商务印书馆1959年版，第97页。

步完善。

> 契约理论的成熟与私法的发达是互相促进的

在社会争议解决机制的发展过程中，当自力救济力量不足时，作为公力救济的象征的民事诉讼应运而生。然而，任何制度都不是尽善尽美的。在契约理论日益发达的时代，法官在以民事诉讼的方式解决社会争议的过程中，不仅要注意将法律规定适用于当事人之间的权利义务争议，而且还要在解决争议的过程中试图探究双方当事人的真实意思表示，甚至还可能要选择适用双方当事人的方法去解决争议。即使这样，民事诉讼程序的规范性及烦琐性也已经不能完全适应商事争议的解决需要。因此，随着社会经济的迅速发展，民事争议的大量增加，为满足维护社会秩序的需求，就必然促使社会争议的解决机制从单一化向多元化发展。在这一争议解决机制的发展过程中，起源于维护商人利益的仲裁制度，因其具有民事诉讼所无法比拟的特点，如灵活、快捷、以意思表示为核心等，而逐渐得到公众的喜爱与社会的认可，并迅速发展成为与诉讼并行的重要的争议解决机制。

> 解决争议、维护社会秩序稳定的需求促使单一化争议解决机制向多元化发展

> 意思自愿是仲裁制度的核心

契约的约束力来源于双方当事人的意思自愿，而正是契约理论中的这一意思自愿构成了现代仲裁制度的根本。可见，契约理论的产生、发展与成熟推动了仲裁制度的产生与发展，从而推动了仲裁法学的产生与发展。

二、仲裁法学的研究对象

要了解一门学科，首先应当了解和掌握它的研究对象。仲裁法学是以仲裁立法、仲裁实践及其发展规律为研究对象的学科。仲裁法学作为社会主义法学的一个重要组成部分，其具体研究对象如下：

> 仲裁法学的三大研究对象，即仲裁立法及实践、仲裁法与其他民事程序法的关系以及外国仲裁立法及仲裁法学

（一）仲裁立法及仲裁实践

仲裁法学作为一门学科，与仲裁法在法律体系中发展成为一个独立的法律部门具有密切的联系，仲裁立法的产生及其发展成为仲裁法学得以产生和发展的前提。因此，仲裁法学的研究不能脱离仲裁立法及其发展。

仲裁立法既是对仲裁实践经验的总结，同时又要运用于仲裁实践，并通过实践进一步检验仲裁立法能否适应仲裁实践的需要，从而使仲裁立法得到进一步的完善与发展。因此，仲裁法学在研究仲裁立法及其发展的同时，还应当研究仲裁实践及其发展规律，从而为进一步完善立法，改革仲裁实践中的不当做法提供理论指导。

（二）仲裁法与其他民事程序法的关系

仲裁法作为一门应用型法律，与民事诉讼法、公证法等共同构成民事程序法，共同为解决社会争议的活动提供可依据的民事程序规则。仲裁法与其他民事程序法既有联系，同时也有区别。这就使得仲裁在解决社会争议方面既有其独特之处，如自愿性、专业性、保密性、快捷性、灵活性、经济性等，同时也有其相对局限性，如仲裁的进行必须以双方当事人达成仲裁协议为前提，仲裁过程中的一些措施，如财产保全、证据保全、仲裁裁决的执行都需要由人民法院来进行等。因此，仲裁法学作为一门以仲裁立法与仲裁实践及其发展规律为研究对象的学科，不仅要立足于研究仲裁立法与仲裁实践，而且，还应当研究仲裁法与其他民事程序法之间的关系，从而通过仲裁法学的理论指导，充分发挥仲裁在解决社会争议过程中的作用。

（三）外国的仲裁立法与仲裁法学

仲裁法学作为一门社会应用型学科，不应当以国家为严格界限，而应当注意到仲裁法学在国际上的地位和作用。通过对外国仲裁立法与仲裁实践的研究，不仅可以促进我国仲裁法学研究的发展，而且还能为我国涉外仲裁的发展提供理论指导，促进我国国际经济贸易的发展，因此，仲裁法学应当研究外国的仲裁立法与仲裁实践。当然，研究外国的仲裁立法与仲裁实践，并不是照搬外国的仲裁立法和移植外国的理论研究成果及其仲裁实践中的某一具体做法，而是以科学的立场和方法，分析外国仲裁立法与仲裁实践中的规律，鉴别其优劣，从而吸收其有益部分为我国所用，同时以其不利之处作为我国仲裁立法与仲裁实践的警戒。只有这样，我们才能够通过比较研究外国仲裁立法与仲裁实践，促进我国仲裁立法与仲裁实践的进一步完善与发展。

三、仲裁法学的学习方法

要全面掌握和深刻领会仲裁法学所涉及的内容，应当掌握其相应的学习方法。以唯物辩证法这一科学方法作为指针，紧密结合仲裁法学的特点及其基本内容，是学习仲裁法学的根本方法。具体方法如下：

> 坚持唯物辩证法的指导，结合仲裁法学的特点及其基本内容是学习仲裁法学的根本方法

（一）理论与实践相结合的方法

仲裁法学的理论基础来源于仲裁立法与仲裁实践。由于仲裁立法是根据我国仲裁实践的具体情况制定的，是对我国仲裁实践经验的总

结，因此，学习仲裁法学只有采取理论与实践相结合的方法，即结合仲裁实践的具体情况，学习仲裁法学中的基本制度与基本理论问题，才能够真正理解与掌握仲裁法学中的基本理论知识及其对仲裁实践的指导作用。同时，对不断完善与发展的仲裁实践的理解与掌握，又可以反过来促进对仲裁法学理论知识的进一步深入思考。可见，理论与实践相结合的方法，是学好仲裁法学的重要方法。

（二）民事程序法与民事实体法相结合的方法

民事程序法与民事实体法不仅是形式与内容的关系，而且更为重要的是，民事程序法是为保障民事实体法的贯彻和实施而制定的。民事实体法是民事程序法得以发挥其作用的前提，如果没有基于民事实体法而产生的实体权利义务争议，则不可能有仲裁法等民事程序法发挥其解决争议作用的需要；同时，民事程序法的规定往往与民事实体法的规定是相互对应的，实体法规定的法律行为的形式及其构成要件，往往成为仲裁机构认定争议案件事实与权利义务关系的依据。因此，我们在学习仲裁法学的时候，不能割裂民事程序法与实体法的关系，应当运用民事程序法与民事实体法相结合的方法去学习仲裁法学。

（三）历史的方法与比较的方法

仲裁法学作为一门法学科学，有其产生与发展的过程和规律，而且其产生与发展是与国家经济发展紧密相连的。因此，学习仲裁法学不能割裂历史，不能孤立地学习现代的仲裁法学，要注意分析现代仲裁法学是怎样从产生到逐渐发展完善的；同时，学习仲裁法学也不能割裂我国仲裁法学与世界各国仲裁法学的关系。只有对古今中外仲裁法学基本内容进行比较学习，才能更好地掌握我国现代仲裁法学的特点、基本内容，从而不断完善和发展我国的仲裁法学。

□ 小　　结

导言部分阐述了仲裁法学的基本内容，包括契约理论与仲裁制度的产生、仲裁法学的研究对象及其学习方法。其主要内容是：

一、契约理论与仲裁制度的产生

政治社会的变迁使社会关系从身份走向契约，契约理论的发展与成熟必然导致私法的发达，而私法的发达又反过来促进契约理论的进一步发展。随着社会经济的发展，以及基于私权而产生的争议的大量存在，当作为社会公力救济象征的诉讼在解决大量的社会争议方面越发显得不足时，维护社会秩序的需求必然促使社会争议的解决机制从单一化向多元化发展。在这一多元化社会纠纷解决机制建立的过程中，契约理论中的当事人双方的意思自愿这一核心内容，不仅促进了仲裁制度的产生，而且逐渐成为现代仲裁制度的核心。

二、仲裁法学的研究对象

仲裁法学是以仲裁立法与仲裁实践及其发展规律为其研究对象的学科，具体研究对象如下：仲裁立法与仲裁实践；仲裁法与其他民事程序法的关系；外国的仲裁立法与仲裁法学。

三、仲裁法学的学习方法

学习仲裁法学应以唯物辩证法这一科学方法为指针，紧密结合仲裁法学的特点及其基本内容，具体学习方法如下：理论与实践相结合的方法；民事程序法与民事实体法相结合的方法；历史的方法与比较的方法。

□练习与思考

一、名词解释

仲裁法学

二、简答题

1. 仲裁法学的研究对象有哪些？
2. 学习仲裁法学有哪些方法？

三、思考题

如何理解契约理论与仲裁制度的产生之间的关系？

第一编

总　论

第一章

仲裁制度概述

■ **学习目的和要求**

通过本章学习，要求学生
- ●重点掌握：仲裁与仲裁法的概念，仲裁法的适用范围。
- ●掌握：仲裁的特征。
- ●一般了解：仲裁制度的性质和仲裁的分类。

第一节 仲裁的概念与性质

一、仲裁的概念

"仲裁"，从字义上讲，"仲"表示地位居中，"裁"表示衡量、判断，"仲裁"即为由地位居中的人对争议事项公正地作出判断和结论，也即居中公断之意。

仲裁作为一种法律制度，是指双方当事人在争议发生前或争议发生后达成仲裁协议，将争议事项提交非司法机关的第三者进行审理，并由其作出对双方当事人均具有约束力的仲裁裁决的一种解决争议的方法。

> 仲裁特指由非司法机关的第三者对当事人间争议事项进行审理并作出裁决

仲裁作为一种解决民商事纠纷的具有民间性的古老而重要的法律制度，现在已经被世界上大多数国家的国内立法以及一些国际条约所确认。与诉讼、调解等其他方式相比较，仲裁具有如下特征：

（一）仲裁具有自愿性

自愿性是仲裁所具有的一项重要的特征，主要体现在以下几个方面：

1. 通过仲裁解决争议须出于双方当事人的自愿。我国《仲裁法》第4条规定："当事人采用仲裁方式解决纠纷，应当双方自愿，达成仲裁协议。没有仲裁协议，一方申请仲裁的，仲裁委员会不予受理。"由此可见，仲裁自愿是出于当事人双方的自愿，而非一厢情愿，这也是仲裁区别于诉讼的显著特点。

> 仲裁必须出于当事人双方的自愿，而非一方自愿

2. 将何种争议事项仲裁解决由当事人自主决定。根据《仲裁法》第2条规定："平等主体的公民、法人和其他组织之间发生的合同纠纷和其他财产权益纠纷，可以仲裁"，但是，将何种具体争议事项提交仲裁解决由当事人协商决定。

3. 将争议事项提交哪一个仲裁机构进行仲裁由当事人自主选择。《仲裁法》第6条规定："仲裁委员会应当由当事人协议选定。仲裁不实行级别管辖和地域管辖。"因此，当事人可以协商选择对争议事项进行仲裁的机构。

4. 仲裁庭的组成形式以及具体组成人员由当事人自主选定。

5. 仲裁审理方式可以由当事人自主协商选择。此外，在仲裁实践中，当事人还可以自主协商选择仲裁地点以及仲裁所适用的法律等。

（二）仲裁具有专业性

由于仲裁所解决的争议是民商事纠纷，纠纷的内容往往涉及不同领域的专业性极强的经济贸易和技术性问题。所以，常设仲裁机构都聘任法律、经济贸易、保险、运输和海事等专业领域的专家作为仲裁员，并按专业设置仲裁员名册供当事人选择，这样就能保证仲裁案件得到公正合理的裁决，从而维护了当事人的正当权益。

（三）仲裁程序具有灵活性

> 仲裁程序比诉讼程序灵活，这是仲裁自愿原则的一个体现

仲裁在程序上不像诉讼那么严格，基于自愿原则，当事人可以选择仲裁庭的组成形式、仲裁审理的方式以及开庭的方式等，并且仲裁程序在很多环节上可以简化，文书格式和裁决书的内容、形式也可以灵活处理。此外，仲裁在时限、法律适用和代理制度方面也存在很大

的弹性和灵活性。

（四）仲裁具有保密性

仲裁所审理的案件属于民商事纠纷，这就决定了许多纠纷案件往往涉及当事人的商业秘密。仲裁的保密性体现在以下方面：

1. 仲裁实行不公开审理。我国《仲裁法》第40条规定："仲裁不公开进行。当事人协议公开的，可以公开进行，但涉及国家秘密的除外。"可见，仲裁一般以不公开审理为原则，以公开审理为例外。

> 仲裁以不公开进行为原则，以公开进行为例外

2. 实行协议仲裁制度国家的仲裁法及各仲裁机构的仲裁规则通常都对仲裁员和仲裁秘书等人员规定了相应的保密义务，所以，当事人的商业秘密、技术秘密等不会因仲裁而泄露，仲裁表现出极强的保密性。

（五）仲裁具有快捷性和经济性

1. 仲裁实行一裁终局的制度，而不像诉讼那样实行两审或三审终审制，能使当事人的纠纷得以迅速解决。因此，可以说它比诉讼等方式更具有快捷性。

2. 由于仲裁在时间上的快捷性，必然会使当事人在费用上有所节省，加之以诉讼方式解决争议比较拖延时间，而且费用往往偏高，在"时间就是金钱"的商业社会里，仲裁作为一种快速解决争议的方式，对于当事人来讲，更具有经济性。

> 仲裁的保密性强，且一裁终局，所以比诉讼更富有效率，也更能节省成本

（六）仲裁具有独立性

依主要国家仲裁立法通例，仲裁机构独立于行政机关，且由于仲裁不实行级别管辖，各仲裁机构间也没有隶属关系。所以，仲裁独立进行，不受任何行政机关、社会团体和个人的干涉。另外，这种独立性表现为仲裁庭的独立，即仲裁庭在审理与裁决案件时，不仅不受任何行政机关、社会团体和个人的干涉，也不受其他仲裁机构的干涉，从而体现出仲裁所具有的最大的独立性。

> 仲裁独立是仲裁自愿和一裁终局或裁或审等原则制度的保障

二、仲裁制度的性质

仲裁的性质，即仲裁特有的本质属性，是仲裁理论中非常重要而又复杂的问题之一，因为对仲裁如何定性，往往直接影响一国法律对仲裁的态度。仲裁作为解决商事纠纷的重要制度，其性质一直是法学界众说不一的一个问题。

> 掌握仲裁制度的性质可以更深入地理解仲裁的精神实质和价值追求

（一）国际社会中关于仲裁性质的理论

1. 司法权说。这种学说认为，国家具有控制和管理发生在其管辖领域内的所有仲裁的权力，仲裁虽源于当事人之间的协议，但仲裁协议的效力、仲裁员的权力和仲裁裁决的执行，其权威性来自于国家法律的认可。如果没有国家授权及国家司法权的授予，国家法律不承认当事人有权提交仲裁，不授权仲裁员审理和裁决争议，不赋予仲裁裁决强制性，则仲裁是无意义的，也是无效的。因此，进行仲裁是基于法律的授权，仲裁庭是国家司法组织的一个构成部分，仲裁裁决与法院判决具有同样的法律效力。仲裁员和法官都必须根据法律和良知作出判断，都必须尊重和坚持本国法的基本原则，仲裁员与法官的唯一区别在于前者的任命由当事人作出，后者的任命则是直接来自于国家主权。

这一学说的提出和实行，促进了仲裁的法律化，使仲裁协议的效力、仲裁员的权力以及仲裁裁决的执行均得到了国家法律的有效保障；但是，该学说使仲裁员和当事人的自主权受到较大限制，其强调法律的确定性，要求裁决遵从裁决作出地国的法律，其结果是仲裁必须适用仲裁地国的程序法和冲突规则。

2. 契约说。这种学说认为，仲裁是一种契约性质的行为。仲裁员权力的取得不是来自法律授权，而是来自当事人的协议授权。当事人之间订立的仲裁协议是仲裁的前提和基础，仲裁机构、仲裁地点、仲裁庭的组成形式等均由当事人协议确定，仲裁员也是由当事人直接或间接选定。由于仲裁裁决是双方当事人授权仲裁员作出的，仲裁员实际上是双方当事人的代理人，其裁决也就相当于代理人代表当事人订立的一种协议，该协议对双方当事人均有约束力，当事人应自觉履行。该学说主张仲裁协议和仲裁裁决的约束力均属于合同约束力的范畴，均遵循"契约必须信守执行"原则，而不需任何国家机关授权或批准，当事人有义务自觉遵守。

契约理论反映了仲裁的本质特征，即仲裁来源于当事人之间的合意。以仲裁方式解决当事人之间的民商事纠纷，实际上是当事人对其民事权利的自由处分，属于私法的范畴。契约理论肯定了当事人在选择支配其关系的法律方面具有高度的自治性，合理揭示了仲裁的本质特征，具有现实意义，特别是现代契约理论。但是，该学说否认国家对仲裁的影响，主张仲裁具有完全自愿的特征，仲裁协议和仲裁裁决两者都是合同，仲裁法只是补充和填补当事人协议中关于仲裁程序的空白，并提供调整仲裁进行的某些准则。仲裁裁决不被自觉履行时的强制执行，也不同于对法院判决的强制执行，而是执行一项未予履行的合同。

3. 混合说。这种学说认为，绝对的司法权主义或绝对的契约主义均不可能圆满地解释仲裁所具有的特点，仲裁是司法和契约两者混合的产物，具有司法和契约的双重性质。仲裁以当事人的协议为基础，仲裁机构、仲裁员人选、仲裁庭的组成、仲裁的审理方式等取决于当事人的意思自治，但仲裁裁决的效力和执行则最终决定于国家司法。契约和司法两者互相关联，不可分割。混合说在各学说的争鸣中占有较大优势。

4. 自治说。这种学说完全从另一角度看待仲裁，认为仲裁的发展是商人们注重实效的实践结果，是商人们首先在国家法律制度之外发展了仲裁，而后作为一种争议解决方式，仲裁才得到了法律的确认，因此，把仲裁看作是便利处理民商事争议的一种需要。该学说主张仲裁体现当事人自治，但这种自治不是建立在仲裁的契约特征和司法特征之上，而是建立在仲裁制度的实际需要之上。自治理论注意到了商业发展的需要对仲裁的巨大促进作用，即随着商业的日益复杂化与多样化、全球化与国际化，必然要求仲裁非仲裁地化，具有超国家的特征。当事人可自主确定仲裁所适用的实体法和程序法，并可以超越法律，为的是方便、顺利地解决民商事争议。仲裁协议和仲裁裁决之所以具有强制性，不是因为它们是契约，也不是因为执行仲裁协议或裁决的主权国家的一种特许，而是基于双方当事人顺利处理纠纷的需要。自治说是推崇自由贸易和契约自由的学者所提出的观点，实质是承认仲裁的非国内化以及当事人具有控制仲裁的无限制的意思自治，据此当事人可自由选择可适用于仲裁的法律体系，包括实体法与程序法，从而使仲裁具有超国家性质。

上述各种学说都从不同的角度在一定程度上揭示了仲裁制度的某些属性，对我们具体考察和了解仲裁制度具有深刻的意义。

（二）我国关于仲裁性质的理论

由于我国长期以来一直实行国内仲裁与涉外仲裁双轨制的做法，致使仲裁理论的研究相对薄弱。我国关于仲裁性质的理论大多是以上述四种基本理论为基础发展起来的，主要有：仲裁性质一元论，主要包括民间说、司法权说、准司法权说和契约说；仲裁性质二元论，即契约、司法混合论；以及仲裁性质综合论，即仲裁的本质是契约性、司法性以及自治性。[1] 这里主要对与上述四种理论不同的关于仲裁性质的理论作一简单介绍。

1. 准司法权理论。准司法权理论认为仲裁作为民商事纠纷解决机制之中的一种方式，虽然在法律效力以及具体程序方面与诉讼有相同之处，但仲裁作为民间性的争议解决制度，又区别于诉讼，因为仲裁机构的管辖权来源于当事人的协议授权。此外，从各国仲裁立法与实践来看，仲裁裁决虽然在法律上具有与法院判决同样的约束力与可执行力，但仲裁机构却无权执行。因此，仲裁是一种解决当事人之间争议的准司法方法，仲裁程序是准司法程序。

准司法权理论能够从当事人意思自治和国家法律对于仲裁的认可和司法支持两个方面来揭示仲裁的性质，但是该理论也有其自身的缺陷，即作为界定仲裁性质的理论本应当是准确无歧义的，而"准司法"一词的语意含糊使得其难以准确地揭示仲裁的法律性质。

2. 非行政性理论。该理论的提出是以我国仲裁法的实施为基础，是相对于我国仲裁法实施前仲裁所具有的行政性质而言的。我国仲裁法颁布前，国内民商事争议的仲裁呈现出多头行政仲裁的特色，并不是现代意义上的协议仲裁制度。仲裁法颁布后，由于对仲裁的法律性质尚无统一的认识，并且当时民商事仲裁由行政仲裁向民间仲裁转化，此时，提出仲裁的非行政性质具有积极意义。但是，该理论实际上并没有正面回答仲裁的法律性质究竟是什么的问题。

3. 民间性理论。民间性理论认为，仲裁的发展体现了商人们希望通过以国家强制力为后盾的诉讼程序之外的方式来解决争议的实践需要，从本质上看，仲裁就是当事人通过自愿协商达成合意，将解决纠纷的权力交由其信赖的非司法机构的第三人行使，从而解决争议的活动。因此，仲裁属于民间仲裁，具有任意性和民间性，仲裁权属于私权。民间性理论将仲裁置于社会解决纠纷的总体系中探讨其性质，肯定了当事人在选择支配其关系的法律方面具有高度的自治性，合理揭示了仲裁的本质特征并对仲裁制度的发展具有促进意义。但是，该理论与契约理论一样，同样忽视了国家法律对于仲裁的强大影响。

4. 综合性理论。该理论是我国近年来出现的较为新颖的理论，其对仲裁的契约性、司法性以及自治性等不同侧面的特性，没有任何偏

---

[1] 宋朝武主编：《仲裁法学》，中国政法大学出版社2006年版，第9页。

向，只侧重于仲裁作为争端解决制度的独特性。该理论认为，从仲裁的历史发展、仲裁的构成要素以及仲裁的发展趋势看，仲裁的性质是契约性、司法权性和自治性的有机结合，是以当事人一致同意为基础的，高度自治的，并由国家法律保障实施的一种解决纠纷的方式。在仲裁中，契约性是仲裁的基础，自治性是仲裁的动因，司法权性则是仲裁的法律效力的保障。[1]

该理论比较全面地反映了仲裁法律属性中三个必不可少的方面，一般意义上的仲裁都是建立在当事人意思自治的基础之上的，并且由国家法律保障其效力和执行，即仲裁以自治性为基础，以司法权性为保障。然而，只要仲裁制度需要得到国家法律的认可与司法权的保障，就必然对仲裁的灵活性和当事人的自治性形成一定的限制，因此，所谓仲裁的自治性，对目前仍然在法律框架下解决争议的仲裁而言，仍然难以摆脱契约的范畴。

第二节 仲裁的分类

从不同的角度，依不同的标准，可以对仲裁进行不同的分类。

一、临时仲裁与机构仲裁

以仲裁是否由常设仲裁机构进行为标准，可以把仲裁分为临时仲裁和机构仲裁。

临时仲裁，是指无固定仲裁机构介入，而由当事人各方通过仲裁协议直接选择仲裁员组成仲裁庭并由其进行的仲裁。这种类型的仲裁活动不依赖任何常设仲裁机构或组织，仲裁庭的成员由当事人协商选定，仲裁庭因审理案件的需要而成立，争议解决之后，仲裁庭即告解散。临时仲裁庭是仲裁的初始形态，目前仍有少数国家在继续使用。

临时仲裁主要有以下特征：

1. 仲裁当事人有较大的自主性。仲裁员的选任、仲裁庭的组成、仲裁程序、仲裁规则的制定和适用等，基本上都是取决于当事人的意愿。

2. 仲裁过程具有灵活性。在仲裁过程中，对具体仲裁事项的处理

---

[1] 宋连斌："仲裁的契约性新探——以国际商事仲裁为例"，载《仲裁与法律》2000年第4期。

方法和程序等，均由当事人双方根据争议的实际情况和解决争议的实际需要而灵活地协商确定，通常有较大的灵活性和可变通性。

3. 仲裁庭是因具体个案由特定当事人选择的仲裁员临时组成，案结即自行解散。

4. 仲裁耗费具有经济性。首先，临时仲裁简便易行，可以免除不必要的程序；其次，临时仲裁不依赖于常设机构的管理，可以节省物质耗费。

同时，临时仲裁也存在明显的缺陷，如缺乏普遍的规范约束，也没有固定的机构管理，这容易造成仲裁裁决的不公正，从而影响仲裁作用的发挥。

机构仲裁，又称制度仲裁，是指依照当事人双方的协议将争议交由一定的常设仲裁机构并依该机构所制定的现存仲裁规则或者当事人协议选择的仲裁规则所进行的仲裁。机构仲裁具有两大优势：一是它依据一定的仲裁规则进行仲裁，程序较为严格；二是它有固定的管理机构和合格可信的仲裁人员。因此，这种类型的仲裁已逐渐成为当前世界范围内的主要仲裁方式。

机构仲裁主要有以下特征：

1. 仲裁机构的常设性。这是机构仲裁的最明显特征。也就是说，从事这类仲裁的机构是固定的，它存在于争议发生之前，并且不因争议的解决而终止。仲裁机构是常设的，不是在个案解决后即行解散的

2. 仲裁规则的严密性与实用性。在机构仲裁中，每个常设机构都有自己既定的仲裁规则，并且这些规则都是在仲裁实践中一再得到检验和修正的，具有相当程度的科学性和实用性。

3. 仲裁员素质的可信性和范围的广泛性。在机构仲裁中，常设的仲裁机构都设有仲裁员名册，供当事人选择。这些人员一般都是依法定的条件任命的，为人正派，且具有一定的专业素质和法律素质，能为当事人所信任。同时，仲裁员群体分布广泛，特别是国际仲裁机构，其仲裁员来自不同的国家和地区。

4. 仲裁费用的明确性。机构仲裁对仲裁员的报酬及其他各种费用的收取均有明文规定，将收费标准明示于当事人，使当事人易于了解和接受。

二、国内仲裁与涉外仲裁

以争议内容是否含有涉外因素为标准，可以把仲裁分为国内仲裁和涉外仲裁。

国内仲裁，是指一国当事人之间为解决没有涉外因素的国内民商事纠纷，而由本国仲裁机构进行的仲裁。国内仲裁体现了仲裁机构和双方当事人在属籍上的一致，并且在仲裁程序、仲裁规则的运用上具有显著的国内性。在一个国家，国内仲裁总是占据主导地位。

涉外仲裁，是指争议的主体分属不同国家或争议的内容涉及不同国家的仲裁，又称为国际商事仲裁。就一国而言，国内仲裁和涉外仲裁同属于该国仲裁制度的组成部分。两者只是观察角度不同，前者是从一个国家角度观察，后者是从国际范围角度观察。相对于国内仲裁而言，涉外仲裁的规则更加自由，当事人享有更大的自治权，法院的监督也仅维持在必要限度内。由于涉外仲裁大多牵涉到国家间的经济贸易关系及其他关系，在仲裁法律、程序的适用上往往要涉及两国以上，因而常会遇到对实体法的选择及法律冲突的解决等问题。

> 对于一个国家来讲，其仲裁必定包含国内仲裁和涉外仲裁。涉外因素是指当事人有一方或双方为外籍法人或自然人，或所争议的事项发生在外国，或争议标的物在外国境内

三、合法仲裁与衡平仲裁

以作出仲裁裁决的依据不同为标准，可以分为合法仲裁和衡平仲裁。

合法仲裁，又称依法仲裁，是指仲裁人依据一定的法律对纠纷进行仲裁。这种仲裁具有明确的法律依据，仲裁结果有可预见性，也易为当事人所接受。因此，合法仲裁是普遍适用的最一般的仲裁方式。在依据的法律方面：在程序上，仲裁一般适用仲裁地法律；在实体上，很多国家允许当事人在涉外仲裁中选择适用外国法。

衡平仲裁，又称友谊仲裁、友好仲裁，是指当事人经协商，授权仲裁庭不依据严格的法律规定而依据公平合理的原则和商业惯例进行裁决的仲裁。衡平仲裁的采用必须有当事人的授权，且不得违背公共秩序和其他强制性规定。

应当看到，衡平仲裁可对合法仲裁起到补充作用。在一般情况下，应当采用合法仲裁，但是在极少数纠纷发生后，如果缺少既定的依据，衡平仲裁就会显示出灵活、简便的优势。

四、民间仲裁与行政仲裁

以进行仲裁的仲裁机构地位和性质不同为标准，可以把仲裁分为民间仲裁和行政仲裁。

民间仲裁，是指由非官方的民间组织性质的仲裁机构依当事人的仲裁协议对纠纷所进行的仲裁。

民间仲裁主要有以下特征：

1. 作为仲裁人的仲裁机构是民间性质的。这些仲裁机构多为商会

> 介绍这种仲裁的分类，有利于理解我国仲裁制度在发展中的进步趋势

等民间组织筹建，不具有官方身份，不是代表国家实施解决争议的行为。仲裁时也不受行政机关、社会团体和个人的干涉。

2. 仲裁的前提条件是当事人自愿达成仲裁协议。仲裁机构对争议的仲裁权的基础是当事人的合意选择。

3. 仲裁的必要条件是争议事项涉及的权益有可处分性。即对于争议涉及的实体权利，双方当事人可以在法律规定的范围内自由处置。

民间仲裁涉及的权益纠纷可由当事人自由处分，所以，它强调当事人的意思自治，不仅启动仲裁程序以当事人双方自愿为前提，而且在诸如准据法的选择等各环节都表现了对当事人意愿的尊重。它直接体现了仲裁的深层本质，是最典型的仲裁类型，在一般情况下，我们所讲的仲裁就是指民间仲裁。

行政仲裁，是指由行政机关或附设于行政机关的专门机构依行政权力对纠纷所进行的仲裁。

行政仲裁的主要特征如下：

1. 仲裁机构为行政机关或附设于行政机关的专门机构。如我国曾一度把工商行政管理局设立的经济合同仲裁委员会作为经济合同纠纷的专门仲裁机构。这些行政仲裁机构代表国家，通过使用行政权力对争议进行处理。

2. 仲裁不体现当事人的自愿性。首先，仲裁程序的启动并非出于当事人双方的共同意愿，而是只需一方提出仲裁申请即可；其次，当事人只能选择仲裁作为解决纠纷的方式，仲裁往往被作为诉讼的前置程序，只有对仲裁裁决不服，才有权提起诉讼，甚至于对某些法定争议，只能以仲裁方式解决，不得起诉。这种仲裁不以意思自治为原则，在性质上是国家行政性质的司法活动，因而不属于严格意义上的仲裁。

> 要明确我国现有的仲裁类型

我国1994年颁布了《仲裁法》，对仲裁类型进行了规范，从总体上说，我国的仲裁类型实现了由行政仲裁向民间仲裁的过渡。

五、传统仲裁与网上仲裁

以仲裁审理模式的不同为标准，仲裁可分为传统仲裁与网上仲裁。

传统仲裁，是指仲裁程序的启动以及仲裁的审理等活动均以传统方式进行的仲裁。

在传统仲裁中，仲裁程序的启动采取当事人依据仲裁协议提交书面仲裁申请的方式进行。仲裁程序启动后，仲裁审理包括口头审理模式和书面审理模式。口头审理，又叫开庭审理，是指仲裁庭在当事人及其他仲裁参与人的参加下，对案件的事实情况当面进行审理的一种仲裁审理方式。书面审理，是指仲裁庭仅根据当事人提供的证据和材料，对案件的事实情况进行审理的一种仲裁审理方式。无论是口头审理，还是书面审理，在合议制仲裁中都需要仲裁员集中在某一地点对案件进行审理。

网上仲裁是指从仲裁当事人提出仲裁申请、仲裁机构立案受理仲裁案件、到仲裁庭开庭审理并作出仲裁裁决的整个过程都在国际互联网上进行的一种仲裁模式。它是随着计算机网络的建立，特别是国际互联网（Internet）的建立和完善而产生的一种新型的仲裁模式和制度。网上仲裁的程序一般是仲裁机构从网上收到由一方当事人按照一定格式提交的仲裁申请书开始。其具体的案件受理、仲裁庭的组成、案件审理与合议以及作出仲裁裁决等程序，与传统的商事仲裁程序基本相同，只是这些程序中所涉及的相关行为都是在互联网上进行，不需要有关的仲裁当事人和包括仲裁员在内的仲裁机构的人员前往某一个传统意义上的仲裁地点。

第三节 仲 裁 法

一、仲裁法的概念及意义

仲裁法，是指由国家制定或认可的，规定仲裁的范围和基本原则、仲裁机构的地位及设立、仲裁庭的组成和仲裁程序的进行、当事人和仲裁机构在仲裁活动中必须遵守的行为规则、仲裁裁决的效力及其执行等内容以及调整由此引起的仲裁法律关系的法律规范的总称。

仲裁法有狭义和广义之分。狭义的仲裁法，又称形式意义上的仲裁法，专指仲裁法典，即由国家制定颁行的专门调整仲裁关系的法律。广义上的仲裁法又称实质意义上的仲裁法，是指国家制定或认可的关于仲裁的一切法律规定，除包括仲裁法典之外，还包括其他法律、法规、国家缔结或参加的国际公约以及最高人民法院颁布的司法解释中有关仲裁的法律规范和规定，这些也是仲裁机构审理案件时必须遵循的。

广义的仲裁法几乎各国都有，但狭义的仲裁法只有部分国家有。我国既有狭义的仲裁法，也有广义的仲裁法。其中，狭义的仲裁法是指我国的仲裁法典，即1994年8月31日公布并于1995年9月1日起施行的《中华人民共和国仲裁法》，该法经2009年8月27日第十

> 狭义的仲裁法，即仲裁法典，一般以"仲裁法"命名，而广义的仲裁法则包含于其他相关的法典之中

一届全国人民代表大会常务委员会第十次会议《全国人民代表大会常务委员会关于修改部分法律的决定》第一次修正，但该次修正并未对仲裁法的具体规定内容进行修改，只是与2007年10月28日通过的《全国人民代表大会常务委员会关于修改〈中华人民共和国民事诉讼法〉的决定》相适应，将《仲裁法》第63条关于被申请人申请不予执行国内仲裁裁决的法定情形以及第71条被申请人申请不予执行涉外仲裁裁决的法定情形与《民事诉讼法》的相关条文序号对接。2017年9月1日第十二届全国人民代表大会常务委员会第二十九次会议通过的《全国人大委员会关于修改〈中华人民共和国法官法〉等八部法律的决定》第二次修正《仲裁法》，此次主要是根据国家统一司法资格考试改革为国家统一法律职业资格考试的变化，修改了《仲裁法》第13条关于仲裁员任职资格的内容，即将第13条第2款第1项由原来的"从事仲裁工作满8年的"修改为"通过国家统一法律职业资格考试取得法律职业资格，从事仲裁工作满8年的"，将第3项由原来的"曾任审判员满8年的"修改为"曾任法官满8年的"。此外，第二次修正《仲裁法》也有一个疏漏，即第二次修正后的《仲裁法》第63条关于被申请人申请不予执行国内仲裁裁决的法定情形以及第71条被申请人申请不予执行涉外仲裁裁决的法定情形没有及时与2012年8月31日第十一届全国人民代表大会常务委员会第二十八次会议《关于修改〈中华人民共和国民事诉讼法〉的决定》第二次修正的法律条文序号相对接，因此，目前《仲裁法》第63条关于被申请人申请不予执行国内仲裁裁决的法定情形仍然指向《民事诉讼法》第213条，这就与第二次修正的《民事诉讼法》第213条的内容不符，而应当修正指向第二次修正的《民事诉讼法》第237条第2款的法定情形；《仲裁法》第71条关于被申请人申请不予执行国内仲裁裁决的法定情形仍然指向《民事诉讼法》第258条第1款，这就与第二次修正的《民事诉讼法》第258条的内容不符，而应当修正指向第二次修正的《民事诉讼法》第274条。广义的仲裁法，还包括《民事诉讼法》《合同法》等国内法、我国缔结或者参加的国际公约以及最高人民法院关于仲裁的相关司法解释中关于仲裁方面的规定法律规范与规定。

《仲裁法》作为国家的一部重要的基本法律，与公民、法人和其他组织的社会经济生活有着密切的联系，是保护其合法权益的重要法律。具体说来，《仲裁法》的颁布与实施具有以下几点意义：

（一）保证及时、公正地仲裁民商事纠纷

《仲裁法》作为仲裁机构依法行使仲裁权处理民商事纠纷的基本程序法，可以保证仲裁机构有法可依，以便在查明事实、分清是非的基础上，正确适用法律，及时、公正地解决民商事纠纷。

（二）保证当事人的合法权益

在市场经济中，各利益主体以平等身份参与经济生活，由于他们的利益取向不同，在市场行为过程中难免出现各种利益冲突。冲突大量并且经常存在，使主体间的正常权利义务关系被扭曲。《仲裁法》的各项规范不仅可以保证仲裁机构正确、及时地处理各种民商事纠纷，恢复主体之间权利义务关系的有序状态，从而有效地保护当事人的合法权益；而且也有利于各仲裁机构以仲裁法为依据，结合自身仲裁发展的需要制定有效的仲裁规则，以保障仲裁程序的顺利进行。

（三）保证社会主义市场经济的健康发展

如前所述，在市场经济体制下，各经济主体在追求经济利益最大化的过程中，常出现各种冲突和纠纷，这不但使市场主体间的权利义务处于一种不稳定状态，而且使整个市场经济秩序处于混乱状态，这不利于市场经济的健康发展。在这种情况下，仲裁机构以仲裁法为依据，行使仲裁权解决纠纷，不仅保护了当事人的合法权益，而且可以稳定社会经济秩序，从而保障社会主义市场经济的健康发展。

（四）结束了我国仲裁立法混乱不堪的局面

在《仲裁法》施行前，我国没有统一的仲裁法，而是由14部法律、82个行政法规与190多个地方法规来调整我国的仲裁制度，仲裁立法不仅形式不统一，而且内容杂乱无章，甚至彼此互相抵触。《仲裁法》的颁布与施行彻底结束了中国无仲裁法典的历史，从而确立了仲裁制度在我国法律体系，特别是在民事程序法律体系中的地位，完善了我国的程序法律制度。

（五）结束了我国国内与涉外仲裁双轨制的局面

仲裁制度从其产生之初就具有民间性与协议仲裁的本质，然而，我国的仲裁制度由于受到各种因素的影响，长期以来一直实行国内与涉外仲裁双轨制的做法，尤其是国内行政性仲裁偏离仲裁制度的本来

> 《仲裁法》的实施，能够确保仲裁机构正确无障碍地行使仲裁权，保证纠纷被公正解决，有利于当事人和整个社会

面目,严重制约了我国仲裁制度的发展。《仲裁法》废除了行政性强制仲裁,以当事人意思自治为基础确立了协议仲裁制度;此外,废除了仲裁机构与行政机关之间的隶属关系,确立了作为民间性的仲裁机构完全独立于行政机关的社会地位,从而最终结束了国内与涉外仲裁双轨制的局面。

二、仲裁法的适用范围

仲裁法的适用范围,也叫做仲裁法的效力,是指仲裁法对什么人、什么事、在什么时间和空间范围内发生效力。因此,仲裁法的适用范围实际上包括对人的适用范围、对事的适用范围、时间上的适用范围和空间上的适用范围。

(一)对人的适用范围

对人的适用范围,是指仲裁法对哪些人适用,即哪些人要受仲裁法的约束。我国仲裁法具有广泛的对人的适用范围,凡是在中华人民共和国领域内的仲裁机构进行仲裁活动的双方当事人,都必须遵守我国仲裁法的规定。即我国仲裁法不仅适用于中国的公民、法人和其他组织,而且也适用于外国人、无国籍人以及外国的企业和组织。

(二)对事的适用范围

> 仲裁法的对事效力是仲裁法的重要内容,需重点掌握

仲裁法对事的适用范围,是指仲裁机构根据仲裁法的规定,可以受理的提交仲裁的争议事项的范围。《仲裁法》第2条规定:"平等主体的公民、法人和其他组织之间发生的合同纠纷和其他财产权益纠纷,可以仲裁。"根据该条规定,仲裁机构受理的纠纷应符合以下三个条件:

1. 主体的平等性,即发生纠纷的双方当事人应当是平等的公民、法人和其他组织。

2. 仲裁事项的可处分性,即仲裁的争议事项是当事人依法享有处分权的。

3. 仲裁事项的限定性,即提交仲裁的纠纷主要是合同纠纷,同时也包括一些非合同的其他财产权益纠纷。其中,合同纠纷的范围主要有:①经济合同纠纷。具体包括购销合同纠纷、建设工程承包合同纠纷、加工承揽合同纠纷、货物运输合同纠纷、供用电合同纠纷、仓储保管合同纠纷、财产租赁合同纠纷、借款合同纠纷、财产保险合同纠纷以及其他经济合同纠纷等。②技术合同纠纷。具体包括技术开发合

同纠纷、技术转让合同纠纷、技术咨询合同纠纷和技术服务合同纠纷等。③著作权合同纠纷。具体包括著作权许可使用合同纠纷、委托创作合同纠纷、出版合同纠纷等。④商标、专利合同纠纷。具体包括商标转让合同纠纷、商标许可使用合同纠纷、专利申请权转让合同纠纷、专利所有权转让合同纠纷、专利使用权转让合同纠纷等。⑤房地产合同纠纷。具体包括房地产转让合同纠纷、房地产抵押合同纠纷、房地产租赁合同纠纷等。⑥海事、海商合同纠纷。具体包括船舶租赁合同纠纷、海上货物运输合同纠纷、海上拖航合同纠纷、海上旅客运输合同纠纷、海上保险合同纠纷等。⑦其他民事、经济合同纠纷。具体包括联营合同纠纷、企业承包经营合同纠纷、合伙合同纠纷等。

其他财产权益纠纷主要是指有关财产的侵权纠纷，主要发生在海事、房地产、产品质量、知识产权等领域，如海事船舶碰撞纠纷、海洋环境污染损害纠纷、侵占他人房屋纠纷、产品质量侵权纠纷、著作权侵权纠纷和商标专利侵权纠纷等。

同时，我国《仲裁法》第3条还规定了不允许仲裁的争议事项：

1. 婚姻、收养、监护、扶养、继承纠纷。这类纠纷虽然也属于民事纠纷，都在不同程度上涉及当事人的财产权益，但都是建立在身份关系的基础上，当事人往往不能自由处分这方面的权利。因此，仲裁法所确立的仲裁制度属于商事仲裁，根据国际惯例应当针对商事争议案件进行仲裁，而对于这类与身份关系有关的纠纷，法律规定不允许仲裁解决，只能通过诉讼由人民法院处理。

2. 依法应当由行政机关处理的行政争议。由于行政争议是国家行政机关之间、行政机关与其他国家机关、企事业单位、社会团体以及公民之间因行政管理而引起的争议，争议事项涉及国家行政权，当事人无权自由处分，因此，法律规定不允许仲裁解决，只能通过行政方式或诉讼方式解决。

另外，对于劳动争议和农业集体经济组织内部的农业承包合同纠纷，不能适用1994年颁布的仲裁法典，它们属于特殊的仲裁范围，只能适用特殊的仲裁法规。

（三）时间上的适用范围

仲裁法在时间上的适用范围，是指仲裁法发生法律效力的期间，即时间范围。一般以法律的明文规定为准。我国《仲裁法》第二次修正是根据2017年9月1日第十二届全国人民代表大会常务委员会第二十九次会议通过的《全国人大常委会关于修改〈中华人民共和国法官

> 需重点掌握哪些事项不属于仲裁范围

法》等八部法律的决定》进行修改的，该第二次修正的施行之日即为《仲裁法》开始生效之日。《仲裁法》施行前制定的有关仲裁的规定与《仲裁法》相抵触的，以《仲裁法》为准。

（四）空间上的适用范围

空间上的适用范围，也称仲裁法的地域效力，是指仲裁法在多大的地域范围内发生法律效力。凡在中华人民共和国领域内的仲裁机构进行的仲裁活动，都要适用我国的仲裁法，即仲裁法在中华人民共和国领域内发生法律效力，而在中华人民共和国领域外不发生法律效力。

小　结

本章主要是仲裁制度概述，包括仲裁的概念与特征、仲裁制度的性质、仲裁的分类、仲裁法的概念和意义，以及仲裁法的适用范围等。其主要内容是：

一、仲裁的概念与性质

（一）仲裁的概念

仲裁作为一种法律制度，是指双方当事人在争议发生前或争议发生后达成协议，将争议事项提交非司法机关的第三者进行审理，并由其作出对双方当事人均具有约束力的裁决的一种解决争议的方法。

特征：自愿性；专业性；灵活性；保密性；快捷性和经济性；独立性。

（二）仲裁制度的性质

学说：司法权说；契约说；混合说；自治说。

二、仲裁的分类

临时仲裁与机构仲裁；国内仲裁与涉外仲裁；合法仲裁与衡平仲裁；民间仲裁与行政仲裁；传统仲裁与网上仲裁。

三、仲裁法

（一）仲裁法的概念及意义

仲裁法，是指由国家制定或认可的，规定仲裁的范围和基本原则、仲裁机构的地位及设立、仲裁庭的组成和仲裁程序的进行、当事人和仲裁机构在仲裁活动中必须遵守的行为规则、仲裁裁决的效力及其执行等内容以及调整由此引起的仲裁法律关系的法律规范的总称。

意义：保证及时、公正地仲裁经济纠纷；保证当事人的合法权益；保证社会主义市场经济的健康发展；结束了我国仲裁立法混乱不堪的局面；结束了我国国内与涉外仲裁双轨制的局面。

（二）仲裁法的适用范围

对人的适用范围：在中国仲裁机构进行仲裁的当事人。

对事的适用范围：平等主体之间的合同纠纷和其他财产权益纠纷。

时间上的适用范围：自 2017 年 9 月 1 日起生效。

空间上的适用范围：在中国领域内。

□ 练习与思考

一、名词解释

1. 仲裁
2. 临时仲裁
3. 衡平仲裁
4. 仲裁法

二、简答题

1. 简述仲裁的特征。
2. 简述仲裁法的适用范围。

三、思考题

仲裁制度的法律性质。（提示：分析各学说，简要阐述自己的观点。）

第二章

仲裁制度的产生与发展

■ **学习目的和要求**

通过本章学习，要求学生
- 掌握：我国仲裁制度的产生与发展。
- 一般了解：外国仲裁制度的产生与发展。

第一节 外国仲裁制度的产生与发展

一、外国仲裁的产生

仲裁作为解决民商事争议的一种方法，有着悠久的历史。据考察，远在公元前6世纪的古希腊、古罗马时代，就已开始采用仲裁方式解决城邦国家之间的纠纷。但仲裁作为一种处理民商事纠纷的制度，是随着商品经济的产生而产生和发展起来的。在古希腊、古罗马时代，地中海沿岸一带海上交通比较发达，商品经济有了相当的发展，各种商事纠纷、海事纠纷不断增多。因此，为了及时便利地解决日益增多的纠纷，当事人自发地采用请中间人裁决的解决方法，当时的《十二铜表法》中就有关于仲裁的记载。13~14世纪，意大利出现了国际性

《十二铜表法》有关于仲裁的记载

的商事仲裁。14世纪中叶，在瑞典编纂的一部地方法典中，承认仲裁是解决争议的一种方式。英国在1347年就有了关于仲裁的史料记载。1697年，英国议会通过仲裁法案，正式承认了仲裁制度。1889年，英国制定了世界上第一部专门的《仲裁法》。

> 英国于1889年颁布世界上第一部仲裁法

二、外国仲裁制度的确立与发展

仲裁作为解决争议的方式出现后，表现出很强的生命力和适应性。由于商品经济的进一步发展，仲裁制度在欧洲国家得到了较大发展。18世纪末19世纪初，各国国内法基本都制定了有关仲裁的规定，这些规定成为仲裁制度确立与发展的重要标志。

1802年，英国在颁布的《学徒健康和道德法》中，规定了劳动仲裁的内容。1809年，法国在颁布的《民事诉讼法典》中，对仲裁作了专篇规定。1877年，德国在制定公布的《民事诉讼法典》中，设专篇规定了仲裁程序、仲裁协议的形式和效力、仲裁员的选任和回避、仲裁的庭审程序和裁决的效力与执行等问题。1917年，在瑞典成立斯德哥尔摩商会仲裁院。1919年，瑞典对其1887年颁布的仲裁法令作了重要修改，并在此基础上于1929年通过了瑞典仲裁法。

南美洲的阿根廷于1880年颁布诉讼法典，对仲裁作了详细规定。

美国纽约州于1920年通过了州的仲裁法。1925年，美国制定了《美国联邦仲裁法案》。1926年，美国仲裁协会成立。1955年，美国制定了新的《美利坚合众国统一仲裁法案》，现为多数州采纳。

亚洲的日本于1890年颁布《民事诉讼法》，该法设专章规定了仲裁程序，到现在为止，日本仍沿用这个规定实施仲裁。

在苏联，有两种仲裁制度。一种是普通仲裁制度。早在建国初期，苏联就有了普通仲裁制度，允许对公民之间的民事争议进行仲裁，但劳动争议和家庭关系的争议除外。1924年，苏联颁布了《仲裁庭条例》，作为民事诉讼法附件，民事诉讼法和条例都规定了对公民之间民事权利争议的仲裁问题。另一种是行政仲裁制度。1922年，苏联批准了《国家机关、国营企业间财产纠纷解决程序条例》，规定由仲裁委员会解决国营企业之间的合同纠纷，从而使仲裁委员会具有行政管理的性质。仲裁委员会对国营企业合同进行处理，有权准许延期给付或分期给付，有权变更给付标的，有权减免当事人的债务。1931年，苏联颁布《国家仲裁署条例》，并设立各级国家仲裁署，从而形成统一的苏联国家仲裁机关系统。国家仲裁署解决企业、机关和组织之间的经济争议，提起仲裁不需要仲裁协议，只要一方当事人申请即可，对于某

> 苏联有两种仲裁制度：一为普通仲裁，二为行政仲裁

些案件，仲裁署也可以主动提起。

从20世纪初开始，世界上许多国家都通过专门立法或在民事诉讼法中设专章的方式，先后对仲裁制度作了规定，仲裁制度在世界许多国家都有了很大的发展。随着人类社会和商品经济的迅速发展，以及国际政治、经济、贸易联系的加强，仲裁的内容和形式也发生了很大的变化，逐步由一国范围内的民商事仲裁，扩展到国际经济贸易仲裁、海事仲裁、劳动争议仲裁和解决国家间争端的国际仲裁等。仲裁作为一种解决争议的有效方法，发挥着越来越重要的作用。

三、国际仲裁的发展

早期的仲裁主要是为了解决国内的某些民事纠纷，特别是有关债权债务的纠纷。随着航运的日益发达以及国际贸易的迅速发展，仲裁逐步成为解决国际经济贸易争议的重要方式。但是，由于各国的国内法有关仲裁的规定不统一，阻碍了仲裁解决国际经济贸易争议作用的发挥，因此就亟须在国际上统一仲裁制度。

国际商事仲裁制度的建立是从国际社会签订区域性国际公约开始的。1889年，南美一些国家在乌拉圭首都蒙得维的亚签署了《蒙得维的亚民事条约》，条约规定了承认与执行外国仲裁裁决的条件和程序。1923年，在国际联盟主持下，一些国家在日内瓦签订了《日内瓦仲裁条款议定书》，各缔约国承认当事人签订的仲裁协议是有效的，缔约国负有义务使在其领域内作成的仲裁裁决得到强制执行。根据该议定书，1927年，有关国家又签订了《日内瓦外国仲裁裁决执行公约》，规定了承认和执行他国仲裁裁决的条件，并规定了仲裁裁决的拒绝承认与执行以及撤销裁决的问题。1923年，国际商会设立国际商会仲裁院，作为处理国际性商事争议的仲裁机构。与此同时，许多资本主义国家还通过国内立法，规定了国际仲裁的内容，使本国仲裁与国际仲裁相接轨。

> 应当注意《纽约公约》的内容和意义

第二次世界大战后，国际仲裁有了进一步的发展。1958年，在联合国主持下，通过了一项《承认和执行外国仲裁裁决公约》（又称《纽约公约》）。该公约在前两个日内瓦公约的基础上又有了新的发展，规定在原则上可以适用于任何一个外国的仲裁裁决。目前已有100多个国家加入了该公约，它已成为有关承认与执行外国仲裁裁决的一个主要国际公约。1961年，在联合国欧洲经济委员会的主持下，一些欧洲国家在日内瓦签订了《国际商事仲裁欧洲公约》。公约主要是解决东、西方贸易中有关组织仲裁庭和执行仲裁裁决程序方面所遇到的一些困难和问题，缔约国之间原有的仲裁协定不受公约的影响，因此，西欧国家之间或苏联东欧国家之间的仲裁不适用该公约。1965 年，世界银行制定了《关于解决各国和其他国家国民之间的投资争端的公约》，该公约规定了以仲裁的方式解决各国和他国国民之间因投资而发生的争议。根据该公约，1966 年成立了"解决投资争端国际中心"，作为专门处理各国家和他国国民之间投资争议的仲裁机构。1976 年，第三十一届联合国大会通过了《联合国国际贸易法委员会仲裁规则》，这套规则对各国不具有法律约束力，由当事人双方自愿选择使用。1985 年，联合国国际贸易法委员会制定了《联合国国际贸易法委员会国际商事仲裁示范法》，简称《国际商事仲裁示范法》，为各国制定或者修改其仲裁法提供示范，许多国家参照该示范法制定或修改了本国的仲裁法。

第二节　我国仲裁制度的产生与发展

一、国内仲裁制度的产生与发展

仲裁，在我国传统上称为公断。我国仲裁制度的建立始于 20 世纪初的北洋军阀统治时期。1912 年，国民政府颁布《商事公断处章程》，1913 年颁布《商事公断处办事细则》，这是我国历史记载的第一个关于仲裁的专门规定。1930 年，国民党政府颁布《劳动争议处理法》，规定了劳动争议处理的调解和仲裁程序，调整雇主与工人团体或工人 15 人以上发生的争议。

在第二次国内革命战争时期和解放战争时期，在共产党领导下的革命根据地和解放区，也建立了仲裁制度。1942 年，晋察冀边区颁布的《晋察冀边区租佃债息条例》和《关于仲裁委员会工作指示》中，就已经规定了仲裁委员会的性质、任务和权限。中华苏维埃政府和一些边区与地方人民政府设立了专门的仲裁委员会，这些都给新中国成立后仲裁制度的建立和发展积累了经验、奠定了基础。

新中国成立后，我国先后建立了经济合同仲裁制度、技术合同仲裁制度以及劳动争议仲裁制度等。这些仲裁制度都经历了各自的发展历程。

（一）经济合同仲裁

经济合同仲裁是国内仲裁制度的最主要部分，也是国内仲裁制度

中历史最长、制度最完善的一项制度。它经历了四个发展阶段:

1. 只裁不审阶段。1950~1966年,由于恢复国民经济和大规模经济建设发展的需要,合同制得到普遍推广,新中国政府也相应地颁布了一系列涉及仲裁的条例和法规,用以解决经济合同纠纷。1961年9月中共中央颁布试行的《国营工业企业工作条例(草案)》、1962年8月国家经济委员会《关于各级经委仲裁国营工业企业之间拖欠债款的意见(草案)》以及1962年12月中共中央、国务院《关于严格执行基本建设程序、严格执行经济合同的通知》等文件中都明确了各级经委是合同仲裁的主管机关,否定了法院对合同纠纷的审判职能。其实,这种"仲裁"并不是真正意义上的仲裁,而是行政处理。它是建立在严格的计划经济体制基础上的,将物资的分配权、合同的管理权与合同纠纷的仲裁权三者合为一体。这种仲裁一般实行二级仲裁体制,特殊的重大项目合同纠纷实行三级仲裁体制,当事人不服省、自治区、直辖市经委仲裁的,可以向国家经委请求裁决。

在"文化大革命"期间,由于政治原因,经济关系以计划调拨为主,发生的争议也主要通过行政手段解决,合同制度形同虚设,仲裁制度更是名存实亡。可见,经济合同仲裁是国内仲裁制度发展的主线,但是,作为计划经济体制的产物,这一阶段所实行的"只裁不审"的仲裁制度实质上是以行政手段解决经济合同纠纷,并不是现代意义的仲裁制度。

2. 两裁两审阶段。十一届三中全会以后,党的工作重心转移到经济建设上来,国家强调用法律手段管理经济,合同的作用开始被重视,处理合同纠纷的仲裁方式被重新启用。1978年9月,国务院在《关于成立工商行政管理总局的通知》中,把"管理全民和集体企业的购销合同、加工订货合同,调解仲裁纠纷"作为工商行政管理部门的主要任务之一。1979年8月,国家经委、工商行政管理总局、中国人民银行发出《关于管理经济合同若干问题的联合通知》。通知规定:当事人对供货、产销加工、运输等经济合同发生争议,协商不成时,任何一方均可按照合同管理的分工,向对方所在地的县(市)和大中城市的区级经委(或相应机关)、工商行政管理局申请调解仲裁;如果一方对仲裁裁决不服,可向上一级合同管理机关申请复议;对复议不服的,可向人民法院起诉,经人民法院两审终审。在两裁两审阶段,仲裁是诉讼必经的前置程序,仍带有明显的强制性。

3. 或裁或审,一裁两审阶段。1981年12月,我国颁布了《经济合同法》,规定经济合同纠纷可以向仲裁机关申请仲裁,也可以向人民法院直接起诉，即采取"裁审自择"原则，仲裁不再是诉讼必经的前置程序。1983年，国务院颁布《经济合同仲裁条例》，统一了仲裁的机关和程序，规定经济合同仲裁机关是国家工商行政管理局和地方各级工商行政管理局设立的经济合同仲裁委员会，并规定仲裁采取一级仲裁制，对仲裁不服的，可向人民法院起诉，经人民法院两审终审。此时，我国虽然确立了经济合同仲裁制度，但该制度并非现代意义的协议仲裁制度。

4. 或裁或审，一裁终局阶段。1991年，我国通过《民事诉讼法》，规定了协议仲裁和一裁终局制度，即双方当事人对合同纠纷自愿达成书面仲裁协议向仲裁机构申请仲裁的，不得向人民法院起诉。也就是说，仲裁机构的仲裁裁决是终局裁决，当事人不得就同一事实再申请仲裁，也不得向人民法院起诉。此后，1993年修订的《经济合同法》也确认了上述协议仲裁制度。至此，我国虽然确立了协议仲裁的制度，但由于合同纠纷的仲裁仍然是由各级工商行政管理局设立的经济合同仲裁委员会进行仲裁，因此，并未摆脱以往行政仲裁的特色。

> 比一裁两审又进了一步

（二）技术合同仲裁

1987年6月，我国颁布《技术合同法》。该法规定，发生技术合同争议的，当事人可以依据合同中的仲裁条款或者事后达成的仲裁协议，向国家规定的仲裁机构申请仲裁。当事人没有订立仲裁条款或仲裁协议的，可以向人民法院起诉。1988年国家科委发布的《技术合同管理暂行规定》，及1989年国务院发布的《技术合同法实施条例》，均对技术合同的仲裁进行了专门规定，我国的技术合同仲裁制度逐步建立、发展起来。1991年1月，国家科委发布《技术合同仲裁机构管理暂行规定》。依据该规定，技术合同仲裁机构是各级科委内设立的技术合同仲裁机构和经济合同仲裁机构；技术合同仲裁实行或裁或审制度，当事人提交仲裁，必须有仲裁协议，仲裁协议排除法院的管辖权。这是第一部专门的技术合同仲裁法规，也是技术合同仲裁制度走向成熟的标志。

（三）劳动争议仲裁

1950年，政务院发布了《关于劳动争议解决程序的暂行规定》。根据该规定，劳动争议的解决程序分为调解程序、仲裁程序和诉讼程序。当时设立的劳动争议仲裁委员会于1953年被撤销。1986年，国务院发布《国营企业实行劳动合同制暂行规定》，重新确认了劳动争议仲裁制

注意劳动仲裁不同于一般仲裁的鲜明特点

度。1987年7月,国务院发布《国营企业劳动争议处理暂行规定》,规定当事人申请仲裁无需仲裁协议,可以直接向劳动争议仲裁委员会申请仲裁,实行一裁终局制。1993年,国务院又颁行了《企业劳动争议处理条例》,1987年的《国营企业劳动争议处理暂行规定》同时废止。该条例对劳动争议仲裁作了专章规定,改变了以往的劳动争议仲裁制度,规定县、市、市辖区应当设立劳动争议仲裁委员会,负责本行政区域内发生的劳动争议的仲裁;发生劳动争议的企业与职工不在同一个仲裁委员会管辖地区的,由职工当事人工资关系所在地的仲裁委员会处理。规定当事人在其劳动关系发生争议时,可以而且只能先申请仲裁,然后再提起诉讼。可见,劳动争议仲裁实行先裁后审的制度,即当事人之间的劳动争议,先提交仲裁委员会进行仲裁,对仲裁裁决不服的,可以向人民法院起诉。劳动争议仲裁是劳动争议诉讼的前置程序。

从我国仲裁制度建立与发展的过程可以看出,在《仲裁法》实施之前,我国实行的仲裁制度,按照专业归口管理,适应专业化的要求,对于解决经济纠纷、维护经济秩序、推动改革开放,发挥了积极的作用;同时,积累了丰富的仲裁经验,培养了一批仲裁专业人员,为我国仲裁制度的完善奠定了基础。但是,由于我国长期受计划经济体制的影响,这些仲裁制度还是存在许多缺陷。可见,我国国内仲裁制度经历了一个从无到有、从不成熟到成熟的漫长的曲折的发展过程。此外,在我国《仲裁法》颁布之前,国内仲裁制度是不统一的,立法比较散乱。1994年8月31日第八届全国人民代表大会常务委员会第九次会议通过了《中华人民共和国仲裁法》,该法确立了现代仲裁制度的一系列基本原则和基本制度。该法的颁布,是中国仲裁立法史上的里程碑,标志着中国的现代仲裁制度真正建立起来了。

二、涉外仲裁制度的产生与发展

新中国成立后,我国首先建立了涉外仲裁制度,随后才逐步建立了经济合同仲裁制度等国内仲裁制度。涉外仲裁制度的建立,一开始便注重与国际通行惯例接轨,因此,我国涉外仲裁制度内容比较完善、科学。我国涉外仲裁制度包括国际经济贸易仲裁和海事仲裁两部分。

(一)涉外仲裁制度的产生

1. 国际经济贸易仲裁(商事仲裁)的产生。早在1950年4月,我国与苏联就交货共同条例达成的协议书中就有关于仲裁的条款。1954

年 5 月，政务院通过了《中央人民政府政务院关于在中国国际贸易促进委员会内设立对外贸易仲裁委员会的决定》，该规定对后来以此为依据而成立的对外贸易仲裁委员会的组织、任务、受案范围、仲裁程序等事项作了原则性的规定。1956 年 3 月 31 日，中国国际贸易促进委员会通过了《中国国际贸易促进委员会对外贸易仲裁委员会仲裁程序暂行规则》。贸促会在外贸、商业、法律、工业、农业、运输、保险等方面具有专门知识的知名人士中，选任了 21 位委员组成了对外贸易仲裁委员会第一届委员会，并由这些委员兼任仲裁员。1956 年 4 月 2 日，对外贸易仲裁委员会第一届委员会第一次会议召开，宣布对外贸易仲裁委员会正式成立。从此，中国开始有了自己的涉外商事仲裁机构。

> 应当了解中国自己的第一个涉外商事仲裁机构是何时产生的

2. 海事仲裁的产生。1958 年 11 月 21 日，国务院通过了《中华人民共和国国务院关于在中国国际贸易促进委员会内设立海事仲裁委员会的决定》。1959 年 1 月 8 日，中国国际贸易促进委员会通过了《中国国际贸易促进委员会海事仲裁委员会仲裁程序暂行规则》，确立了海事仲裁的基本制度。同年初，海事仲裁委员会正式成立，受理涉外海事方面的争议案件。其主要受案范围有三项：①关于海上船舶互相救助、海上船舶和内河船舶救助报酬的争议；②关于海上船舶碰撞、海上船舶和内河船舶碰撞或者海上船舶损坏港口所发生的争议；③关于海上船舶租赁业务、海上船舶代理和海上运输及海上保险等发生的争议。

（二）涉外仲裁制度的发展

1. 国际经济贸易仲裁（商事仲裁）的发展。对外贸易仲裁委员会成立后，我国对外贸易仲裁获得了初步发展。1966～1979 年，由于"文化大革命"的冲击，我国对外贸易仲裁工作虽然没有中断，但是受到很大影响。在此阶段，对外贸易仲裁委员会作出正式裁决的涉外案件并不多，更多是以调解方式解决的。

1978 年底，党的十一届三中全会确定了经济体制改革和对外开放的政策，对外贸易和对外经济合作迅速发展，对外经济贸易仲裁也得到了空前发展。为了适应我国对外经济贸易关系不断发展的需要，1980 年 2 月，国务院发出了《关于将对外贸易仲裁委员会改称为对外经济贸易仲裁委员会的通知》。该通知规定：①将对外贸易仲裁委员会改称为对外经济贸易仲裁委员会；②扩大受案范围，规定有关中外合资经营企业、外商来华投资建厂、中外银行相互信贷等各种对外经济合作方面所发生的争议亦可进行仲裁；③明确授权仲裁委员会人数可适当增加。1987 年 4 月，中国加入并成为《承认及执行外国仲裁裁

> 了解中国国际经济贸易仲裁委员会的发展过程及受案范围

公约》（又称《纽约公约》）的成员国，使中国涉外仲裁机构的裁决在境外被承认及执行成为可能。在这一时期，我国对外经济贸易仲裁委员会机构逐渐扩大，人员逐渐增加，受理的案件数量也迅速增长，国际信誉不断提高。

1988年之后，我国对外经济贸易仲裁步入进一步发展的时期。1988年6月21日，国务院发布了《关于将对外经济贸易仲裁委员会改名为中国国际经济贸易仲裁委员会和修订仲裁规则的批复》。该批复规定：①将对外经济贸易仲裁委员会改名为中国国际经济贸易仲裁委员会，受案范围扩大到国际经济贸易中发生的一切争议；②授权中国国际贸易促进委员会修订、发布新的仲裁规则。此后，中国国际贸易促进委员会根据我国法律和我国缔结参加的国际条约，参照国际惯例，于1988年9月12日、1994年3月17日、1995年9月4日、2012年2月3日和2014年11月4日，先后对仲裁规则进行了5次重大修订，最新仲裁规则于2015年1月1日起实施，修订后的仲裁规则更接近于国际通行做法，内容也更加完整、科学。另外，为了适应经济特区和沿海发达地区发展的需要，经国务院批准，中国国际经济贸易仲裁委员会于1989年1月和1990年4月分别在深圳和上海设立了分会。为了加强对仲裁的宣传和对仲裁协议的推广工作，仲裁委员会于1999年以后，先后在大连、福州、长沙、重庆和成都设立了5个办事处，作为仲裁委员会的专业联络和宣传机构。自此，我国国际经济贸易仲裁发展更为迅速，国际影响也越来越大。2000年10月1日起，在使用"中国国际经济贸易仲裁委员会"的同时，启用了"中国国际商会仲裁院"的名称。此后，深圳分会更名为华南国际经济贸易仲裁委员会（深圳国际仲裁院），该仲裁院与深圳仲裁委员会于2017年12月25日起合并为深圳国际仲裁院。

2. 海事仲裁的发展。1959年海事仲裁委员会成立后，50多年来，我国海事仲裁制度发展比较稳定。随着改革开放政策的提出，对外经济贸易和海上运输事业的发展，我国海事仲裁制度也得到了巨大的发展。1982年9月，国务院办公厅发出通知，同意将海事仲裁的受案范围扩大到双方当事人协议要求的其他海事案件，扩大了海事仲裁的范围。1988年6月，国务院发布了《关于将海事仲裁委员会改名为中国海事仲裁委员会和修订仲裁规则的批复》。依据该批复，海事仲裁委员会更名为中国海事仲裁委员会，同时授权中国国际贸易促进委员会对海事仲裁规则进行修订。1988年9月，中国国际贸易促进委员会通过修订后的仲裁规则，即《中国海事仲裁委员会仲裁规则》，对旧规则进行了重大修改，使修订后的仲裁规则更符合国际通行惯例，更顺应现代海事仲裁的要求。目前，中国海事仲裁委员会受案数量日益增加，在国内外赢得了良好的声誉。

小　结

本章主要阐述仲裁制度的历史沿革，包括外国仲裁制度的产生与发展和我国仲裁制度的产生与发展。其主要内容是：

一、外国仲裁制度的产生与发展

外国仲裁制度的产生与发展历史悠久，且各国仲裁制度的发展存在差异，这与各国的历史背景、政治制度、经济发展等均有重大关系。随着经济贸易的日益发达，各国仲裁制度不断发展和完善，出现了国际仲裁。

二、我国仲裁制度的产生与发展

（一）国内仲裁制度的产生与发展

国内仲裁制度发展曲折，其中经济合同仲裁作为国内仲裁制度发展的主线，经历了四个发展阶段。

（二）涉外仲裁制度的产生与发展

涉外仲裁制度分国际经济贸易仲裁制度和海事仲裁制度，从其产生开始便注重与国际通行惯例接轨，因此，我国涉外仲裁制度的内容较完善、科学。

练习与思考

思考题

1. 分析我国经济合同仲裁制度的发展阶段。
2. 思考仲裁制度发展的原因及趋势。（提示：仲裁制度的发展是商品经济发展的结果。趋势：①不断加强仲裁立法并修改完善仲裁规则；②常设仲裁机构迅速增多；③仲裁受案范围越来越广；④各国涉外仲裁制度日趋接近或一致。）

第三章

仲裁法的基本原则和基本制度

■ **学习目的和要求**

通过本章学习，要求学生
- ● 重点掌握：自愿原则，独立仲裁原则，协议仲裁制度，一裁终局制度，开庭审理与书面审理相结合的制度。
- ● 掌握：公平合理仲裁原则，遵守国际惯例原则，符合法律规定原则，回避制度，不公开审理制度。
- ● 一般了解：仲裁基本原则和基本制度的概念。

第一节 仲裁法的基本原则与基本制度概述

一、仲裁法基本原则的概念

仲裁法的基本原则，是指在仲裁活动中，仲裁机构、双方当事人及其他仲裁参与人必须遵循的基本行为准则。也就是在仲裁机构依法仲裁争议案件的过程中始终起指导作用，或者在仲裁过程的主要阶段起重要作用的基本准则。它对仲裁法具有普遍的指导意义，并体现了仲裁法的精神实质，对仲裁机构的仲裁活动和仲裁参与人的活动，提出了规范性要求。

根据仲裁法的规定，主要有以下几个基本原则：①自愿原则；②公平合理仲裁原则；③遵守国际惯例原则；④符合法律规定原则；⑤独立仲裁原则。

> 仲裁法的基本原则有普遍指导性，贯穿于仲裁全过程或在仲裁的主要阶段起重要作用，它具有抽象性和宏观性

二、仲裁法基本制度的概念

仲裁法的基本制度，是指在仲裁活动中，仲裁机构、双方当事人及其他仲裁参与人必须遵循的基本规程。其在仲裁活动中某一阶段或某一环节起着规范作用，通常比较具体、明确，有很强的针对性、规范性、实用性，不像仲裁法的基本原则贯穿于仲裁的全过程，体现在仲裁活动的各个方面，具有抽象性和宏观指导性。

依据我国仲裁法的规定，仲裁法的基本制度有以下几项：①协议仲裁制度；②或裁或审制度；③一裁终局制度；④回避制度；⑤不公开审理制度；⑥开庭审理与书面审理相结合的制度。

> 仲裁法的基本制度与抽象宏观的基本原则相比有很强的针对性、规范性和实用性

第二节 仲裁法的基本原则

一、自愿原则

自愿原则，是指当事人达成仲裁协议申请仲裁、选择仲裁机构及仲裁员、达成仲裁调解或和解协议等都必须出自其真实意愿，任何机关、组织和个人都不得强迫当事人仲裁，任何一方当事人也不得将自己的意志强加于对方。自愿原则是世界各国和国际仲裁活动中普遍遵守的一项必不可少的原则。它是仲裁制度的基本原则，是仲裁制度赖以存在与发展的基石，直接体现了仲裁活动中当事人意思自治的特点。可见，自愿原则是仲裁制度的首要原则，是当事人意思自治的直接体现。

> 自愿原则是仲裁制度的首要原则，是当事人意思自治的直接体现

自愿原则作为基本原则贯穿于仲裁程序的始终，主要体现在以下几个方面：

（一）以仲裁方式解决纠纷，应以双方当事人自愿为前提

这是自愿原则最为重要的体现。我国《仲裁法》第4条规定："当事人采用仲裁方式解决纠纷，应当双方自愿，达成仲裁协议。没有仲

裁协议，一方申请仲裁的，仲裁委员会不予受理。"即仲裁的提起，应以双方自愿为前提，没有双方自愿达成的共同选择仲裁解决争议的仲裁协议，任何一方都不能凭个人意愿提交仲裁，仲裁委员会也无权受理。而诉讼则不同，只要一方当事人依法向有管辖权的人民法院起诉，无需征询对方当事人的同意，人民法院必须受理。这是由于人民法院的审判权来自于国家法律规定，符合法律规定的起诉，人民法院就必须受理。而仲裁委员会的裁决权来源于双方当事人的共同授权，即双方自愿达成的仲裁协议。可见，双方当事人愿意以仲裁方式解决他们之间的纠纷是启动仲裁程序的必要前提。

双方当事人愿意以仲裁方式解决他们之间的纠纷是启动仲裁程序的必要前提

（二）仲裁机构和仲裁地点，由双方当事人协商选定

我国《仲裁法》第6条规定："仲裁委员会应当由当事人协议选定。仲裁不实行级别管辖和地域管辖。"仲裁机构属于民间性机构，当事人有权根据双方的意愿，合意选择任何一个仲裁机构进行仲裁，而不受级别和地域的限制，这也是自愿原则的重要体现之一。而诉讼则不同，法院作为国家的审判机关，当事人提起诉讼要受到严格的级别管辖和地域管辖的限制，即使是协议管辖也有法定的适用对象和选择范围。

仲裁案件的管辖一般依当事人意愿确定

（三）仲裁庭组成形式及仲裁员，由双方当事人自主选定

仲裁员是由仲裁机构根据国家立法对仲裁员任职资格的法定要求，结合自身发展的需要而从社会各界中选聘的专业人士，在仲裁中，当事人有权约定仲裁庭的组成形式，有权选定自己信赖的仲裁员。根据我国《仲裁法》第30条、第31条的规定，仲裁庭可以由3名仲裁员或者1名仲裁员组成。当事人约定由3名仲裁员组成仲裁庭的，应当各自选定或者各自委托仲裁委员会主任指定1名仲裁员，第三名仲裁员由当事人共同选定或者共同委托仲裁委员会主任指定。第三名仲裁员是首席仲裁员。当事人约定由1名仲裁员成立仲裁庭的，应当由当事人共同选定或者共同委托仲裁委员会主任指定仲裁员。而法官则是国家根据立法对法官任职资格的要求，结合司法审判的需要按照一定的程序任命，并由国家财政保障其基本物质待遇的国家公职人员，在诉讼，无论审判组织的组成形式还是组成人员，当事人均没有任何选择的权利。

（四）提交仲裁的争议事项，由当事人双方约定

对于符合仲裁法规定允许仲裁的事项，对于何种争议事项提交仲

裁，当事人双方应当在仲裁协议中明确约定。仲裁机构必须尊重当事人的意愿和选择，对当事人在协议中没有约定的仲裁事项，仲裁机构无权审理和裁决。

（五）当事人可以约定开庭形式、审理方式等有关程序事项

这是自愿原则在仲裁程序方面的具体体现。根据我国《仲裁法》第 39 条、第 40 条、第 54 条的规定，仲裁应当开庭进行，但当事人协议不开庭的，仲裁庭可以根据书面材料作出裁决；仲裁原则上不公开进行，但当事人协议公开的，可以公开进行，涉及国家秘密的除外；裁决书应当写明争议事项和裁决理由，但当事人协议不愿写明的，可以不写，等等。而上述事项在诉讼中是不允许当事人自由选择的。

二、公平合理仲裁原则

公平合理仲裁原则，是指仲裁庭在仲裁活动中必须保持中立，平等对待双方当事人，依据事实公平合理地作出裁决。其包括两层含义：

（一）仲裁庭对待双方当事人应一律平等

在仲裁中，无论仲裁员是由哪一方当事人选定的，他都不代表任何一方当事人的利益，而是应当平等地保护各方当事人的利益，为各方当事人平等地行使权利提供同等的手段和机会。

> 公平合理的原则就是对当事人一律平等，根据案件事实正确适用法律，不偏不倚地作出裁决

（二）仲裁庭应公平合理地作出裁决

仲裁庭应在查清案件事实的基础上，正确适用法律，公平合理地确定当事人之间的权利义务关系，以解决纠纷。为了保证仲裁能够公正地进行，仲裁法还规定了较完善的回避制度。同时，仲裁法对仲裁员的职业道德也提出了严格的要求，如严格保守仲裁事项所涉及的商业秘密，不得私自会见当事人、代理人或者接受当事人、代理人的请客送礼等，其目的均是为了避免仲裁中不公正现象的发生，从而维护仲裁员的公正形象。

三、遵守国际惯例原则

这主要是指在涉外仲裁中，仲裁除必须符合成文法的规定外，还须遵守国际惯例。

国际惯例，是指在长期的国际交往中，经过反复的国际实践而逐渐形成的并为国际社会普遍承认的，有固定明确内容的习惯做法或特

定方式。国际惯例必须具备两种要素：一是必须在长期的国际实践中反复进行类似的行为；二是为国际社会普遍承认。国际惯例包括国际贸易惯例和其他行业惯例。如果当事人约定了所采用的国际惯例，仲裁庭应当尊重当事人的约定，并在案件裁决时予以适用。如果当事人没有约定适用国际惯例，仲裁庭可以根据案件的具体情况适用与该争议有关的国际惯例。若在同一问题上有几个国际惯例可供适用，仲裁庭可以按下列顺序予以适用：①当事人间有习惯做法的，适用其习惯做法；②适用国际上同类合同与当事人广泛了解并经常遵循的惯例；③国际上被广泛承认的惯例。

> 在适用国际惯例时，必须先按其必备要素确认是否是国际惯例，然后依合理顺序选择适用

四、符合法律规定原则

符合法律规定原则，是指仲裁庭在查明仲裁案件事实的基础上，应当根据法律的规定确认当事人各方的权利义务关系，所作的裁决应符合法律规定，不能抛开法律任意判断和确定。

符合法律规定原则有两层含义：①仲裁庭在查明事实的基础上，应当严格依照法律的规定作出裁决；②仲裁不必像诉讼那样严格地"以法律为准绳"，不必严格受法律规定的限制，只要仲裁裁决公正合理，不违反法律强制性规定即可。该原则所说的法律，既包括仲裁所适用的程序法，也包括解决民商事纠纷所适用的实体法。

> 符合法律规定主要指符合强制性的法律规定

由此可见，符合法律规定主要指符合强制性的法律规定，对于法律没有明确规定的，可以参照在实践中被普遍接受的做法，如行业惯例等，公平合理地作出裁决。

五、独立仲裁原则

独立仲裁原则，是指仲裁机构在设置上不依附于任何机关、团体，且在审理仲裁案件时，依法独立进行审理、裁决。我国《仲裁法》第8条规定："仲裁依法独立进行，不受行政机关、社会团体和个人的干涉。"第14条规定："仲裁委员会独立于行政机关，与行政机关没有隶属关系。仲裁委员会之间也没有隶属关系。"这是独立仲裁原则的法律依据。该原则的确立，是我国仲裁制度发展完善的一个重要标志。其主要内容有以下几个方面：

> "独立"：一指仲裁机构在设置上独立，二指其在审理案件时独立

（一）仲裁独立于行政

仲裁与行政脱钩，是独立仲裁原则的首要内容。我国仲裁法针对以往仲裁体制中仲裁机构设置在行政机关内部的状况，借鉴国际上通

行做法，作出了仲裁与行政脱钩、仲裁摆脱行政干预的规定。在国际上，绝大多数国家的仲裁机构，是设在商会、行业协会之内，或者作为一个社会团体独立设立，属非官方的民间性组织。我国以往的仲裁体制，由于仲裁机构多设置在行政机关内部，仲裁员也多是行政机关的工作人员，仲裁不可避免地带有浓厚的行政色彩，行政干预较强。而仲裁法的规定，使仲裁独立于行政，仲裁委员会独立于行政机关，二者之间不存在隶属关系，虽然仲裁委员会是由政府组织有关部门和商会统一组建，并经司法行政部门登记，但相互之间独立，不存在上下级关系。行政机关不能对仲裁委员会和仲裁庭的仲裁活动进行干预，不能插手审理仲裁案件并对仲裁裁决施加影响。此外，仲裁法中有关仲裁委员会的组成、仲裁员回避制度等规定，也都体现了仲裁独立于行政的精神。

> 《仲裁法》颁行后，我国仲裁性质已由行政性向民间性过渡

（二）仲裁组织体系中的仲裁协会、仲裁委员会和仲裁庭三者之间相互独立

> 三者之间相互独立

仲裁的独立性，表现在仲裁组织系统内，仲裁协会、仲裁委员会和仲裁庭之间存在着独立性。

1. 仲裁协会。中国仲裁协会是社会团体法人，是仲裁委员会的自律性组织，仲裁委员会是中国仲裁协会的会员。中国仲裁协会的职责在于依法制定统一的适用于所有仲裁委员会的仲裁规则，根据章程对仲裁委员会及其组成人员、仲裁员的违纪行为进行监督。但仲裁协会与仲裁委员会之间，不是行政领导与被领导的关系，仲裁协会不能干预仲裁案件的独立审理和裁决，也不能行使仲裁委员会的职能。

2. 仲裁委员会。根据《仲裁法》第10条的规定，仲裁委员会按地域分别设立，不按行政区划层层设立，仲裁委员会之间互相独立，不存在隶属关系。我国以往的仲裁体制，有行政级别之分，上级仲裁委员会对下级仲裁委员会进行领导、监督，上级仲裁委员会可撤销、变更下级仲裁委员会的仲裁裁决。仲裁法改变了这一体制，规定仲裁委员会只设在省、自治区和直辖市的不同地区之间，在省级和中央并不另设更高一级的仲裁委员会，即只有地域之分，而无级别之分，相互之间不存在隶属关系。

3. 仲裁庭。仲裁庭对仲裁案件有独立的审理和裁决权，仲裁委员会不能干预。根据仲裁法规定，仲裁委员会负责仲裁的管理和事务性工作，如聘任仲裁员、对违法仲裁员除名、进行日常管理等，对具体仲裁案件的审理和裁决等实质性工作，不得介入和干预，完全由仲

> 特别注意仲裁庭和仲裁委员会之间也是互相独立的

庭独立进行。

（三）仲裁不受社会团体和个人干涉

仲裁机构与其他社会团体之间没有隶属关系，都是平等的主体，而公民个人，无论社会地位、职务高低、权力大小、收入多寡，都不能以任何借口干涉仲裁。

第三节 仲裁法的基本制度

一、协议仲裁制度

协议仲裁制度，是指当事人向仲裁机构申请仲裁，必须以当事人双方达成的仲裁协议为依据，没有仲裁协议，仲裁机构不予受理的制度。我国《仲裁法》第4条规定："当事人采用仲裁方式解决纠纷，应当双方自愿，达成仲裁协议。没有仲裁协议，一方申请仲裁的，仲裁委员会不予受理。"第6条规定："仲裁委员会应当由当事人协议选定。仲裁不实行级别管辖和地域管辖。"其理论依据是：仲裁机构是民间组织，不同于人民法院等官方机构，它没有强制性的管辖权。以仲裁方式解决纠纷，必须遵循协议仲裁制度。协议仲裁制度是仲裁自愿原则的具体体现。其含义有两个：

> 协议仲裁制度是仲裁自愿原则的具体体现

（一）仲裁协议是协议仲裁制度的核心

现代协议仲裁制度最大的特点在于当事人享有完全独立的意思自由，而仲裁协议是当事人意思自由的集中体现。基于此，仲裁协议被认为是"现代仲裁制度的基石"，如果没有仲裁协议，那么，严格意义上的仲裁制度也就不复存在了。仲裁协议是双方当事人之间达成的将他们之间已经发生或将来可能发生的实体权利义务争议，提请仲裁机构仲裁解决的书面意思表示，是授予仲裁机构对仲裁案件的仲裁权，并排除法院司法管辖权的法律依据。如果没有这种表示双方共同意愿的仲裁协议，仅凭单方面的愿望是无法将争议提交仲裁解决的。可见，将争议提交仲裁解决，必须建立在双方自愿的基础上，仲裁协议是整个仲裁程序得以开始和进行的基础。

> 仲裁协议是整个仲裁程序得以开始和进行的基础

（二）仲裁机构受理案件，必须基于双方当事人的共同授权

当事人双方不仅要在仲裁协议中明确记载将特定争议提交仲裁解

决的共同意思表示，还要协商选择特定的仲裁机构。仲裁机构对争议案件的仲裁权，来自于双方当事人的共同协议授权。没有体现双方当事人共同授权的仲裁协议，仲裁机构无权受理任何一方仅凭自己单方面的意愿提交仲裁的纠纷案件。仲裁协议可以使仲裁机构取得对争议案件的管辖权，同时排除法院的管辖权。因此，一项有效的仲裁协议不仅是仲裁机构受理争议案件的依据，而且是整个仲裁程序得以顺利进行以及仲裁裁决得到司法机关承认并执行的保障。

> 仲裁协议可以使仲裁机构取得对争议案件的管辖权，排除法院的管辖权

二、或裁或审制度

或裁或审制度，是指争议发生前或发生后，当事人有权选择解决争议的途径的制度：或者双方达成仲裁协议，将争议提交仲裁解决；或者争议发生后向人民法院提起诉讼，通过诉讼途径解决争议。

或裁或审制度的基本含义是指：

1. 当事人达成仲裁协议的，应当向仲裁机构申请仲裁，不能向法院起诉。仲裁是由当事人双方自愿选择的一种解决争议的方式，仲裁协议一经达成，双方当事人即应受仲裁协议的约束，任何一方都应当信守协议。如果一方当事人不信守仲裁协议，将协议约定事项向人民法院提起诉讼，人民法院不应受理。若人民法院在不知道当事人之间存在仲裁协议的情况下受理了当事人的起诉，另一方可以依据仲裁协议向人民法院提出管辖异议。例如，《仲裁法》第26条规定："当事人达成仲裁协议，一方向人民法院起诉未声明有仲裁协议，人民法院受理后，另一方在首次开庭前提交仲裁协议的，人民法院应当驳回起诉，但仲裁协议无效的除外；另一方在首次开庭前未对人民法院受理该案提出异议的，视为放弃仲裁协议，人民法院应当继续审理。"当然，如果双方当事人在签订了仲裁协议后，又共同放弃了这一仲裁协议，那么，解决纠纷的方式就不限于仲裁而可以诉诸法院进行诉讼了。可见，争议的双方当事人只能在仲裁与诉讼这两个纠纷解决途径中任选其一，且二者互相排斥。

> 一般来讲，争议的双方当事人只能在仲裁或诉讼这两个纠纷解决途径中任选其一，且二者互相排斥

2. 人民法院不受理当事人之间有仲裁协议的起诉。对于双方当事人已合意达成仲裁协议的纠纷，其管辖权因当事人双方共同的仲裁意愿而归属于仲裁机构，同时，当事人双方共同的仲裁意愿也排除了人民法院对争议案件的管辖权。因此，对于人民法院来说，对具有有效仲裁协议的起诉，应当予以驳回。我国《民事诉讼法》第124条第2项规定："依照法律规定，双方当事人达成书面仲裁协议申请仲裁、不得向人民法院起诉的，告知原告向仲裁机构申请仲裁。"当事人签订仲

> 当事人之间有仲裁协议的，人民法院不得受理，除非仲裁协议无效或双方一致同意放弃仲裁协议

裁协议,即排除了人民法院对该案的司法管辖权,但是,在下列特殊情况下,人民法院对已有仲裁协议的争议案件拥有管辖权:①仲裁条款或者仲裁协议不成立、无效、失效、内容不明确无法执行的;②一方当事人起诉后,另一方当事人在首次开庭前未就法院受理该案提出异议的。后一种情况应视为双方当事人实际上放弃了原来的仲裁协议,人民法院对案件可以进行审理。

3. 对于没有仲裁协议的争议案件,当事人既可以于争议发生后签订仲裁协议而选择仲裁解决,也可以直接向人民法院提起诉讼。我国《仲裁法》对或裁或审制度的规定体现在该法第5条,即"当事人达成仲裁协议,一方向人民法院起诉的,人民法院不予受理,但仲裁协议无效的除外"。这一规定从根本上改变了原有仲裁制度中曾经实行的"可裁可审"的做法。或裁或审制度,既可以完满地保证仲裁自愿原则的实现,同时又能够使当事人在没有仲裁协议时,不受限制地实现自己的诉权。

三、一裁终局制度

一裁终局制度,是指仲裁机构受理并经仲裁庭审理的纠纷,一经仲裁庭裁决,该裁决即发生终局的法律效力,当事人不能就同一纠纷向人民法院起诉,也不能向其他仲裁机构再申请仲裁的制度。我国《仲裁法》第9条第1款明确规定:"仲裁实行一裁终局的制度。裁决作出后,当事人就同一纠纷再申请仲裁或者向人民法院起诉的,仲裁委员会或者人民法院不予受理。"这是一裁终局制度的法律依据。一裁终局也是国际上通行的做法,有利于快速、经济解决商事纠纷。

我国原有的国内仲裁制度在不同时期曾实行过两裁两审、一裁两审、两裁终局等制度,即仲裁裁决作出后,不立即发生法律效力,当事人不服的,可以向人民法院起诉或再次申请仲裁。这些做法都不利于发挥仲裁的作用,使仲裁变得可有可无,甚至是多此一举。仲裁之所以受到人们的欢迎,是因为它有着及时、方便、快捷和节约费用的优势,而一裁终局制度的确立,保障了仲裁这一优势的发挥。

> 仲裁裁决一经作出,当事人之间的争议即告彻底解决,当事人不得再就该纠纷寻求审判方式或其他方式解决,也不得再次申请仲裁

一裁终局制度意味着仲裁裁决一经作出,当事人之间的争议即告彻底解决,当事人不得再就该纠纷寻求审判方式或其他方式解决,也不得再次申请仲裁。但是,一裁终局也有例外情况。《仲裁法》第9条第2款规定:"裁决被人民法院依法裁定撤销或者不予执行的,当事人就该纠纷可以根据双方重新达成的仲裁协议申请仲裁,也可以向人民法院起诉。"也就是说,仲裁裁决作出后,一旦该仲裁裁决被人民法院依法裁定撤销或者不予执行,则意味着当事人之间的争议未得到有效

解决，应当赋予当事人再行解决其争议的权利，此时，当事人可以在诉讼与仲裁方式中进行选择，既可以选择向法院提起诉讼，通过诉讼方式解决争议；也可以选择仲裁，但由于仲裁裁决所依据的仲裁协议因仲裁裁决的作出而失去其效力，如果再行选择通过仲裁方式解决争议，则需要重新达成仲裁协议。

四、回避制度

仲裁回避制度，是指承办案件的仲裁员遇有法律规定的情形，可能影响公正裁决时，不参加该案的仲裁审理而更换新仲裁员的制度。回避制度的实行，有利于保证案件质量，消除当事人的顾虑，维护仲裁机构的威信，是仲裁制度中保障当事人双方平等行使权利、保证仲裁员依法公正处理争议的一项重要制度。回避制度是确保仲裁公正的一项重要制度，我国《仲裁法》对回避的事由、方式、程序等作了明确规定。

> 回避制度是确保仲裁公正的一项重要制度

（一）回避的事由

我国《仲裁法》第34条规定，仲裁员有下列情形之一的，必须回避，当事人也有权提出回避申请：

1. 是本案当事人或者当事人、代理人的近亲属。这有两层含义：一是指仲裁员是本案的当事人，具有双重身份；二是指仲裁员是本案当事人、代理人的近亲属，具有近亲属关系。这两种因素的存在，都可能在不同程度上影响案件的公正裁决，不利于保护当事人的合法权益。

> 凡是有可能影响仲裁员中立地位和公正裁决的事由，都可以成为回避事由

2. 与本案有利害关系。这主要指仲裁员与本案的裁决有法律上的利害关系，仲裁结果会涉及仲裁员自身的利益，这样也会影响案件的公正裁决。

3. 与本案当事人、代理人有其他关系，可能影响公正仲裁的。这是指仲裁员与当事人、代理人存在近亲属关系以外的其他关系，如工作中的上下级关系、同学关系、同事关系、朋友关系或者其他商业关系等，可能会影响案件的公正处理，也应当回避。

4. 私自会见当事人、代理人，或者接受当事人、代理人的请客送礼的。该情形设置是为了避免仲裁员先入为主，滥用权力进行私下交易，徇情仲裁，影响公正仲裁。

（二）回避的方式、时限

回避有两种方式：一种是自行回避，即仲裁员遇有上述法定回避

事由，自觉、主动地提出回避；另一种是申请回避，即当事人发现仲裁员具有上述法定回避事由的，有权提出申请，要求该仲裁员回避。当事人申请回避的，可以采取口头方式或书面方式，但是应当说明理由。

仲裁员自行回避的时限，法律没有明文限定，即仲裁员在案件受理至裁决作出的仲裁全过程中，均可依据法定回避事由自行回避，这一点与审判人员的回避相同。当事人申请回避的时限，根据《仲裁法》第35条规定，应当在首次开庭前提出，回避事由在首次开庭后知道的，可以在最后一次开庭终结前提出。

（三）回避的审查决定及后果

无论是仲裁员自行回避，还是当事人申请回避，仲裁员是否应回避，应当由特定的机构或人员审查决定。我国《仲裁法》第36条规定："仲裁员是否回避，由仲裁委员会主任决定；仲裁委员会主任担任仲裁员时，由仲裁委员会集体决定。"但回避决定在什么期限内作出，当事人不服决定能否申请复议，法律对此没有作出规定。

仲裁员回避后，必然产生相应的法律后果。根据《仲裁法》第37条的规定，仲裁员因回避不能履行职责的，应当依照《仲裁法》规定重新选定或者指定仲裁员。因回避而重新选定或者指定仲裁员后，当事人可以请求已进行的仲裁程序重新进行，是否准许，由仲裁庭决定；仲裁庭也可以自行决定已进行的仲裁程序是否重新进行。此外，仲裁法还规定了仲裁员的法律责任，即仲裁员如私自会见当事人、代理人或者接受当事人、代理人的请客送礼，情节严重的，或者索贿受贿，徇私舞弊，枉法裁决的，应当依法承担法律责任，仲裁委员会应当将其除名。

五、不公开审理制度

不公开审理，是国际民商事仲裁的通行惯例。不公开审理制度，是指仲裁庭在审理案件时，只允许双方当事人、代理人、证人、翻译人员等参加，不对社会公开，不允许群众旁听，也不允许新闻记者采访、报道的制度。我国《仲裁法》第40条规定："仲裁不公开进行。当事人协议公开的，可以公开进行，但涉及国家秘密的除外。"这是不公开审理制度的法律依据，与国际通行做法相一致，我国仲裁实行以不公开审理为原则，公开审理为例外的制度。该制度设立的主要目的在于保守当事人的商业秘密，维护当事人的商业信誉。

不公开审理制度具体包括三个方面的内容：

1. 仲裁审理以不公开为原则，绝大多数案件的仲裁不公开进行；
2. 当事人协议公开的，可以公开仲裁；
3. 涉及国家秘密的案件，无论当事人是否协议公开，都绝对不允许公开仲裁。

仲裁不公开进行，不仅要求仲裁庭在开庭审理案件时不公开进行，而且要求仲裁庭对争议作出裁决也不能公开宣告。

六、开庭审理与书面审理相结合的制度

我国《仲裁法》第39条规定："仲裁应当开庭进行。当事人协议不开庭的，仲裁庭可以根据仲裁申请书、答辩书以及其他材料作出裁决。"这是开庭审理与书面审理相结合制度的法律依据。

仲裁审理方式有两种：以开庭审理为原则；以书面审理为特例。

开庭审理，是指仲裁庭召集双方当事人及其他仲裁参与人，在特定的时间及场所，由仲裁庭主持，面对面地进行调查、质证、辩论等仲裁活动的审理方式。开庭审理的首要标志是双方当事人在特定的时间到庭，面对面地进行仲裁活动。

> 仲裁审理方式有两种：以开庭审理为原则；以书面审理为特例

书面审理，是指双方当事人不必亲自到庭，仲裁庭只根据双方提供的仲裁申请书、答辩书以及其他书面材料对案件进行审理并作出裁决的审理方式。书面审理的优点在于不仅使争议能够得到迅速解决，而且可以减少双方当事人的时间和费用；其缺点在于缺乏开庭审理面对面的交锋，对焦点问题的质证、辩论可能不够充分，不利于及时、彻底查清事实。因此，仲裁审理方式以开庭审理为原则，以书面审理为例外。并且，书面审理必须以当事人双方达成不开庭审理的协议为前提条件，否则，不能书面审理。这个协议可以在合同的仲裁条款中体现，也可以在纠纷发生后达成的仲裁协议中体现，还可以在仲裁审理前单独订立。

当事人未协议不开庭的，仲裁庭应当开庭审理争议案件。仲裁委员会应当在仲裁规则规定的期限内将开庭日期通知双方当事人。当事人有正当理由的，可以在仲裁规则规定的期限内请求延期开庭。是否延期，由仲裁庭决定。申请人经书面通知，无正当理由不到庭或者未经仲裁庭许可中途退庭的，可以视为撤回仲裁申请。被申请人经书面通知，无正当理由不到庭或者未经仲裁庭许可中途退庭的，可以缺席裁决。

> 当事人未协议不开庭审理的，仲裁庭应开庭审理

□ 小　　结

本章主要阐述仲裁法的基本原则和基本制度，包括自愿原则、公平合理仲裁原则、遵守国际惯例原则、符合法律规定原则、独立仲裁原则，以及协议仲裁制度、一裁终局制度、回避制度、不公开审理制度、开庭审理与书面审理相结合的制度等。其主要内容是：

一、仲裁法的基本原则与基本制度概述

（一）仲裁法基本原则的概念

仲裁法的基本原则，是指在仲裁活动中，仲裁机构、争议双方当事人及其他仲裁参与人必须遵循的基本准则。其在仲裁活动的全过程中起着指导作用。

（二）仲裁法基本制度的概念

仲裁法的基本制度，是指在仲裁活动中，仲裁机关、争议双方当事人及其他仲裁参与人必须遵循的基本规程。其在仲裁活动中某一阶段或某一环节起着规范作用。

二、仲裁法的基本原则

（一）自愿原则

自愿原则，是指当事人达成仲裁协议申请仲裁、选择仲裁机构及仲裁员、达成仲裁调解或和解协议等都必须出自其真实意愿，任何机关、组织和个人都不得强迫当事人仲裁，任何一方当事人也不得将自己的意志强加于对方。它是仲裁的首要原则。

（二）公平合理仲裁原则

公平合理仲裁原则，是指仲裁庭在仲裁活动中必须保持中立，平等对待双方当事人，依据事实公平合理地作出裁决。

（三）遵守国际惯例原则

这主要指在涉外仲裁中，仲裁除必须符合成文法的规定外，还须遵守国际惯例。

（四）符合法律规定原则

符合法律规定原则，是指仲裁庭在查明仲裁案件事实的基础上，应当根据法律的规定确认当事人各方的权利义务关系，所作的裁决应符合法律规定，不能抛开法律任意判断和

确定。

(五) 独立仲裁原则

独立仲裁原则,是指仲裁机构在设置上,不依附于任何机关、团体,且在审理仲裁案件时,依法独立进行审理、裁决,不受任何机关、团体和个人干涉。

三、仲裁法的基本制度

(一) 协议仲裁制度

协议仲裁制度,是指当事人向仲裁机构申请仲裁,必须以当事人双方达成的仲裁协议为依据,仲裁机构也必须以此为受理案件依据的制度。

(二) 或裁或审制度

或裁或审制度,是指争议发生前或发生后,当事人有权选择解决争议的途径:或者双方达成仲裁协议,将争议提交仲裁解决;或者不达成仲裁协议直接向人民法院提起诉讼解决的制度。

(三) 一裁终局制度

一裁终局制度,是指仲裁机构受理并经仲裁庭审理的纠纷,一经仲裁庭裁决,该裁决即发生终局的法律效力,当事人不能就同一纠纷向人民法院起诉,也不能向其他仲裁机构再申请仲裁的制度。

(四) 回避制度

回避制度,是指承办案件的仲裁员遇有法律规定的情形,可能影响公正裁决时,不参加该案的仲裁审理而更换仲裁员的制度。

(五) 不公开审理制度

不公开审理制度,是指仲裁庭在审理案件时,只允许双方当事人、代理人、证人、翻译人员等参加,不对社会公开,不允许群众旁听,也不允许新闻记者采访、报道的制度。

(六) 开庭审理与书面审理相结合的制度

开庭审理与书面审理相结合的制度,是指仲裁审理方式以开庭审理为原则,以书面审理为例外,二者相结合的制度。书面审理必须以当事人双方达成不开庭审理的协议为前提条件。

□ 练习与思考

一、名词解释
1. 一裁终局
2. 协议仲裁制度
3. 书面审理

二、简答题
1. 简述仲裁员回避的事由、方式及程序。
2. 简述独立仲裁原则的含义及内容。

三、思考题

如何理解自愿原则贯穿仲裁程序的始终。（提示：自愿原则在仲裁活动中的五个方面具体体现——见文中，从自愿原则是当事人意思自治的直接体现角度究其根源。）

第四章

仲裁机构与仲裁协会

■**学习目的和要求**

通过本章学习，要求学生
- 重点掌握：仲裁机构的概念，仲裁委员会的设立条件及程序，仲裁员的任职资格及法律责任，中国仲裁协会的性质及作用。
- 掌握：仲裁机构的特征，仲裁委员会与仲裁协会的关系，仲裁机构与其设立部门的关系，仲裁规则的制定及其与仲裁法的关系。
- 一般了解：仲裁委员会的职能部门，仲裁机构的分类等。

第一节 仲裁机构概述

一、仲裁机构的概念及特征

仲裁机构，是指依法有权根据当事人达成的仲裁协议，受理 定范围内的民商事争议并作出强制性裁决的组织。由此可见，虽然仲裁机构根据不同的标准，可作不同的分类，但是，仲裁机构是各种拥有仲裁权的组织的总称。

仲裁机构具有以下特征：

1. 民间性。仲裁作为一种对当事人之间的商事争议进行审理并作出裁决的争议解决方式，已经得到国际社会的广泛接受，并得到相关国际条约和许多国家国内立法的认可。虽然，仲裁被确立为一种具有法律效力的争议解决方式，而且仲裁的结果——仲裁裁决具有与法院生效判决完全相同的效力，但是，仲裁的前提是当事人的意思自愿这一点必然决定了仲裁的本质属性是民间性，因此，作为仲裁活动的组织者，仲裁机构也只能是民间性机构，其对争议案件的管辖权完全建立在双方当事人自愿达成的仲裁协议的基础上，没有任何强制的色彩。

2. 管理性。仲裁机构作为民间性争议解决机构，虽然不直接行使仲裁权，但是，为了保证当事人所提请仲裁的争议案件能够得到顺利的解决，需要在各行各业中聘请符合仲裁法规定的仲裁员，即聘请具有法定资格的优秀专业人士担任仲裁员，并对仲裁员进行适当的管理。此外，仲裁机构还应当管理其日常事务性工作，以保证仲裁机构各项工作的顺利进行，因此，仲裁机构具有管理性。

3. 服务性。仲裁机构本身对当事人依据仲裁协议提请仲裁的争议事项并不直接行使仲裁审理与裁决的权力，而只是行使仲裁管辖权接受当事人依据仲裁协议提出的仲裁申请，并在仲裁程序启动后协助当事人选定仲裁员组成仲裁庭，为仲裁活动的顺利进行提供场所以及相关事务上的服务，因此，仲裁机构具有明显的服务性。

二、仲裁机构的分类

根据不同的标准，从不同的角度，可以对仲裁机构作多种分类：

1. 根据仲裁机构的不同性质，可以将仲裁机构分为一般仲裁机构和特别仲裁机构。

一般仲裁机构，又称民间仲裁机构，是指独立于行政机关，必须根据双方当事人订立的仲裁协议进行仲裁的仲裁机构。这种仲裁机构是一般意义上的仲裁机构，与仲裁的本义相符，具有前述仲裁机构的特征。我国仲裁法规定的仲裁机构均为一般仲裁机构。

特别仲裁机构，又称为官方性或半官方性仲裁机构，是指依附于行政机关，依行政权力进行仲裁的仲裁机构。这种仲裁机构与协议仲裁的本义相违背，具有自己的独立特征：①隶属于行政机关，与之

"合署办公";②不需当事人双方达成仲裁协议,只需一方当事人申请,即可启动仲裁程序;③在一定范围内,享有采取强制措施的决定权。在仲裁法颁行生效后,此类特别仲裁机构已少之又少,目前仅存在于劳动争议仲裁与人事争议仲裁两个领域之中。

2. 根据仲裁机构的存在期间,可以将仲裁机构分为临时仲裁机构和常设仲裁机构。

临时仲裁机构,是指由双方当事人按仲裁地国相关仲裁法规,自行选择仲裁员,约定仲裁规则,为解决特定争议而组成的临时性仲裁庭。

常设仲裁机构,是指依法组成的有固定名称、住所、财产和仲裁规则且长期存在的仲裁机构。我国的仲裁委员会皆为常设的仲裁机构。

> 我国的仲裁委员会皆为常设的仲裁机构

3. 根据仲裁机构的隶属关系,可以将仲裁机构分为国家仲裁机构和国际仲裁机构。

国家仲裁机构是指由一个国家依据其国内法设立的常设仲裁机构。

国际仲裁机构是指依国际条约或国际组织决议设立的,依附于特定国际组织而不隶属任何国家的仲裁机构。例如附设于国际商会的国际商会国际仲裁院,虽然其总部在法国巴黎,但该机构并非法国的国家仲裁机构,而是一家国际性常设调解与仲裁机构,理事会由来自40多个国家和地区的具有国际法专长和解决国际争端经验的成员组成,其成员首先由国际商会各国委员会根据一国1名的原则提名,然后由国际商会大会决定,任期3年。仲裁院成员独立于其国家和地区行事。仲裁院设主席1名,副主席8名。该仲裁院在国际商会总部设有秘书处,秘书处由来自10多个国家的人员组成,设秘书长1名,秘书处的工作由秘书长主持,秘书处分5个小组,每组由3人组成,1名顾问、1名助理,还有1名秘书。顾问一般是律师,并至少应当懂英语与法语。这5个小组负责处理案件管理中的日常事务。除以上5个小组以外,秘书处还设有1名特别顾问、1名档案管理员、1名行政助理和几名秘书。

依此标准,我国设在各城市的仲裁委员会与中国国际经济贸易仲裁委员会及中国海事仲裁委员会都属于国家仲裁机构,只是设在各城市的仲裁委员会属于地方性仲裁机构,而中国国际经济贸易仲裁委员会与中国海事仲裁委员会属于全国性仲裁机构,但均属于设立在我国领域的国家仲裁机构,我国领域内目前尚没有国际仲裁机构。此外,不应把国家仲裁机构和国际仲裁机构的划分混淆于国内仲裁机构与涉

> 不要把国家仲裁机构和国际仲裁机构混淆于国内仲裁机构与涉外仲裁机构

外仲裁机构，一国设立的国家仲裁机构可以包括国内仲裁机构，也可以包括涉外仲裁机构，我国目前设立在各城市的仲裁委员会以及中国国际经济贸易仲裁委员会和中国海事仲裁委员会均既可以受理国内案件，也可以受理涉外案件。

4. 根据仲裁机构受理的案件是否有涉外性，可以把国家仲裁机构分为国内仲裁机构和涉外仲裁机构。

国内仲裁机构是指对无涉外因素的国内案件进行仲裁的仲裁机构。

涉外仲裁机构是指对有涉外因素的案件进行仲裁的仲裁机构。我国《仲裁法》实施之前有明确的国内仲裁机构和涉外仲裁机构的划分，当时设立在工商局内部的经济合同仲裁委员会即属于国内仲裁机构，而当时的中国国际经济贸易仲裁委员会和中国海事仲裁委员会即属于涉外仲裁机构；但是《仲裁法》实施之后，依据《仲裁法》的规定设立于城市的各仲裁委员会均既可以理国内案件，也可以受理涉外案件，为此，我国设立之初属于涉外仲裁机构的中国国际经济贸易仲裁委员会也于1998年开始受理国内案件。因此，我国目前没有单纯的国内仲裁机构与涉外仲裁机构。

> 国内仲裁机构和涉外仲裁机构都属于国家仲裁机构

5. 根据仲裁机构受理争议的范围，可以将仲裁机构分为综合性仲裁机构和专门性仲裁机构。

综合性仲裁机构是指对不同种类的民事、商事争议都有权受理的仲裁机构。如我国设立于各城市的仲裁委员会可以受理当事人通过订立仲裁协议提交仲裁的各类合同纠纷与财产权益纠纷。

专门性仲裁机构是指仅对某一行业范围内的争议有权受理的仲裁机构。如我国的海事仲裁委员会仅受理当事人通过订立仲裁协议提交仲裁的海事、海商争议。

第二节 仲裁委员会

一、仲裁委员会的概念及特征

> "仲裁委员会"是我国仲裁机构的名称

在我国，仲裁机构被称为仲裁委员会。仲裁委员会是指根据法定条件和程序组成的，依当事人之间仲裁协议受理并裁决法定范围内的民商或经济争议的常设性仲裁机构。

《仲裁法》生效以前，我国曾设立了经济合同仲裁委员会、技术合同仲裁委员会等30余种仲裁委员会，均隶属行政机关，具有行政性和专门性。《仲裁法》生效后我国仲裁机构有巨大变化，绝大部分仲裁委员会都被统一为综合性的仲裁委员会，也和行政机关摆脱了隶属关系，成为真正民间性的仲裁机构，只有劳动争议仲裁委员会和人事争议仲裁委员会例外。因此，我国仲裁委员会实际可以分为一般仲裁机构和特别仲裁机构，其特征前文已分别叙述，此处不再重复。

二、仲裁委员会的设立

我国《仲裁法》第10条、第11条及第66条对国内与涉外仲裁委员会的设立分别作出了规定：

（一）仲裁委员会设立的地点和机构建制

《仲裁法》第10条第1款规定："仲裁委员会可以在直辖市和省、自治区人民政府所在地的市设立，也可以根据需要在其他设区的市设立，不按行政区划层层设立。"法律之所以这样规定仲裁委员会的设立地点，是考虑到商业贸易对仲裁的需要。上述城市商贸活动活跃、频繁，仲裁委员会的设立有助于促进商贸纠纷的解决。也正因为如此，仲裁委员会不按行政区划层层设立，各仲裁委员会间也相互独立，无隶属关系。由此可见，各仲裁委员会之间平行设立，且无隶属关系。

（二）仲裁委员会的设立主体

《仲裁法》第10条第2款规定："仲裁委员会由前款规定的市的人民政府组织有关部门和商会统一组建。"该法第66条第1款规定："涉外仲裁委员会可以由中国国际商会组织设立。"根据国务院的规定，现由国务院法制局及人民政府法制局（办）主持承办此项工作。

（三）仲裁委员会的设立程序

《仲裁法》第10条第3款规定："设立仲裁委员会，应当经省、自治区、直辖市的司法行政部门登记。"

（四）仲裁委员会的设立条件

根据《仲裁法》第11条第1款的规定，设立仲裁委员会应当具备下列条件：

1. 有自己的名称、住所和章程。名称是仲裁委员会的符号，也是使仲裁委员会特定化并区别于其他仲裁委员会的标志，仲裁委员会的确定名称便于当事人行使协议选择权。根据国务院《重新组建仲裁机构方案》的规定，新组建的仲裁委员会的名称应当规范，一律在仲裁委员会之前冠以仲裁委员会所在市的地名。住所是仲裁委员会作为常设机构的固定地点，是其管理机构和办事机构所在地，也是其从事业务活动的固定地点。仲裁委员会的章程不仅是规定其宗旨、组成、机构并规范其行为的准则，而且也是社会了解其职能的依据。

2. 有必要的财产。设立仲裁委员会需要有办公场所、办公设备、交通工具、通讯设施、办公经费等必要的财产，这是仲裁委员会进行仲裁活动的物质基础，也是维持仲裁委员会正常运作的必要物质条件。《重新组建仲裁机构方案》规定，仲裁委员会设立初期，其所在地的市人民政府应解决仲裁委员会的经费。随着仲裁事业的发展，仲裁委员会可以将其收取的仲裁费用中的一部分，用于仲裁委员会维持正常工作的开支，并应当逐步做到自收自支。

> 仲裁委员会由政府组织有关部门和商会统一组建
>
> 应记住仲裁委员会各组成人员的人数及比例等

3. 有该委员会的组成人员。根据《仲裁法》第12条的规定，仲裁委员会由主任1人、副主任2~4人和委员7~11人组成。仲裁委员会的主任、副主任和委员由法律、经济贸易专家和有实际工作经验的人员担任。仲裁委员会的组成人员中，法律、经济贸易专家不得少于2/3。这一规定既符合国际通行做法，保证新组建的仲裁委员会具有较高的专业水平，同时又考虑到了中国仲裁事业发展的实际情况，妥善处理了新建仲裁委员会与原仲裁机构之间的衔接问题。关于仲裁委员会组成人员的产生程序，仲裁法未作出明确规定。根据国务院《重新组建仲裁机构方案》及其推荐的《仲裁委员会章程示范文本》中的有关规定，第一届仲裁委员会的组成人员，由政府法制、经贸、体改、司法、工商、科技、建设等部门和贸促会、工商联等组织协商推荐，由市人民政府聘任。仲裁委员会每届任期3年。任期届满，更换1/3组成人员。仲裁委员会任期届满的2个月前，应当完成下届仲裁委员会组成人员的更换；有特殊情况不能完成更换的，应当在任期届满后3个月内完成更换。上一届仲裁委员会履行职责到新一届仲裁委员会组成为止。新一届仲裁委员会组成人员由上一届仲裁委员会主任会议商市人民政府有关部门、商会后提名，由市人民政府聘任。在仲裁委员会组成人员中，驻会专职人员1~2人，其他组成人员均应当兼职。仲裁委员会组成人员名单应报中国仲裁协会备案。

4. 有聘任的仲裁员。仲裁员是当事人提请仲裁解决的争议案件的审理者与裁决者，仲裁委员会需聘任一定数量的符合法定条件的自然人担任其仲裁员，并按照所聘任仲裁员的专业特长制作仲裁员名册，供当事人选择，以便于仲裁活动的顺利进行。

（五）仲裁委员会的设立与注销程序

设立仲裁委员会，应当按照法定程序进行登记。根据《仲裁法》第 10 条以及国务院发布的《仲裁委员会登记暂行办法》，仲裁委员会应当向登记机关，即省、自治区、直辖市的司法行政部门办理设立登记。办理设立登记，应当向登记提交下列必要文件：①设立仲裁委员会申请书；②组建仲裁委员会的市人民政府设立仲裁委员会的文件；③仲裁委员会章程；④必要的经费证明；⑤仲裁委员会住所证明；⑥聘任的仲裁委员会组成人员的聘书副本；⑦拟聘任的仲裁员名册。此项申报工作由市政府法制局主持的仲裁委员会筹备组经办。

登记机关在收到上述文件之日起 10 日内，对符合设立条件的仲裁委员会予以设立登记，并发给登记证书；对符合设立条件，但所提交申请文件不符合规定的，在按照要求补正后予以登记；对不属于直辖市和省、自治区人民政府所在地的市以及设区的市申请设立仲裁委员会的，不予以登记。经登记的仲裁委员会变更其住所、组成人员的，应当在变更后 10 日内向登记机关备案，并提交与变更事项相关的文件。

仲裁委员会决定终止的，也应当向登记机关办理注销登记。仲裁委员会办理注销登记的，应当向登记机关提交下列必要的文件：①注销登记申请书；②组建仲裁委员会的市人民政府同意注销该仲裁委员会的文件；③有关机关确认的清算报告；④仲裁委员会的登记证书。登记机关应当在收到上述文件之日起 10 日内，对符合终止条件的仲裁委员会予以注销登记，收回仲裁委员会的登记证书。

登记机关对仲裁委员会的设立登记和注销登记，自作出登记之日起生效，予以公告，并报国家司法行政部门备案。

三、仲裁委员会的性质与地位

对于仲裁委员会的性质问题，《仲裁法》并无明文规定，但结合《民法总则》及《仲裁法》的相关规定看，仲裁理论界认为仲裁委员会应为民间性的组织。

至于仲裁委员会的地位，《仲裁法》第 14 条规定："仲裁委员会独立于行政机关，与行政机关没有隶属关系。仲裁委员会之间也没有隶属关系。"可见，仲裁委员会不受政府行政机关的领导，各仲裁委员会之间也无领导与被领导关系，仲裁委员会完全是独立的、自治的。这完全符合它是民间组织的性质。

> 仲裁委员会的性质为民间性组织

四、仲裁委员会的职能机构

根据《仲裁委员会章程示范文本》及其相关规定，仲裁委员会应有如下职能机构：

（一）管理机构

委员会会议是仲裁委员会的管理机构，由仲裁委员会全体人员组成，由仲裁委员会主任或者主任委托副主任主持。每次会议须有2/3以上的组成人员出席，方能举行。委员会会议以开会形成会议决议的形式行使其职权，其中修改章程或者对委员会作出解散决议，须经全体组成人员2/3以上通过，其他决议需由出席会议组成人员的2/3以上通过。

仲裁委员会会议对仲裁委员会的重大事项作出决定。具体说来，根据《仲裁委员会章程示范条例》第8条，其职权有以下九项：①审议仲裁委员会的工作方针、工作计划等重要事项，并作出相应的决议；②审议、通过仲裁委员会秘书长提出的年度工作报告和财务报告；③决定仲裁委员会秘书长、专家咨询机构负责人人选；④审议、通过仲裁委员会办事机构设置方案；⑤决定仲裁员的聘任、解聘和除名；⑥仲裁委员会主任担任仲裁员的，决定主任的回避；⑦修改仲裁委员会章程；⑧决议解散仲裁委员会；⑨仲裁法、仲裁规则和章程规定的其他职责。主任会议由仲裁委员会主任、副主任和秘书长组成，在仲裁委员会会议闭会期间，负责仲裁委员会的重要日常工作。

仲裁委员会主任、副主任和秘书长组成主任会议，在仲裁委员会会议闭会期间，负责仲裁委员会的重要日常工作。

（二）办事机构

根据《重新组建仲裁机构方案》和《仲裁委员会章程示范文本》的规定，仲裁委员会下设办事机构，即秘书处，设秘书长1人，可以由驻会专职组成人员兼任。秘书长负责办事机构的日常工作，并由仲裁委员会主任会议本着精简、高效的原则，择优聘用思想品质和业务素质良好的工作人员。由于办事机构具体代表仲裁委员会处理一般性日常事务，是案件当事人与仲裁员之间的桥梁与纽带，因此，办事机构的工作人员，即秘书应当严格按照法律规定和仲裁规则规定的程序与要求办事，严格遵守保密制度，不得向外界透露任何有关案件的实体和程序的情况，更不得向当事人透露仲裁庭合议案件的情况。为了保证仲裁的公正性，秘书人员不得担任兼职律师或者法律顾问。

秘书处的职责为：①具体办理仲裁案件受理、仲裁文书送达、档案管理等程序性事务；②收取和管理费用；③办理仲裁委员会交办的其他事项。此外，还负责仲裁业务的调查研究、仲裁员的培训等事项。

（三）专家咨询机构

专家咨询机构一般称专家咨询委员会。《仲裁委员会章程示范文本》第10条规定："仲裁委员会可以根据需要设立专家咨询机构，为仲裁委员会和仲裁员提供对疑难问题的咨询意见。专家咨询机构设负责人1人，由仲裁委员会副主任兼任。"专家咨询委员会的主要职责是为仲裁委员会和仲裁员提供对疑难问题的咨询意见，但是，专家咨询委员会不得干预仲裁庭行使仲裁权，其对具体仲裁案件的程序问题或者实体问题经过研究所提供的咨询意见，只能供仲裁庭参考，并不对仲裁庭产生约束力。此外，从仲裁实践来看，专家咨询委员会通常还在如下方面发挥其重要作用：①组织仲裁员交流经验；②对仲裁委员会的发展提出建议；③对仲裁规则的修改提出建议等。

> 专家咨询委员会的咨询意见对仲裁委员会和仲裁员没有约束力

（四）其他机构

除上述职能机构以外，随着仲裁事业的发展，仲裁委员会自身以及与社会的关系变得越来越复杂，仲裁委员会也需要建立一些新的内部机构。例如，随着仲裁委员会受理案件数量的急剧增加，仲裁委员会不仅要求增加仲裁员的数量，而且要对仲裁员的行为进行评价，对仲裁员的聘任及管理工作量势必增大，这就需要一个仲裁员的资格审查与奖惩机构；为了不断总结仲裁经验，提高仲裁水平，提升仲裁委员会的社会声誉，势必需要设立案例与相关资料的编辑机构；随着仲裁委员会设立时间的逐渐增长，仲裁案件的档案管理日益重要而突出，这就使得档案管理机构的设立成为必要，等等。

第三节　仲　裁　员

一、仲裁员的任职资格

仲裁员是仲裁案件的主持者和裁决者，也是仲裁机构必要组成要素。仲裁员有广义和狭义之分。广义上的仲裁员，是指符合仲裁员任职资格，为仲裁委员会依法选聘并列入仲裁员名册的人。狭义上的仲裁员，是指被当事人选定或被仲裁委员会主任指定，主持具体争议的仲裁程序，对争议案件进行仲裁审理并作出裁决的人。

不是任何人都可以担任仲裁员，仲裁员资格的取得必须符合法定的条件。综观不同国家的仲裁法律制度，对仲裁员的资格要求通常包括一般资格要求与专业资格要求两个方面。

（一）一般资格要求

作为仲裁员的一般资格要求，必须是具有完全民事行为能力、具有人身自由的自然人；而且，一般还要求必须是未曾受过刑事处分或被开除公职的人。我国《仲裁法》实施之前，除技术合同仲裁以外，有关仲裁员资格方面的规定非常模糊，《仲裁法》实施后，我国对仲裁员的资格条件有了明确的要求。《仲裁法》第13条规定，仲裁委员会应当从公道正派的人员中聘任仲裁员。可见，公道正派是仲裁法对仲裁员一般资格方面的具体要求，即要求仲裁员在解决争议案件的过程中，应当秉公办案，平等对待双方当事人，公正裁决。因为仲裁从程序到结果都要求公平、公正，这就要求仲裁裁决的作出者——仲裁员必须是品行优良者。

由于仲裁所解决的商事争议，除国内争议外，还经常涉及国际性商事争议，这就涉及仲裁员的国籍要求问题，也就是说，外国人能否被聘请担任仲裁员是一个极其重要的问题。目前，许多国家的仲裁法允许外国人被聘请担任仲裁员，参加在本国进行的仲裁程序，以便于体现仲裁的公正性与国际性。我国仲裁法仍然将仲裁分为国内仲裁与涉外仲裁两种情况，就国内仲裁而言，虽然仲裁法没有明确规定仲裁员的国籍问题，但从立法精神来看，仲裁员应当为中国籍公民，并且《重新组建仲裁机构方案》中有关仲裁员资格条件中明确规定，仲裁委员会应当主要在本省、自治区、直辖市范围内符合《仲裁法》第13条规定的人员中聘任仲裁员。而涉外仲裁则有所不同，《仲裁法》第67条规定，涉外仲裁委员会可以从具有法律、经济贸易、科学技术等专门知识的外籍人士中聘任仲裁员。事实上，中国国际经济贸易仲裁委员会与中国海事仲裁委员会自20世纪80年代末就已开始聘请外国人和中国内地以外的其他法域的人士担任仲裁员。

（二）专业资格要求

由于当事人依据仲裁协议提请仲裁的争议案件往往涉及较强的专

业性，争议的解决直接影响到当事人之间的实体权利义务关系，并且仲裁本身就是一种专业性很强的争议解决活动，因此，我国《仲裁法》第13条第1款对仲裁员的任职专业资格作出了明确规定："仲裁委员会应当从公道正派的人员中聘任仲裁员。仲裁员应当符合下列条件之一：①通过国家统一法律职业资格考试取得法律职业资格，从事仲裁工作满8年的；②从事律师工作满8年的；③曾任法官满8年的；④从事法律研究、教学工作并具有高级职称的；⑤具有法律知识、从事经济贸易等专业工作并具有高级职称或者具有同等专业水平的。"

根据上述法条，结合相关规定，可以看出，仲裁员任职资格的取得，除了需要满足上述一般资格要求，还须满足以下专业资格要求：

1. 通过国家统一法律职业资格考试取得法律职业资格，从事仲裁工作满8年的。这样的人士不仅具有全面系统的法律专业知识，而且往往具备较为丰富的解决商事争议的经验，聘任这些人士担任仲裁员不仅有利于争议的仲裁解决，而且有利于我国仲裁事业的连续顺利发展。

2. 从事律师工作满8年的。从其职业要求来看，虽然律师仅仅依法维护被代理当事人一方的合法权益，这与仲裁员居中对争议案件进行审理并作出仲裁裁决有所不同，但是，从事律师工作满8年的人员不仅具有丰富扎实的法学知识，而且具有很强的分析实务问题并运用法律解决实务问题的能力，有利于通过仲裁方式解决争议。

3. 曾任法官满8年的。虽然法官行使的审判权与仲裁员所行使的仲裁权具有本质的区别，但是，从居中审理具有私权性质的争议案件并依据所认定的事实，适用法律依法作出裁判，解决争议案件的角度来看，法官与仲裁员又存在着许多相似之处；而且，担任8年法官的经历足以使其积累了丰富的审理与解决争议案件的经验，因此，聘任曾任法官8年的人员担任仲裁员有利于仲裁事业的发展。这里要注意：必须是任"法官"这一职务满8年，而不是从事"审判工作"满8年，此外，法官不得兼职担任仲裁员。

4. 从事法律研究、教学工作并具有高级职称。仲裁所解决的商事争议案件所涉及的领域往往是法律较为复杂并且容易随着社会政治经济的发展不断变化的，具有高级职称的教学科研人员往往具有一定的学术功底并具有较强的科研能力，聘请其担任仲裁员有利于仲裁过程中疑难问题的解决。其中，"高级职称"是指正、副教授或正、副研究员职称。

5. 具有法律知识，从事经济贸易等专业工作并具有高级职称或具有同等专业水平的。当事人依据仲裁协议提请仲裁解决的争议案件往往是在经济贸易过程中所发生的争议，聘请具有法律知识的经济贸易等专家担任仲裁员有利于发挥仲裁所具有的专业性强的优势。对于这部分人员，法律并未要求必须具有高级职称，而是也可以具有"同等专业水平"。这是因为，一些长期从事经济贸易或其他专业工作的民间工商业者和专业人员，虽无高级职称，但实践经验颇丰，专业水平较高，同时还具有法律知识，所以，他们可以做称职的仲裁员。

由此可见，仲裁员资格的授予条件既要求仲裁员有一定品行条件，又要求有一定职业或专业素质。

二、仲裁员的聘任

根据仲裁法的有关规定，我国仲裁员的选定采用聘任制。根据《仲裁委员会章程示范文本》第 14 条第 1 款和第 2 款的规定，对仲裁员的聘任程序为：首先，由仲裁委员会主任会议提出仲裁员名单；其次，由仲裁委员会会议对该名单审议通过；最后，由仲裁委员会聘任，并发给聘书。

仲裁员的聘任期间为 3 年，期满后可以继续聘任。仲裁委员会对仲裁员的聘任，须经被聘任者同意。

三、仲裁员的法律责任

（一）仲裁员责任的理论

实际上，一国的仲裁制度越发达，仲裁事业越繁荣，就越离不开一个有力的责任制度的支持。严格来说，仲裁员的责任应当包括三种形式，即当事人施加的责任、道德责任以及法律责任。其中法律责任最为复杂，争议也最多。关于仲裁员的法律责任，理论上应当包括行政责任、刑事责任与民事责任，但通常所谈到的仲裁员责任是指仲裁员的民事责任，即仲裁员是否应对其在仲裁过程中实施的故意或者过失行为而给当事人造成的损失承担民事责任。目前主要有三种理论。

1. 仲裁员责任论。大陆法系国家基于仲裁为一种契约行为以及法官民事责任理论，认为仲裁员不应当享有职务豁免，仲裁员不仅应当承担违约责任，而且应承担违反法律的责任，承担责任的形式为专业小心责任和公正责任。

大陆法系国家确立仲裁员责任论的倾向性理论基础是契约说。当事人直接或者间接地指定仲裁员,让仲裁员为解决其争议服务,同时为此仲裁服务支付费用,当事人与仲裁员之间实际上形成了一种契约关系。仲裁员的仲裁权来源于当事人的协议授权,基于仲裁所解决争议案件的特性,仲裁员所实施的行为是一种专业行为,应当小心谨慎地履行其职责;如果因为不小心而给当事人造成损失,则应当承担民事责任,这就是专业小心责任。此外,为实现仲裁公正解决争议的目的,仲裁员应当公正地履行职责,平等地对待各方当事人,不得因接受贿赂等偏袒一方当事人,从而滥用其仲裁权,否则,仲裁员应当承担责任,这就是公正责任。

2. 仲裁员责任豁免论。英美法系国家流行着源自于司法豁免论的仲裁豁免论。该理论认为,仲裁员的仲裁行为免于民事责任,仲裁员对仲裁过程中因其过失行为或者其他情况而导致的不公正裁决行为以及给一方当事人带来的损失不承担个人的民事责任。虽然有些情况下,当事人可能会基于仲裁员的故意或者过失,以失职为由申请法院撤换仲裁员或者撤销仲裁裁决,但终究不能通过诉讼的方式,要求法院责令仲裁员对其不适当的仲裁行为给当事人造成的损失,承担任何个人的民事责任。该理论的主要依据是:

(1) 仲裁员责任豁免理论源自于法官的司法豁免论。仲裁是一种替代法院解决争议的方式,仲裁程序被认为是一种准司法程序,仲裁员履行的是一种准司法职能,既然国家出于保证诉讼程序独立进行和司法活动权威性和严肃性的考虑,不要求法官对其职务行为承担民事责任,那么,对于作为实施准司法活动的仲裁员,其执法权也应当像法官那样受到保护,使其不受任意干扰。

(2) 实行仲裁员责任豁免,有利于保证仲裁程序的完整性。如果确立仲裁员承担民事责任的制度,允许当事人对仲裁员提起诉讼或者指控,败诉一方当事人可能会滥用该权利,随意指控仲裁员缺乏应有的小心或者注意,而对仲裁员的行为提出异议,要求重新审理,这样可能会使仲裁员的行为甚至整个仲裁程序处于极为不确定的状态,客观上既不利于仲裁员独立地行使仲裁权,也不利于保证仲裁程序的完整性。

(3) 实行仲裁员责任豁免,有利于排除仲裁员的心理顾虑。如果实行仲裁员责任制度,使仲裁员面临承担个人民事责任的风险,可能会导致仲裁员在仲裁过程中过于小心谨慎,甚至还可能会导致一些有责任心和有能力的仲裁员对于一些较为复杂疑难的争议案件,因担心承担个人民事责任而拒绝接受指定,从而引起仲裁质量的降低。

3. 有限的仲裁员责任豁免论。上述两种观点，无论是仲裁员豁免论还是仲裁员责任论，都有其合理的成分，但其偏颇之处也非常明显，前者可能不利于保障仲裁质量，而后者又可能不利于支持仲裁事业的发展，因此，两种观点均难以服众。在这种状况之下，有学者提出了有限的仲裁员责任豁免论。

有限的仲裁员责任豁免论认为，仲裁员仅在一定的范围内享有责任豁免，如果仲裁员因故意或者重大过失导致其未能履行其接受指定时当事人所赋予的职责，则必须为其不当行为给当事人造成的损失承担法律责任。主要包括两个方面：

（1）程序上的过错行为。如仲裁员积极参与因无效仲裁协议引起的仲裁程序，特别是欺骗性地把当事人引入仲裁程序；仲裁员明知自己与争议案件有利害关系而未依照仲裁规则的规定予以披露；仲裁员未能在仲裁规则规定的期限内及时作出仲裁裁决等。

（2）契约上的过错行为。由于仲裁员与当事人之间存在一种特殊的契约关系，仲裁员应当负有契约法上诚实信用、实际履行等义务，如果仲裁员在仲裁程序中无正当理由退出仲裁程序，违反了其在接受指定时对当事人应承担的契约责任，由此给当事人造成损失，仲裁员应承担法律责任。此外，如果仲裁员违反了保密义务，泄露了当事人的商业秘密或者商业信用，致使当事人的商业活动受到影响或者遭受损失，则仲裁员也应当承担责任。

（二）我国的仲裁员责任制度

我国的仲裁法及其相关法律和仲裁规则，赋予了仲裁员广泛的权力，包括仲裁案件的管辖权、有关仲裁事项的决定权、调查取证权、对争议案件的裁决权等。但法律在保护仲裁员独立仲裁地位及办案能力的同时，也对其课以责任，以保证仲裁程序和结果的公正严明。《仲裁法》第38条对仲裁员的责任作出了规定。根据该条规定，发生下列情况，仲裁员应承担法律责任，同时还要接受仲裁委员会的除名处分：

1. 仲裁员有《仲裁法》第34条第4项规定的情形，且情形严重的。即私自会见当事人、代理人或者接受当事人、代理人的请客送礼且情节严重的。因为仲裁员为人必须公道、正派，其在仲裁中应处于中立地位，不能对任何一方当事人有倾向性，对有关案件的实体、程序方面的情况应严格保密。如其私自会见当事人、代理人或接受当事人、代理人的请客送礼，势必影响案件处理的公平、公正，也会使其

> 仲裁员的责任包括法律责任和被仲裁委员会除名的纪律处分

自身有失公道、正派的操守。因此，如发生上述情形，且情形严重，则仲裁员应当承担法律责任和纪律处分。可见，仲裁员的责任包括法律责任和被仲裁委员会除名的纪律处分。

2. 仲裁员有《仲裁法》第58条第6项规定的情形的，即仲裁员在仲裁该案时有索贿受贿、徇私舞弊，枉法裁决行为的。这些行为，严重违背了仲裁员的职业道德，甚至构成了犯罪，理当对其进行除名处分。

应当注意，在上述两种情况中，在第一种情况下，仲裁员必须是私自会见当事人、代理人或吃请受礼情形严重的，才能除名。"情形严重"一般指屡次或多次吃请、受礼、会见当事人、代理人或造成恶劣影响的。第二种情况则无须情形严重，即可予以除名处分。

> 两种责任情形构成条件的区别。前者需情形严重，后者无须此条件

有上述两种法定情形的仲裁员，既要接受被仲裁委员会除名的内部纪律处分，又要承担相应的民事、刑事法律责任。关于仲裁员的刑事责任。2006年6月29日第十届全国人民代表大会常务委员会第二十二次会议通过的《中华人民共和国刑法修正案（六）》中，第20条规定："在刑法第399条后增加一条，作为第399条之一：'依法承担仲裁职责的人员，在仲裁活动中故意违背事实和法律作枉法裁决，情节严重的，处3年以下有期徒刑或者拘役；情节特别严重的，处3年以上7年以下有期徒刑。'"

第四节　中国仲裁协会

仲裁协会是仲裁行业协会的简称，是以仲裁机构和仲裁员为成员的自律性、管理性的行业组织。

其设立的目的在于加强本行业管理和保障本行业利益，促进本行业健康发展，同时排除政府和司法机关的不正当干预。因此，在国外实行民间性协议仲裁制度的国家，仲裁协会均具有极其重要的地位，甚至以是否设立仲裁协会以及仲裁协会职能发挥的程度作为衡量一个国家和地区有无健全的民间性协议仲裁制度的标准。

仲裁协会属于民间性质，其职能一般限于行业的管理，我国的仲裁行业协会称为中国仲裁协会。《仲裁法》的颁布与施行彻底改变了我国国内仲裁的行政化特点，将国内仲裁与涉外仲裁制度统一确立为民间性的协议仲裁制度，与此相适应，将国内仲裁机构从行政机关中分离出来，取消了仲裁机构与行政机关之间的隶属关系以及行政机关对

仲裁机构的管理权，正式明确中国仲裁协会是中国的仲裁行业管理机构。这不仅是仲裁委员会的民间性和自治性的必然要求，也是我国仲裁制度向现代化发展的重要标志。

我国《仲裁法》第15条对中国仲裁协会作出了专条规定："中国仲裁协会是社会团体法人。仲裁委员会是中国仲裁协会的会员。中国仲裁协会的章程由全国会员大会制定。中国仲裁协会是仲裁委员会的自律性组织，根据章程对仲裁委员会及其组成人员、仲裁员的违纪行为进行监督。中国仲裁协会依照本法和民事诉讼法的有关规定制定仲裁规则。"

对于该条的含义，应当从以下几个方面来理解：

一、中国仲裁协会的性质

根据上述法律规定，仲裁协会的性质有两种：一为对外性质，二为对内性质。对外性质即和其他法人组织相对比，其性质为社会团体法人。对内性质，即谈到和仲裁委员会的关系，其为仲裁委员会的自律性组织，其自律性主要体现在实行民主集中制的组织原则、有强制性的行为规范、有奖惩措施等方面。

二、中国仲裁协会与仲裁委员会的关系

根据上述法律规定，二者的关系表现为两点：①组织体与成员的关系。仲裁委员会是中国仲裁协会的成员，即仲裁协会采用会员制的组成方式，仲裁委员会均系其成员。仲裁协会作为组织体，应有完善的组织机构，如权力机构——全国会员大会，日常行政机构——理事会和其他机构等。②监督与被监督的关系。中国仲裁协会可以制定行为规范，有权对仲裁委员会及其组成人员、仲裁员的违纪行为进行监督。

三、仲裁协会的职能

依照上述法律规定，仲裁协会的职能主要有两项：①根据章程对仲裁委员会及其组成人员、仲裁员的违纪行为进行监督，这是仲裁协会行业自律组织性质的必然体现；②依照仲裁法和民事诉讼法的有关规定制定仲裁规则。

除此之外，作为全国仲裁行业的自律组织，仲裁协会的职能还包括：领导、协调各仲裁委员会的工作，人员培训，对外交流等。

对于中国仲裁协会，应当注意两下两点：①中国仲裁协会不能直接进行仲裁业务，也不能干涉仲裁委员会和仲裁员的具体仲裁工作；②中国仲裁协会的成员除了可以是国内各仲裁委员会外，还可以是个人。

第五节 仲裁规则

一、仲裁规则的理解

(一) 仲裁规则的概念

仲裁规则又称为仲裁程序规则,是适用于所属仲裁机构的,规定仲裁的具体程序,调整在仲裁程序中各主体之间权利义务关系的规范总和。也就是说,仲裁规则是仲裁机构和仲裁当事人在进行具体的仲裁活动时所必须遵循的程序规则。

> 仲裁规则的主要内容在于规定仲裁具体程序,调整仲裁程序中各主体间权利义务关系

(二) 仲裁规则与仲裁法的关系

1. 仲裁规则与仲裁法的联系。仲裁规则与仲裁法的联系主要表现在以下几个方面:

> 应掌握仲裁法和仲裁规则之间的关系

(1) 仲裁法是制定仲裁规则的依据。由于仲裁法是一国立法机关制定的规范仲裁活动与仲裁法律关系的程序法律规范的总称,各仲裁机构在制定其仲裁规则时不得与所在国仲裁法相抵触,因此,仲裁规则通常都是依据一定的仲裁法制定出来的,可以说是仲裁法的细化。

(2) 仲裁法是仲裁规则适用时的补充。虽然仲裁规则是各仲裁机构依据仲裁法制定的,但是仲裁规则的内容则完全是由各仲裁机构自行根据需要而确定的,因此,对于仲裁规则规定不明确的事项,或者在临时仲裁中,当事人在仲裁规则中没有明确约定的事项,仲裁法可以自动起到补充仲裁规则适用的作用。

(3) 仲裁规则与仲裁法均具有规范作用。仲裁规则是仲裁法的细化并不意味着在仲裁活动中,仲裁当事人、仲裁机构、仲裁庭仅遵循仲裁规则,事实上,仲裁规则与仲裁法均是进行仲裁活动所应遵循的行为规范,因此,在某一具体争议案件的仲裁活动中,仲裁当事人、仲裁机构和仲裁庭的行为既不能违反仲裁规则的规定,更不能违反有关国家仲裁法的规定。

2. 仲裁规则与仲裁法的区别。尽管仲裁规则与仲裁法存在着密切的联系,但两者之间仍存在着本质上的区别,主要表现在以下几个方面:

(1) 两者的制定主体不同。仲裁法是由国家立法机关制定的,而

仲裁规则一般由仲裁行业协会或者仲裁机构制定。

(2) 两者的性质不同。仲裁规则通常是由当事人直接或者间接为自己制定的行为准则,其约束力来源于合同应当信守的规则,故仲裁规则具有明显的契约性。而仲裁法则是由国家立法机构制定的规范仲裁活动与仲裁法律关系的法律,具有国家强制性。

(3) 效力不同。仲裁规则是某个仲裁机构的规范性文件,仲裁规则的效力只及于适用该规则的相关仲裁机构、仲裁员和当事人以及其他仲裁参与人,即仲裁规则的效力具有范围的局限性。此外,仲裁规则的适用具有明显的契约性。在仲裁实践中,不少仲裁机构的仲裁规则均规定,允许当事人在选择该仲裁机构时选择适用该机构的仲裁规则,也允许当事人选择适用其他仲裁规则,这就使得仲裁规则实际上构成仲裁协议的一部分。当事人可以直接在仲裁协议中约定一套仲裁规则,也可以援引一套现成的仲裁规则,还可以通过选定仲裁机构而间接地确定相应的仲裁规则。即使那些不允许当事人选择本机构仲裁规则之外的其他仲裁规则的仲裁机构,当事人在行使选择仲裁机构权利的同时就意味着已选择了仲裁规则,因此,仲裁规则具有明显的契约性。而仲裁法由于具有国家立法的性质,其具有普遍约束力和国家强制力,仲裁规则不得与之相抵触,而且仲裁法本身也认可仲裁规则的效力;因此,仲裁规则必须服从相关的仲裁法。对于仲裁法中的任意性条款,当事人、仲裁庭和仲裁机构可以适用,也可以不适用;但对于其中的强制性条款,当事人、仲裁庭和仲裁机构都必须严格遵守,当事人不得排除仲裁法中的强制性规定。换言之,仲裁法是法律,具有法律的特征,即强制性、普遍约束力,且内容突出一般指导性和规范性。

> 仲裁法是法律,具有法律的特征,即强制性,普遍约束力,且内容突出一般指导性和规范性

(4) 内容不同。仲裁法的内容除规定仲裁程序的有关事项及仲裁法律关系外,还从宏观上规定有关仲裁制度的各方面,如仲裁行业组织等。除此之外,其内容还有概括性,例如,《仲裁法》第32条规定:"当事人没有在仲裁规则规定的期限内约定仲裁庭的组成方式或者选定仲裁员的,由仲裁委员会主任指定。"此条就没有对指定仲裁员的期限作出具体规定。而仲裁规则紧紧围绕仲裁程序,其内容更为明确、具体。一般的仲裁规则大体包含如下内容:仲裁管辖、仲裁机构组织、仲裁申请和答辩、反请求程序、仲裁庭组成程序、普通审理程序和简易审理程序、裁决程序以及在各个程序中各法律关系主体的权利义务关系、期间和送达、仲裁费用等。

二、仲裁规则的作用

仲裁规则为其所属仲裁机构进行具体仲裁活动提供了规则与依据，其作用可以分为以下三个方面：

1. 为当事人、仲裁机构和仲裁庭提供了一套严格、完备的用仲裁解决争议的程序方法。仲裁规则一般是由仲裁机构聘请的有关专家或权威人士在反复调查研究和总结经验，并研究商事仲裁发展趋势的基础上制订的，具有较强的规范性，但又不失其应有的灵活性。因此，仲裁规则不仅为便于当事人有效地通过仲裁解决纠纷提供了一套可依循的程序规则，而且也使仲裁机构在行使仲裁管辖权、仲裁庭在行使仲裁权处理仲裁案件时有章可循，便于程序正义的实现。

2. 为当事人和仲裁机构、仲裁员提供了程序上的权利义务规范。仲裁规则虽然包含许多方面的具体内容，但其中一项重要的基本内容就是规定当事人和仲裁机构、仲裁员在仲裁进行过程中的权利义务，以及行使权利和履行义务的具体方式，从而为当事人及仲裁机构、仲裁员合理行使权利履行义务提供了依据，进而保证当事人之间的实体权利义务争议得到尽快的解决。

3. 为法院对仲裁进行监督提供了依据。仲裁机构的民间性决定了仲裁程序的顺利进行，离不开法院的支持；而一裁终局制度的确立又使得法院对仲裁予以司法监督成为必要。因为仲裁规则是仲裁程序进行所依循的规则，其决定仲裁程序是否具有正当性，法院在对仲裁实施支持和监督时，一般都是参照甚至是依据仲裁规则的执行情况来进行的，如仲裁规则已得到全面遵守，仲裁活动极有可能得到人民法院的支持，否则很可能甚至必然导致仲裁裁决的撤销或不予执行。

三、仲裁规则的制定

仲裁规则的制定主体因仲裁机构的不同而有所区别。

对于临时仲裁机构来讲，其无固定的仲裁规则，而是由当事人协商制定或选择仲裁程序，还可以授权仲裁庭选择程序。而对于常设性仲裁机构来讲，一般拥有其自行制定的固定仲裁规则，当事人选择仲裁机构，通常应当适用该仲裁机构的仲裁规则，但是有些仲裁机构也允许当事人选择适用其他的仲裁规则。

对于国内仲裁来讲，一般由其行业组织制定统一的仲裁规则；对于涉外仲裁和国际商事仲裁来讲，都由各仲裁机构制定自己的仲裁规则。具体说来，我国仲裁分为国内仲裁与涉外仲裁。相应的，它们各

> 仲裁规则不是法律，只适用于制定该规则的仲裁机构，但比较具体，可操作性强

自适用的仲裁规则分别称为国内仲裁的仲裁规则和涉外仲裁规则。

《仲裁法》第15条第3款规定:"中国仲裁协会依照本法和民事诉讼法的有关规定制定仲裁规则。"这是对国内仲裁规则的制定作出的规定。根据该条,国内仲裁规则由中国仲裁协会统一制定,制定依据是仲裁法和民事诉讼法的有关规定。但是,由于我国目前尚未成立中国仲裁协会,因此,目前我国统一的仲裁规则尚未出台。此外,依照《仲裁法》第75条的规定:"中国仲裁协会制定仲裁规则前,仲裁委员会依照本法和民事诉讼法的有关规定可以制定仲裁暂行规则。"所以,国内很多地方性仲裁委员会都据此制定了仲裁暂行规则,这些规则在制定时,可以参考国务院发布的《仲裁委员会仲裁暂行规则示范文本》。

至于涉外仲裁规则,依照《仲裁法》第73条的规定:"涉外仲裁规则可以由中国国际商会依照本法和民事诉讼法的有关规定制定。"在实践中,我国原来有两个涉外仲裁机构,即中国国际经济贸易仲裁委员会和中国海事仲裁委员会,它们各自的仲裁规则由中国国际商会制定并通过,分别称为《中国国际经济贸易仲裁委员会仲裁规则》和《中国海事仲裁委员会仲裁规则》。中国国际商会根据经济发展的需要和实际经济纠纷的情况可以修订这两个文件,至今已经修订多次。目前生效的分别是2014年11月18日修订并通过的《中国国际经济贸易仲裁委员会仲裁规则》(2015年1月1日起施行)和2014年11月18日修订并通过的《中国海事仲裁委员会仲裁规则》(2015年1月1日起施行)。

> 我国仲裁规则分为两大类,各有不同的制定主体。国内仲裁规则由中国仲裁协会制定,涉外仲裁规则由中国商会制定

□ 小　　结

本章主要阐述仲裁机构与仲裁协会,包括仲裁机构的概念及特征,仲裁机构的分类,仲裁委员会的概念及特征,仲裁委员会的设立,仲裁委员会的性质与地位,仲裁委员会的职能机构,仲裁员的任职资格,仲裁员的聘任,仲裁员的法律责任,中国仲裁协会,仲裁规则的概念与作用,仲裁规则的制定等。其主要内容是:

一、仲裁机构概述

(一)仲裁机构的概念及特征

仲裁机构,是指依法有权根据当事人达成的仲裁协议,受理一定范围内的民商、经济

争议并作出强制性裁决的组织。

特征：民间性；管理性；服务性。

（二）仲裁机构的分类

一般仲裁机构与特别仲裁机构；临时仲裁机构与常设仲裁机构；国家仲裁机构与国际仲裁机构；国内仲裁机构与涉外仲裁机构；综合性仲裁机构与专门性仲裁机构。

二、仲裁委员会

（一）仲裁委员会的概念及特征

仲裁委员会，是指根据法定条件和程序组成的，依当事人间仲裁协议受理并裁决法定范围内的民商或经济争议的常设性仲裁机构。

（二）仲裁委员会的设立

设立条件：有自己的名称、住所和章程；有必要的财产；有该委员会的组成人员；有聘任的仲裁员。

（三）仲裁委员会的性质与地位

仲裁委员会的性质是民间性组织。仲裁委员会独立于行政机关，与行政机关没有隶属关系。仲裁委员会之间也没有隶属关系。仲裁委员会是独立的、自治的。

（四）仲裁委员会的职能机构

职能机构：管理机构、办事机构、专家咨询机构、其他机构。

三、仲裁员

（一）仲裁员的任职资格

一般资格要求：公道正派。

专业资格要求：必须从事法定职业达法定年限或具有法定职称。通过国家统一法律职业资格考试取得法律职业资格，从事仲裁工作满8年；从事律师工作满8年；曾任法官满8年；从事法律研究、教学工作并具有高级职称；具有法律知识，从事经济贸易等专业工作并具有高级职称或具有同等专业水平。

（二）仲裁员的聘任

我国仲裁员采用聘任制，聘任期间为3年，期满后可以继续聘任。

(三) 仲裁员的法律责任

仲裁员的法律责任包括除名处分、民事责任、刑事责任等。

四、中国仲裁协会

中国仲裁协会是社会团体法人。仲裁委员会是中国仲裁协会的会员。中国仲裁协会是仲裁委员会的自律性组织，根据章程对仲裁委员会及其组成人员、仲裁员的违纪行为进行监督。

五、仲裁规则

(一) 仲裁规则的理解

仲裁规则又称为仲裁程序规则，是适用于所属仲裁机构的，规定仲裁的具体程序，调整在仲裁程序中各主体之间权利义务关系的规范总和。仲裁规则为其所属仲裁机构进行具体仲裁活动提供了规范和依据。

(二) 仲裁规则的作用

仲裁规则为当事人、仲裁机构和仲裁庭提供了一套严格、完备的用仲裁解决争议的程序方法；仲裁规则为当事人和仲裁机构、仲裁员提供了程序上的权利义务规范；仲裁规则为法院对仲裁进行监督提供了依据。

(三) 仲裁规则的制定

我国国内仲裁规则由中国仲裁协会依照仲裁法和民事诉讼法的有关规定统一制定。在统一的国内仲裁规则出台前，各仲裁委员会可制定仲裁暂行规则。涉外仲裁规则由中国国际商会依照仲裁法和民事诉讼法的有关规定制定。

□ 练习与思考

一、名词解释

1. 仲裁委员会（或仲裁机构）
2. 仲裁协会
3. 仲裁法
4. 仲裁规则

二、简答题

1. 简述仲裁机构的特征。
2. 简述仲裁协会的性质、地位、职能。
3. 简述仲裁员的任职资格。

三、思考题

1. 论仲裁委员会与中国仲裁协会的关系。
2. 论仲裁法与仲裁规则的关系。

第五章

仲 裁 协 议

■**学习目的和要求**

通过本章学习，要求学生
- ●重点掌握：仲裁协议的概念，我国仲裁法规定的仲裁协议的法定内容，仲裁协议的成立条件，仲裁协议的生效条件，仲裁协议的独立性的含义，仲裁协议无效的情形。
- ●掌握：仲裁协议的形式，仲裁协议的效力，仲裁协议效力的认定。
- ●一般了解：拟定仲裁协议应注意的问题。

第一节 仲裁协议概述

一、仲裁协议的概念与特征

仲裁协议，是指当事人双方自愿达成的将已经发生的或将来可能发生的纠纷提交仲裁机构进行裁决的共同意思表示。

仲裁作为一种民间性的争议解决机制，其本质是以当事人意思自治排除国家司法权力的过多干预，而仲裁协议正是实现当事人意思自治的集中体现，因此，仲裁协议被认为是现代仲裁制度的基石，如果没有了仲裁协议，那么现代意义上的仲裁制度也就不复存在了。当事人之间的争议要诉诸仲裁方式解决，就必须存在有效成立的仲裁协议。它充分体现了仲裁自愿原则，是启动仲裁程序的钥匙。

> 仲裁协议是仲裁程序启动的前提条件

仲裁协议有如下特征：

1. **仲裁协议的主体特定**。签订仲裁协议的行为实际上是一种对争议解决方式进行约定的行为，该行为有效成立后，对当事人双方、仲裁机构以及法院均产生一定的约束力，因此，签订仲裁协议的主体须特定，即只能由商事法律关系的具有民事行为能力的当事人或者他们的合法代理人签订，否则，该仲裁协议必然因主体不合格而无效。

2. **仲裁协议系双方当事人的共同意思表示**。双方当事人自愿是各国以及国际商事仲裁中普遍遵循的一项重要原则，是仲裁制度赖以存在的基础。作为自愿原则之集中体现的仲裁协议必须以双方当事人共同的意愿为基础，是当事人将他们之间已经发生或者将来可能发生的争议提交仲裁解决的共同的意思表示，因此，在平等、自愿基础上协商一致是当事人签订仲裁协议的前提，没有双方共同的意思表示，仅凭任何当事人单方的意思表示和行为是无法签订仲裁协议的。

3. **仲裁协议的客体和内容具有同一性**。仲裁协议的客体是一种行为，即将争议提交仲裁人裁决，并受仲裁裁决的约束。这同时是双方当事人的义务，即在约束上有双向同一性。而不似一般合同，客体呈对应性。在仲裁协议中，双方当事人的权利往往同时又是义务，如在约定争议发生时，当事人将争议提交仲裁，是其依仲裁协议享有的权利，但当事人也只能依协议以仲裁方式解决争议，因而这同时又是当事人的义务，且对双方当事人都是如此。而在一般的合同中，双方当事人的权利义务具有对立性，一方的权利往往是另一方的义务，反之亦然。

4. **仲裁协议约定的争议事项应当具有可仲裁性**。仲裁行为毕竟是民间机构聘任的仲裁员依据当事人的协议授权，对争议事项进行审理并作出仲裁裁决的行为，而不是国家司法机关依法对民事纠纷的裁判行为，这就决定了并不是所有的争议事项都可以通过仲裁的方式加以解决。从各国的国内仲裁立法、国际立法以及仲裁实践来看，当事人可以通过仲裁协议约定提请仲裁的争议事项须是当事人有权进行处分的事项，即该事项只涉及当事人可以处分的私权利。因此，当事人签订仲裁协议时，只能针对仲裁立法认可的可仲裁事项作出约定，否则，当事人之间签订的仲裁协议即可因约定事项不具有可仲裁性而无效。

5. 仲裁协议的间接性。仲裁协议的间接性是相对于双方当事人之间的实体权利义务关系而言的，与一般民事合同直接规定双方当事人之间的实体权利义务关系不同，仲裁协议作为一种特殊的合同，是通过确认一种解决当事人之间争议的方式，并进而通过对当事人之间所发生的仲裁协议约定事项争议的解决来确定当事人之间的实体权利义务关系。

6. 仲裁协议的效力范围具有广泛性。仲裁协议作为一种契约，又不同于以实体权利义务约定为内容的一般的契约，其中一个重要的方面就在于其法律效力所及的范围不同。就一般契约而言，效力相对性原理决定了其法律效力仅及于契约的当事人，而不能对契约以外的第三人产生法律效力；与一般的契约不同，仲裁协议的效力不仅及于订立该协议的双方当事人，而且及于仲裁人和法院。具体来说，仲裁人在受理仲裁案件后，就要受当事人仲裁协议中合法约定的约束，如适用当事人约定的实体法甚至某些仲裁规则，只能对仲裁协议中约定的争议范围进行仲裁等。对法院来讲，在当事人之间存在合法有效的仲裁协议的情况下，它不能对该仲裁协议约定的争议行使管辖权。

> 仲裁协议的效力不仅及于订立协议的双方当事人，还影响到仲裁机构和法院对争议的管辖权

7. 仲裁协议是要式契约。仲裁协议是当事人申请仲裁以及仲裁庭对当事人提请仲裁的争议事项行使仲裁权的依据。因此，仲裁协议是要式契约，需以书面形式作出，这已成为国际上通行的做法。我国《仲裁法》第16条第1款规定："仲裁协议包括合同中订立的仲裁条款和以其他书面方式在纠纷发生前或者纠纷发生后达成的请求仲裁的协议。"当然，随着仲裁实践的发展，对仲裁协议书面形式的理解也呈现出越来越宽泛的态度。

二、仲裁协议的法律性质

仲裁协议是现代协议仲裁制度的基石。从宏观上来看，仲裁协议的法律性质不仅决定着整个仲裁制度理论体系的构建，而且还决定着仲裁立法的基本趋势；就理论层面而言，仲裁协议如何定性，决定着仲裁制度理论体系的构建究竟应当立足于当事人私权自治的基础之上，还是立足于国家以管理者的身份，以对国家利益和社会利益的考量为尺度运用公权对当事人私权自治予以适当干预的基础之上；就立法层面而言，仲裁协议如何定性，决定着是将仲裁协议与其他实体法契约一起纳入整个契约法的范围内，还是将仲裁协议视为与当事人选择管

辖法院的协议同样的诉讼法上的契约，从而使以仲裁协议为基础的仲裁制度与调解、诉讼等一同构成多元化的民事纠纷解决机制。作为一种以争议解决机制为约定内容的特殊契约，仲裁协议的法律性质理应成为仲裁制度中的一个极其重要的理论问题；然而，与仲裁法律性质的研究相比较，仲裁协议法律性质这一仲裁制度中的重要问题似乎在我国理论界被边缘化了，并未引起仲裁法学界应有的重视。

正因为仲裁协议的法律性质极具理论、实践与立法意义，各国都非常重视对仲裁协议法律性质的研究，随之关于仲裁协议性质的学说也层出不穷，其中主要存在"诉讼法上的契约说""实体法上的契约说""混合说"以及"独立类型契约说"等。

（一）诉讼法上的契约说

该学说认为，仲裁协议不同于以规范实体权利义务为内容的一般的契约，它以诉讼法上的权利义务为内容，其功能主要在于通过授权仲裁机构和仲裁庭以解决当事人之间的争议。由于仲裁协议主要是由诉讼法加以规定，因此，属于诉讼法上的契约。该学说的主要理论依据是：其一，适用于仲裁协议的法律为程序法，而非实体法。虽然仲裁协议的基础是私法中的当事人意思自治，但是，当仲裁协议本身的效力发生争议时，用于判断仲裁协议有效与否的法律是程序法而非实体法。事实上，目前在对仲裁制度未单独立法的国家，仍然将有关仲裁的内容规定在其民事诉讼法之中。其二，仲裁协议的主要效力为诉讼领域中的效力，而非实体法领域中的效力。仲裁协议的内容不是约定当事人之间的实体权利与义务本身，而是约定解决实体权利义务争议的方式，这就意味着，仲裁协议的主要效力是通过仲裁协议所具有的妨诉抗辩效力从而排除国家法院对仲裁协议约定事项的裁判权，并且赋予仲裁人依仲裁程序作出的仲裁裁决以与法院依审判程序作出的判决同样的效力，这本身就是诉讼法上的效果。正是由于仲裁协议的法律效力主要发生在诉讼领域中，因此，仲裁协议是诉讼法上的契约。

诉讼法上的契约说在大陆法系的德国、日本、法国、意大利等国具有广泛的影响。在英美法系国家，将仲裁视为关于权利救济的程序法，按照"程序法跟着法庭地法"的原则，仲裁协议（契约）适用法庭地法。从而，以法律承认当事人意思表示并赋予其法律的效力，由于仲裁的效力依仲裁地的法律来实现，因而仲裁协议属于诉讼法上的契约。

（二）实体法上的契约说

诉讼法上的契约说是仲裁司法化的必然结论，但这种强调仲裁司法性的学说会遇到难以解决的问题，其中如何平衡司法的强制性与仲裁中当事人意思自治就成为核心。此外，随着社会的不断进步和商业交往的日益频繁，以仲裁方式解决纠纷备受推崇；同时，随着人们对仲裁制度认识的逐渐深入，人们开始从更广阔的视野来审视仲裁协议的法律性质。尽管仲裁制度是作为民事程序制度的一个组成部分，除非单独制定仲裁法，否则大多规定在民事诉讼法之中，但从仲裁协议的形成条件、遵循的一般原则以及产生的法律效力来看，更多的是要适用民商事法律中关于契约的规定，因此，西方学界又出现一种实体法上的契约说。

实体法上的契约说以仲裁协议在诉讼外、诉讼前依据契约自治原则缔结并以西方国家的"私法行为说"理论为依托，将仲裁视为一般的私法行为，并据此认为仲裁协议本质上是与一般民商事契约相同的实体法上的契约。将仲裁协议视为实体法上契约学说的一个极其重要的理论依据就是将仲裁行为等同于一般的私法行为。当事人通过签订仲裁协议授权仲裁人对其争议行使仲裁权所为的仲裁行为，从其实质上来看也是当事人对自己的私权予以处置的一种方式，在不违背法律的强制性规定的前提下，当事人通过合意处置其私权的行为当然属于私法范畴，理应受到国家法律的尊重。

由于实体法上的契约说较为圆满地解释了意思自治这一私法原则在仲裁制度中的体现，因此，得到许多国家司法实践的认可，认为仲裁协议是与债权合同类似的实体法上的合同，适用国际私法上的当事人意思自治原则，而且，仲裁人虽然行使解决争议的职能，但是以当事人合意为基础的，与国家法院的法官所行使的诉讼职能根本不同。

（三）混合契约说

绝对的诉讼法上的契约说与实体法上的契约说均不能圆满地解释仲裁协议所具有的特点，因此，在诉讼法上的契约说与实体法上的契约说互相对立的状态下，认为仲裁协议具有混合性质的协调理论得以发展起来是很自然的。该学说认为，仲裁协议不是单纯的诉讼法或者实体法上的契约，而是兼具诉讼法上的契约与实体法上的契约的双重性质的一种契约。从仲裁协议的职能，即双方当事人约定解决争议的终局方式的角度来看，仲裁协议具有诉讼法上契约的性质；而从仲协议的成立基础，即双方当事人意思表示一致的侧面来考察，仲裁协议又具有实体法上契约的性质。因此，仲裁协议以诉讼法和实体法为其共同的法律基础。

（四）独立类型契约说

混合契约说只是简单地将诉讼法上的契约说与实体法上契约说各自的有用之处合在一起，没有自己独立的理论观点，而独立类型契约说则与此不同。该学说认为，仲裁协议既有体现仲裁之核心的当事人意思自治的一面，从而对当事人产生将约定事项的争议提请仲裁的效力；同时，又对当事人的意思自治有一定的完善，即仲裁协议有效成立后，产生对仲裁机构的授权及排除法院的司法管辖权的效力，而且仲裁庭依据有效仲裁协议作出的裁决还具有与生效判决同等的强制执行的效力，而这些完善是以具有国家强制力的立法为依据的。可见，仲裁协议既不是单纯的诉讼法上的契约说，也不是单纯的实体法上的契约，而是两者之外的一种具有独立个性的特殊契约。对仲裁协议的解释和适用不能简单套用实体法和诉讼法的基本原则和规范，而应当适用一种新的法律体系。独立类型契约说实际上是与仲裁自治理论相适应的一种学说。

三、仲裁协议的分类

在实际的民商事活动中，依据不同的标准，仲裁协议可以分为不同的种类。

1. 根据仲裁协议订立的时间，仲裁协议可以分类为事先仲裁协议和事后仲裁协议。我国《仲裁法》第16条规定仲裁协议包括"纠纷发生前或者纠纷发生后达成的请求仲裁的协议"。其中，纠纷发生前订立的仲裁协议称为事前仲裁协议；纠纷发生后订立的仲裁协议称为事后仲裁协议。在实践中，仲裁协议一般都是事先协议，因为纠纷一旦发生，当事人之间一般很难就纠纷的解决途径达成协议，因此，事前的仲裁协议占绝大多数。

> 仲裁协议一般都是事先协议，因为纠纷一旦已发生，当事人之间一般很难就纠纷的解决途径达成协议

2. 根据订立仲裁协议的意思表示方式，仲裁协议可以分为明示仲裁协议和默示仲裁协议。明示仲裁协议，是当事人以书面形式明确、积极地表示将争议交付仲裁的意思而达成的仲裁协议。默示仲裁协议，是指当事人以实际行为表示仲裁意思而达成的仲裁协议。即双方当事人事先无书面形式的仲裁协议，争议发生后，一方当事人向仲裁机构申请仲裁，另一方当事人未提出异议而应诉。这样，双方当事人都以

> 默示仲裁协议是通过双方当事人的实际行为推断出来的

实际行动接受了仲裁这一解决纠纷的方式,他们之间就达成了一个默示的仲裁协议。

我国《仲裁法》第16条第1款规定:"仲裁协议包括合同中订立的仲裁条款和以其他书面方式在纠纷发生前或者纠纷发生后达成的请求仲裁的协议。"可见,我国仲裁法不承认默示仲裁协议,只承认以书面方式签订的明示仲裁协议。

四、我国仲裁协议的形式

> 我国仲裁法对仲裁协议的形式有严格的要求——必须有书面形式

根据我国《仲裁法》第16条第1款"仲裁协议包括合同中订立的仲裁条款和以其他书面方式在纠纷发生前或者纠纷发生后达成的请求仲裁的协议"的规定,仲裁协议可采取三种书面形式:

(一) 仲裁条款

仲裁条款,顾名思义,就是双方当事人在合同中以合同条款的形式达成的,将以后在本合同履行过程中可能出现的争议提交仲裁机构仲裁,并受仲裁裁决约束的书面意思表示。在现代商事活动中,当事人之所以选择仲裁而不选择诉讼作为其发生争议的解决方式,其目的就在于使自己的意志更多地体现于争议的解决过程中。选择仲裁方式以订立有效仲裁协议为其前提条件。考证签订仲裁协议的具体时间,当在市场行为过程中出现争议时,由于双方利益冲突的现实存在,此时,双方对争议解决方式的选择考虑,通常不是基于争议的公正、迅捷地解决,而更多的是基于如何维护自己的利益,受双方各自不同利益的驱动,往往不易于在纠纷发生后达成仲裁协议。相反,当市场主体选择交易伙伴,签订合同时,由于尚不存在现实的利益冲突,对争议解决方式的约定只是对未来现象的假定,故而有利于达成仲裁协议。此外,在合同中签订仲裁条款也较为简便易行,因此,合同中的仲裁条款是仲裁协议的一种最常见和最主要的类型。

(二) 独立的仲裁协议书

仲裁协议书,即双方当事人在争议发生前或者争议发生后单独订立的,愿意将他们之间已经发生或者可能发生的争议提交仲裁解决的一种书面文件。仲裁协议书是在没有仲裁条款,或者仲裁条款规定不明确无法执行,或者根本不存在书面合同的情况下,由双方当事人共同签订的,因此,它不受当事人之间存在合同关系的约束。与仲裁条款相比较,仲裁协议书具有以下特点:①订立的时间较为灵活,仲裁协议书既可以在争议发生前订立，也可以在争议发生后订立；②仲裁协议书的内容较为灵活，既可以针对合同关系订立，也可以针对非合同关系的其他财产权益纠纷订立；③仲裁协议书的内容往往较为丰富而全面，通常包括有关仲裁事项、仲裁地点、仲裁庭的组成、仲裁实体法的适用等内容。

(三) 其他书面形式

即双方当事人针对合同关系或者其他财产权益问题在相互往来的过程中，在信函、电传、电报或者其他书面形式中，对已经发生或者将来可能发生的争议提交仲裁解决的共同意思表示。此类仲裁协议是现代商事关系和通讯事业综合发展的结果。现代商事关系的空间距离给当事人之间订立仲裁协议带来了巨大的不便利，而现代通讯事业的迅猛发展又极大地减少了这种不便利，因此，在现代交易中，这种仲裁协议也是经常存在的。对此，《最高人民法院关于适用〈中华人民共和国仲裁法〉若干问题的解释》(以下简称《仲裁法解释》) 第1条明确规定："仲裁法第16条规定的'其他书面形式'的仲裁协议，包括以合同书、信件和数据电文（包括电报、电传、传真、电子数据交换和电子邮件）等形式达成的请求仲裁的协议。"

由此可见，我国关于仲裁协议书面形式仍然界定为双方签订的书面形式。

第二节 仲裁协议的内容

仲裁协议的内容，即仲裁协议的构成要素，是双方当事人选择仲裁意思表示的全面、完整的记录。它决定着仲裁事项、仲裁机构等重要的问题，还是判定仲裁协议是否成立的重要依据。

仲裁协议的内容可以分为两类：一为法定内容，即法律规定仲裁协议必须具备的内容；二为约定内容，即法定内容外可由当事人自由约定的内容。

> 仲裁协议的内容由法定内容和约定内容构成。其中法定内容是仲裁协议的必备内容

一、仲裁协议的法定内容

我国《仲裁法》第16条第2款规定："仲裁协议应当具有下列内容：①请求仲裁的意思表示；②仲裁事项；③选定的仲裁委员会。"可见，我国仲裁协议的法定内容包括以下三项：

> 应当掌握仲裁协议的法定内容，这是仲裁协议成立的关键

（一）请求仲裁的意思表示

协议的实质就是当事人双方共同的意思表示。因此，双方当事人将争议提交仲裁的意思表示是仲裁协议最基本、最重要的内容，也是仲裁协议得以成立的前提条件。"请求仲裁的意思表示"，从字面来看，有两方面含义：

1. 必须是当事人各方在协商一致基础上的共同意思表示，而不是某一方当事人的意思表示。

2. 必须是当事人各方之间的真实意思表示，而不是当事人在外界的影响或者强制之下表现出来的虚假的意思表示。通常来说，请求仲裁的意思表示往往内涵于仲裁协议之中。

（二）仲裁事项

作为双方当事人提请仲裁机构解决争议案件，以及仲裁机构受理仲裁申请的有效依据，仲裁协议以约定仲裁事项为其法定必备内容。所谓仲裁事项，即当事人要通过仲裁解决的争议及其范围。

仲裁事项是仲裁机构受理案件的重要依据，仲裁事项的约定是否合法或者合适，直接影响着当事人双方提请仲裁解决争议案件意思表示的实现，以及仲裁制度在解决民事商事争议，维护社会经济秩序方面作用的有效发挥。一般而言，仲裁事项可以分为概括的仲裁事项和具体的仲裁事项。概括的仲裁事项指因合同而引起的全部财产权益的纠纷，这种仲裁事项通常出现于针对将来可能发生的合同纠纷而订立的仲裁协议。其通常界定出一个提交仲裁的事项范围，如"因履行本合同而引起的争议"。具体的仲裁事项是指具体的某项财产权益纠纷。它可以用于已经发生的争议，范围也不限于合同纠纷。

> 根据实际情况，概括的仲裁协议只适用于对合同纠纷的仲裁协议，而具体的仲裁协议还适用于侵权纠纷等

双方当事人约定仲裁事项时需注意两点：

1. 所约定的争议事项必须是仲裁法允许仲裁的事项。如双方当事人约定将在继承过程中产生的纠纷，协商不成时，提请某某仲裁委员会仲裁，则该仲裁协议为无效，因为因继承产生的纠纷属于不得仲裁的事项。

2. 仲裁事项需具有明确性。根据我国《仲裁法》第18条的规定，双方当事人在仲裁协议中约定提请仲裁机构解决的争议事项必须明确，如果约定不明确，当事人可以补充协议；达不成补充协议的，仲裁协议无效。关于仲裁事项的明确性问题，最高人民法院《仲裁法解释》第2条规定："当事人概括约定仲裁事项为合同争议的，基于合同成

立、效力、变更、转让、履行、违约责任、解释、解除等产生的纠纷都可以认定为仲裁事项。"

（三）选定的仲裁委员会

从我国仲裁法的规定和仲裁实践看，我国不承认临时仲裁庭，仲裁委员会是我国唯一的仲裁机构。因此，当事人在仲裁协议中必须明确规定其争议具体由哪个仲裁机构审理，以便该仲裁机构行使管辖权。在此，当事人只需选择明确、具体的仲裁机构即可，至于仲裁员的选定等则不是仲裁协议的法定内容。

仲裁委员会是依法受理当事人依据仲裁协议提请仲裁解决争议案件的机构。为防止当事人在争议发生后，就提请哪一个仲裁委员会仲裁发生争议，我国仲裁法明确规定选定的仲裁委员会是有效仲裁协议必须具备的一项内容，也就是说，双方当事人在仲裁协议中必须明确约定仲裁委员会的名称。根据我国《仲裁法》第18条的规定，如果仲裁协议对仲裁委员会没有约定或者约定不明确的，当事人可以补充协议；达不成补充协议的，仲裁协议无效。但是，在仲裁实践中，双方当事人往往对涉及实体权利与义务的条款反复斟酌，认真推敲以选择最为恰当的语言作出明确的约定，而对于作为争议解决方式的仲裁协议的约定，则可能不太注意其规范性，这类仲裁协议是否有效应具体分析。为此，《仲裁法解释》对这类仲裁协议及其效力问题作出了相关的规定，具体如下：

1. 仲裁协议约定的仲裁机构名称不准确，但能够确定具体的仲裁机构的，应当认定选定了仲裁机构。

2. 仲裁协议仅约定纠纷适用的仲裁规则的，视为未约定仲裁机构，但当事人达成补充协议或者按照约定的仲裁规则能够确定仲裁机构的除外。

3. 仲裁协议约定两个以上仲裁机构的，当事人可以协议选择其中的一个仲裁机构申请仲裁；当事人不能就仲裁机构选择达成一致的，仲裁协议无效。

4. 仲裁协议约定由某地的仲裁机构仲裁且该地仅有一个仲裁机构的，该仲裁机构视为约定的仲裁机构。该地有两个以上仲裁机构的，当事人可以协议选择其中的一个仲裁机构申请仲裁；当事人不能就仲裁机构选择达成一致的，仲裁协议无效。

只有选择了具体的仲裁机构才能把仲裁管辖落到实处

二、仲裁协议的约定内容

上述仲裁协议的法定内容，是仲裁协议有效应具备的要素。除此之外，当事人可以在不违反法律禁止性规定的前提下，自由约定一些内容。综观主要国家关于仲裁立法的规定以及仲裁实践的做法，这些约定内容通常包括：

（一）仲裁规则

仲裁规则是各仲裁机构或者国际组织在经过反复研究，充分总结仲裁实践经验的基础上制定的主要规范仲裁过程中的具体程序的规则，包括仲裁机构的管辖权、仲裁申请的提出、答辩的方式、仲裁庭的组成与仲裁员的选定或者指定、仲裁的审理以及仲裁裁决的作出等内容，仲裁规则直接涉及双方当事人的实体权利和程序权利。目前，关于仲裁规则的具体适用，有些仲裁机构不允许当事人选择适用仲裁规则，即只要当事人约定该仲裁机构，则只能适用该仲裁机构的仲裁规则，如我国依照仲裁法设立在各城市之中的仲裁机构均不允许当事人选择仲裁规则。但是，有些仲裁机构则允许当事人选择适用仲裁规则，即当事人约定该仲裁机构，当事人既可以选择适用该仲裁机构的仲裁规则，也可以选择适用其他仲裁机构或者国际组织制定的仲裁规则，如中国国际经济贸易仲裁委员会允许当事人选择适用的仲裁规则。

> 当事人约定仲裁规则，既可以选择其他仲裁机构的既定规则，也可以自行创设

（二）仲裁地点

所谓仲裁地点，是指进行仲裁程序和作出仲裁裁决的所在地。

当事人选择常设仲裁机构仲裁时，如果没有其他约定，通常以被选定的常设仲裁机构所在地作为仲裁地点。但是，一些常设仲裁机构在不同的地方设立有分支机构，而且更为重要的是，大多数常设仲裁机构并不禁止当事人选择其机构所在地以外的地方作为仲裁地点。因此，仲裁地点是仲裁协议的主要约定内容之一。特别是在国际商事仲裁中，双方当事人在订立仲裁协议时，都尽力争取在自己本国进行仲裁。这一方面是由于当事人对自己所在国的法律和仲裁实践比较熟悉和信任，另一方面约定在何地进行仲裁对当事人具有重要的意义。

1. 仲裁地点直接影响仲裁协议的有效性。仲裁协议的有效性是当事人提请仲裁解决争议的意思表示得以实现以及仲裁程序能够顺利进行的先决条件。由于各国受其历史背景和法律传统之影响而反映出来的仲裁制度关于仲裁协议所应具备的内容和仲裁协议的有效要件的具体规定不尽相同，因此，在当事人双方对仲裁协议的有效性发生争议时，适用不同国家的法律进行判断可能会出现完全不同的结果。从仲裁实践的通常做法来看，在确定仲裁协议的效力时，除非当事人另有

约定以外，一般都是适用仲裁地国家的法律。为此，我国《涉外民事法律关系适用法》第18条规定，当事人可以协议选择仲裁协议适用的法律。当事人没有选择的，适用仲裁机构所在地法律或者仲裁地法律。《最高人民法院关于审理仲裁司法审查案件若干问题规定》第13、14、15条对此作出如下进一步的规定：①当事人协议选择确认涉外仲裁协议效力适用的法律，应当作出明确的意思表示，仅约定合同适用的法律，不能作为确认合同中仲裁条款效力适用的法律。②人民法院根据《涉外民事关系法律适用法》第18条的规定，确定确认涉外仲裁协议效力适用的法律时，当事人没有选择适用的法律，适用仲裁机构所在地的法律与适用仲裁地的法律将对仲裁协议的效力作出不同认定的，人民法院应当适用确认仲裁协议有效的法律。③仲裁协议未约定仲裁机构和仲裁地，但根据仲裁协议约定适用的仲裁规则可以确定仲裁机构或者仲裁地的，应当认定其为《涉外民事关系法律适用法》第18条中规定的仲裁机构或者仲裁地。

2. 仲裁地点影响仲裁所适用的程序法和实体法。仲裁庭在对当事人依据仲裁协议提请仲裁解决的争议进行仲裁时，离不开法律的具体适用，其中既包括程序法的适用，也包括实体法的适用。程序法的适用决定着仲裁程序应当如何进行，就程序法的适用而言，除非当事人双方另有约定，否则通常适用仲裁地国家的程序法。实体法的适用直接决定着当事人之间实体权利义务关系的确认，就实体法的适用而言，在当事人未作出选择的情况下，仲裁庭一般会根据国际惯例，按照仲裁地国家国际私法规则中的冲突规范确定所应当适用的实体法，或者直接适用仲裁地国家的实体法。即使当事人明确选择了解决争议所适用的实体法，也有可能发生仲裁地国家的法律不允许当事人作出某种选择，仲裁庭最终适用了仲裁地国家实体法的情况。

3. 仲裁地点影响仲裁裁决的承认和执行。对争议的当事人而言，如果该争议为国内商事争议，不涉及对此争议所作出的仲裁裁决的国籍问题。如果是国际商事争议，仲裁地点决定了该国际商事争议仲裁裁决作出的国家。在仲裁地国家作出的仲裁裁决如果在该国以外的国家申请承认与执行，就必然产生对外国仲裁裁决的承认和执行问题。如果仲裁裁决作出国与被请求承认和执行国都是《纽约公约》的成员国，那么该仲裁地国家的仲裁裁决就可以按照该公约的规定在有关国家得到承认和执行。

（三）涉外仲裁中适用的实体法律

仲裁法保护的实体权益都是当事人可处分的民商事权益，根据私法自治的原则，许多国家允许当事人约定仲裁所适用的法律。当事人无约定的，由仲裁人按国际私法的有关原则确定准据法。

> 选择实体法，只适用涉外仲裁

除此之外，还有的国家立法允许当事人协议约定仲裁员的选定、指定方法，等等。

三、拟定仲裁协议应注意的问题

前文已经提及，仲裁协议是整个仲裁制度的基础，它是启动整个仲裁程序的钥匙。但不是任何一个仲裁协议都可以依照当事人的主观意愿启动仲裁程序。如我国《仲裁法》第26条规定："当事人达成仲裁协议，一方向人民法院起诉未声明有仲裁协议，人民法院受理后，另一方在首次开庭前提交仲裁协议的，人民法院应当驳回起诉，但仲裁协议无效的除外……"可见，如果仲裁协议不能有效成立，则该争议应当由法院管辖。退一步讲，即使已经启动并进入了仲裁程序，一旦当事人一方对仲裁协议的效力提出的异议成立，仲裁也不能进行下去或已作出的裁决也不能得到执行。因此，我们在拟定仲裁协议时，应注意以下实际问题：

> 不是所有的仲裁协议都能必然地启动仲裁程序，而是只有有效成立的仲裁协议才能做到

1. 在表述请求仲裁的意思表示时，要表达明确。不能在合同中如此规定："双方如因合同发生争议，则将争议提交仲裁机构或法院解决。"这样规定因忽略了诉讼与仲裁的相互排斥性，而使仲裁协议不成立。

2. 仲裁事项应有可仲裁性，即应属于仲裁的适用范围。依照我国《仲裁法》第2条、第3条的规定，仲裁只适用于平等主体的公民、法人和其他组织之间发生的合同纠纷和其他财产权益纠纷，对下列纠纷不能仲裁：①婚姻、收养、监护、扶养、继承纠纷；②依法应当由行政机关处理的行政争议。如仲裁协议中含有这些仲裁机构无权仲裁的争议，将导致仲裁协议无效。换言之，不能将法定范围外的争议作为仲裁事项。

> 不能将法定范围外的争议作为仲裁事项

3. 仲裁协议中对仲裁委员会的选择要客观、明确。具体讲，要注意以下两个方面：①仲裁协议中选择的仲裁机构、地点要明确。在仲裁协议中，不能仅仅是限定仲裁机构的范围，例如，在国内仲裁协议中规定将争议提交"双方当事人所在地之外的仲裁委员会仲裁解决"，或在涉外仲裁协议中规定"提交双方同意的第三国的仲裁机构仲裁"。此类协议的缺陷就在于没有具体指明由哪一个仲裁机构仲裁，因此，任何一个仲裁机构都无法做到对该案有仲裁管辖权。②约定的仲裁机构必须客观上确实存在，不能选择并不存在的仲裁机构作仲裁人。例

> 对仲裁委员会的选择要具体且只能选择一个

如，国内仲裁协议约定"合同争议由北京朝阳区仲裁委员会仲裁解决",这样的仲裁协议显然是无法执行的。

总之,在实际拟定仲裁协议中,要避免形形色色的瑕疵,就必须严格遵照仲裁协议的成立要件和生效要件。关于仲裁协议的成立和生效要件问题,将在后文有详细阐述。

第三节 仲裁协议的效力

所谓仲裁协议的法律效力,即有效成立的仲裁协议对双方当事人、仲裁机构以及法院所应当具有的相应约束力。仲裁协议作为一种特殊的以争议解决方式为其内容的契约,不同于一般契约的其中一个重要方面就是仲裁协议具有法律效力的广延性,即仲裁协议不仅对订立仲裁协议的各方当事人有约束力,而且对仲裁机构与法院也有相应的约束力。

一、对当事人的效力

仲裁协议是双方当事人的合意,所以,它首先对双方当事人产生约束力。具体表现为:

1. 当事人就协议仲裁事项的诉权受到限制。诉权是当事人的一项基本权利,本可以在产生民商事争议时自由行使。但是,如果该争议属于生效仲裁协议中约定的仲裁事项,则当事人只能就该争议提交仲裁,而不能向人民法院起诉,更不能请求行政机关或其他团体、组织处理该争议。《仲裁法》第5条规定:"当事人达成仲裁协议,一方向人民法院起诉的,人民法院不予受理,但仲裁协议无效的除外。"由此可见,当事人之间一旦达成有效的仲裁协议,对协议仲裁的争议,当事人就应当提交仲裁机构解决,既然不能向法院起诉,当然也不能请求仲裁机关以外的其他机关或组织处理其争议。

> 当事人之间一旦达成有效的仲裁协议,他们就应当将争议提交仲裁,也只能提交仲裁

2. 当事人可提请仲裁的范围受到限制。仲裁这一民间解决纠纷的方式,系民商法意思自治的产物,即以仲裁途径解决纠纷须双方当事人自愿,因此,他们必须在仲裁协议中确定仲裁事项。在此范围外的争议事项,除非另有新的仲裁协议,任何一方当事人不得出于一厢情愿将争议事项提交仲裁解决。否则,另一方当事人可向受理申请的仲裁机构提出异议。

3. 对当事人课以附随义务。仲裁协议对当事人还课以基于前两项

效力之上的附随义务，其中，最主要的是履行裁决的义务。当事人订立仲裁协议的目的是由仲裁机构对其争议进行处理，而仲裁机构处理的方式是作出仲裁裁决，因此，履行裁决既是当事人实现自己仲裁目的的途径，也是仲裁协议对当事人的一项重要约束。除此以外，仲裁协议对当事人产生的附随义务还有：任何一方当事人不得任意变更、解除已发生效力的仲裁协议；当事人在仲裁过程中应与仲裁机构积极配合，如实陈述案件事实，提供必要的材料和证据等。

二、对仲裁机构的效力

有效仲裁协议是仲裁机构受理当事人的仲裁申请以及仲裁庭对当事人提请仲裁的争议案件行使仲裁管辖权的依据。也就是说，没有有效的仲裁协议，任何一方当事人均无权将争议提交仲裁解决，仲裁机构也无权受理该争议案件，仲裁庭自然也就无效就该争议案件进行审理并作出仲裁裁决。有效仲裁协议对仲裁机构（仲裁庭）的效力主要体现在两个方面：

1. 授权效力。即有效的仲裁协议授予了约定的仲裁机构对仲裁事项的管辖权。仲裁管辖权是仲裁机构审理仲裁案件的基础，而仲裁机构的管辖权完全依赖于当事人双方所签订的仲裁协议来履行。如果当事人之间没有仲裁协议，则仲裁机构无从取得管辖权，也就无权对当事人之间的争议进行受理、审理。反之，如有当事人通过有效的仲裁协议赋予了特定仲裁机构仲裁管辖权，则除该仲裁机构外，其他司法机关及仲裁机构对该争议均无管辖权。可见，使仲裁机构获得管辖权是仲裁协议对仲裁机构的效力之一。

> 仲裁协议使仲裁机构获得了对仲裁协议中约定仲裁事项的管辖权

2. 仲裁协议是仲裁庭正确行使仲裁权的依据。依据仲裁协议取得仲裁管辖权只是仲裁庭行使仲裁权，以实现当事人订立仲裁协议之目的的条件；而仲裁庭是否依据仲裁协议正确行使仲裁权，则不仅影响到仲裁协议目的的实现，而且涉及当事人合法权益之保护。因此，在仲裁中，仲裁庭对具体争议案件的仲裁权受到仲裁协议的严格限制，即仲裁庭只能对当事人基于仲裁协议约定事项产生的争议行使仲裁权，而对仲裁协议约定范围以外的任何争议，即使当事人提出仲裁申请也无权仲裁。

三、对人民法院的效力

仲裁协议对人民法院的效力表现为两个方面：

1. 排除人民法院对有仲裁协议的争议案件的管辖权。仲裁协议有效成立后，在对当事人产生妨碍起诉权行使效力的同时，相对于法院而言，就产生了以当事人的自由意志排除法院司法管辖权的效力，即法院应当尊重当事人之间的仲裁协议约定，不得受理当事人之间有仲裁协议的争议案件，除非该仲裁协议不成立、无效、失效或者内容不明确无法执行的。对此，我国《仲裁法》第5条规定："当事人达成仲裁协议，一方向人民法院起诉的，人民法院不予受理，但仲裁协议无效的除外。"仲裁协议所具有的这种效力通常被称为妨诉抗辩效力。仲裁协议之妨诉抗辩，是指一方当事人违反有效成立的仲裁协议而就双方当事人约定应提交仲裁解决的争议事项向法院起诉时，他方当事人可提出仲裁协议之抗辩，以请求法院驳回原告之起诉。《仲裁法》第26条规定："当事人达成仲裁协议，一方向人民法院起诉未声明有仲裁协议，人民法院受理后，另一方在首次开庭前提交仲裁协议的，人民法院应当驳回起诉，但仲裁协议无效的除外；另一方在首次开庭前未对人民法院受理该案提出异议的，视为放弃仲裁协议，人民法院应当继续审理。"这样规定的原因在于，当事人既然协议选择了仲裁这一解决纠纷的方式，就意味着自愿放弃了诉权。他们都必须对自己的理性选择负责，任何一方不得再就同一争议向人民法院起诉，否则另一方可依双方达成的仲裁协议予以抗辩，请求法院驳回起诉。有效的仲裁协议排除了人民法院对协议中约定事项的管辖权，从而保证了"有仲裁协议即不得诉讼"这一原则。

> 仲裁协议排除了人民法院对仲裁事项的管辖权

2. 对仲裁机构基于有效仲裁协议所作出的有效裁决，法院负有执行职责。如前文所述，当事人既然选择了仲裁机构处理其争议，就必须履行处理的结果，即履行仲裁裁决，如其不自觉履行仲裁裁决内容，则权利方当事人可以请求强制执行。强制执行不能由民间团体——仲裁机构来执行，而只能由具有司法强制力的国家机关——人民法院来执行。人民法院对仲裁裁决内容强制执行的依据仍在于当事人之间有有效的仲裁协议，故而对法院的该职责，仍应认为是仲裁协议的效力之一。

> 对仲裁裁决的强制执行只能由人民法院实施

四、仲裁协议的独立性

在仲裁实践中，仲裁协议大多表现为合同中的仲裁条款或者作为合同组成部分的文件，这就使得仲裁协议与包含仲裁协议的基础合同之间存在一种必然的依附关系。这种依附关系通常表现为两个方面：一方面，当事人订立仲裁协议的目的在于解决因基础合同的履行而产生的具体争议；另一方面，仲裁协议是从属于基础合同的一个组成部分，因此，仲裁协议法律效力的实现应以合同其他条款在履行过程中出现争议为前提条件；如果基础合同履行过程中未产生仲裁协议约定的争议，则该仲裁协议无法发挥其应有的作用。正是因为仲裁协议与包含仲裁协议的基础合同之间的这种附属关系，于是仲裁实践中必然产生出这样的问题，即如果基础合同被认定为无效或者失效、不存在，合同中的仲裁协议是否也因此而无效或者失效、不存在？仲裁庭是否具有对相关合同争议的管辖权？换言之，就是仲裁协议是否具有独立于合同的法律效力？这就是仲裁协议的独立性问题。

仲裁协议的独立性，是指仲裁协议虽然作为主合同的一部分，但其在性质上、效力上均独立于主合同，其效力有独立的确定性，不受主合同变更、解除、终止、无效等情形的影响。在此必须注意，仲裁协议的独立性仅适用于针对合同纠纷而签订的仲裁协议，因为该仲裁协议本身就是一个合同，所以才有相对于主合同是否独立的问题。

仲裁协议的独立性，表现在两个方面：

1. 性质上的独立性。尽管仲裁协议是主合同的一部分，但其性质与主合同其他条款的性质截然不同。具体说，主合同是规定当事人双方实体权利义务的协议，是实体性质的；而仲裁协议是关于当事人双方选择仲裁方式解决其争议的协议，是程序性质的。所以，它和主合同是平行的，二者可以分离。

2. 效力上的独立性。即仲裁协议虽然属于合同内容之中，但其效力并不因合同其他条款效力的终止而终止。仲裁协议本身有独立的有效要件，对此将于后文详细论述。仲裁协议的效力具有独立性的原因在于，仲裁协议是当事人双方选择仲裁方式解决纠纷的协议，是作为救济手段出现的，其目的在于解决因主合同其他条款而产生的争议。也就是说，仲裁协议是一种关于主合同的结果事项的条款，它在约定的仲裁事项出现争议时才可能发挥作用。换言之，合同无效或变更、终止不代表不发生任何后果，恰恰是因为发生了这些后果，产生了争议，仲裁协议才有用武之地，所以，它不因主合同失效而失效，反而因满足了其所附的停止条件而得以实施，发挥其作为救济手段和解决纠纷的程序的作用。这是仲裁协议效力的鲜明特性。

仲裁协议有无独立性，曾是一个争论不休的论题。仲裁协议独立性理论认为仲裁协议虽然附属于基础合同，但又与基础合同形成了两项各自独立的针对不同内容的契约。基础合同所针对的是双方当事人在商事交易方面的实体权利义务关系，而仲裁协议则针对当事人之间的另一种权利与义务，即通过仲裁解决因商事交易而发生争议的权利与义务。因此，仲裁协议具有保障当事人通过寻求某种救济而实现当事人商事权利的特殊性质，它具有相对独立性，其有效性不受主合同

仲裁条款具有鲜明的效力特性

合同无效或变更、终止不代表不发生任何后果，恰恰是因为发生了这些后果，产生了争议，仲裁协议才有用武之地

有效性的影响。即使合同无效,仲裁协议仍然有效。质言之,即使合同不存在或者无效,也并不影响或排除仲裁员或仲裁庭相应的判断合同有效与否以及仲裁解决提交给仲裁庭的其他争议的权利。现在,仲裁协议独立的原则已成为现代仲裁的发展趋势,目前已为大多数国家所接受,也为《国际商会仲裁规则》《联合国国际贸易法委员会仲裁规则》《联合国国际贸易法委员会国际商事仲裁示范法》等大多数国际仲裁规则所采用,例如《国际商会仲裁规则》第6条第4款规定:除非有相反的约定,只要仲裁庭认为仲裁协议有效,不应因合同被指无效或不存在而终止对仲裁案件行使管辖权。即使合同本身可能不存在或无效,仲裁庭仍然应该继续行使管辖权,以决定当事人的权利,并对其请求和主张作出裁判。

我国《仲裁法》第19条第1款明确规定:"仲裁协议独立存在,合同的变更、解除、终止或者无效,不影响仲裁协议的效力。"《中国国际经济贸易仲裁委员会仲裁规则》第5条第4款规定:"合同中的仲裁条款应视为与合同其他条款分离的、独立存在的条款,附属于合同的仲裁协议也应视为与合同其他条款分离的、独立存在的一个部分;合同的变更、解除、终止、转让、失效、无效、未生效、被撤销以及成立与否,均不影响仲裁条款或仲裁协议的效力。"由此可见,我国也承认仲裁协议的独立性。

五、仲裁协议效力的扩张

(一) 仲裁协议效力扩张的概念

众所周知,仲裁协议应当采用书面形式已为各国所公认,这就意味着书面仲裁协议通常仅仅对签字当事人双方有效,而对双方当事人以外未签字的第三人无约束力。然而,随着社会生活的多元化,仲裁制度也在持续变化的法学环境中发展改进。伴随着仲裁法学理论研究的深入与更新以及仲裁法律制度的改进,鼓励和支持仲裁协议制度已成为一股强劲而不可逆转的潮流,在这一特定背景之下,作为一种古老的争议解决机制,仲裁制度得到了迅速的发展。为符合支持仲裁、鼓励仲裁的目的,人们开始重新思考传统仲裁中的某些理论和制度,为了使其适应时代的需要,而赋予其新的概念和内涵。[1]特别是20世

---

[1] M. J. Mustill and S. C. Boyd, *The Law and Practice of Commercial Arbitration in England*, Butterworths, London, 2nd ed., 1989, p. 42.

纪70年代以来，仲裁理论不再恪守传统的理论，这种转变体现为可仲裁事项范围的扩大、仲裁程序更加灵活，而在仲裁协议的法律效力问题上，最突出的一个表现便是仲裁协议效力的主体范围，即在特定情形下仲裁协议的效力范围出现了扩张的现象与趋势，即不少国家的"司法和仲裁实践、仲裁理论逐步承认仲裁协议对未签字的当事人具有法律约束力"，仲裁协议的"胳膊"正在"伸长"。[1]毕竟仲裁协议效力向未签字第三人的扩张是对传统仲裁理论的重大突破，因此，如何界定仲裁协议效力的扩张以及究竟应扩张于仲裁协议双方当事人之外的哪些人就成为不容回避的重要问题。

所谓仲裁协议效力的扩张，是指仲裁协议有效成立后，基于未签字第三方与仲裁协议所依附的实体权利义务关系之一方当事人之间的特定关系，赋予仲裁协议在某种特定情形之下对未签字第三方有效的制度。[2]

（二）仲裁协议效力扩张的适用

关于仲裁协议效力扩张的适用，我国《仲裁法》并未作出任何规定，但是，《仲裁法解释》为适应仲裁实践的发展需要，对仲裁协议的扩张作出了一定的规定。《仲裁法解释》第8条规定，当事人订立仲裁协议后合并、分立的，仲裁协议对其权利义务的继受人有效。当事人订立仲裁协议后死亡的，仲裁协议对承继其仲裁事项中的权利义务的继承人有效。上述规定情形，当事人订立仲裁协议时另有约定的除外。该解释第9条还规定，债权债务全部或者部分转让的，仲裁协议对受让人有效，但当事人另有约定、在受让债权债务时受让人明确反对或者不知有单独仲裁协议的除外。由此可见，根据我国现行司法解释的规定，仲裁协议的效力在下列情形下可以向未签字第三方扩张：

1. 当事人的法定继受人。具体包括两种情形：

（1）法人合并或者分立后的新法人。法人的合并，无论是新设式合并还是吸收式合并，法人合并的特点，即不必经过清算程序就能使原来法人的财产概括地转移给存续或新设的法人，同时，原法人的全部实体权利义务也概括地由存续或新设的法人所承受。对此，我国

---

[1] 赵健："长臂的仲裁协议：论仲裁协议对未签字人的效力"，载《仲裁与法律》2000年第2期。
[2] 参见杨秀清：《协议仲裁制度研究》，法律出版社2006年版，第184~187页。

《合同法》第90条规定，当事人订立合同后合并的，由合并后的法人或者其他组织行使合同权利，履行合同义务。法人分立，无论是新设式分立还是存续式分立，因分立而消灭的法人的权利义务由分立后的法人承受。因此，法人合并或者分立后，由新法人承受原法人仲裁协议当事人的地位。

（2）自然人死亡后的合法继承人。当仲裁协议之一方或者双方当事人为自然人，并且发生自然人死亡时，根据继承法的有关规定，各继承人概括承受继承人的一切非专属性权利和义务。在这种情况下，该合法继承人也应当承受仲裁协议当事人的地位。

当然，在上述两种情形之下，如果当事人订立仲裁协议时另有约定的除外。

2. 债权债务转让后的受让人。债权债务转让实质上是在不改变债权债务内容的前提下，一方当事人将其债权债务全部或者部分转让给第三人受让的法律行为。此时，如果原债权人与债务人之间存在仲裁协议，该仲裁协议理应随债权债务的转让而对受让人有效。当然，当事人另有约定、在受让债权债务时受让人明确反对或者不知有单独仲裁协议的除外。

目前我国司法解释仅对上述情形下仲裁协议效力向未签字第三方的扩张作出了相应的规定，但事实上，在仲裁实践中，仲裁协议效力需要向未签字第三方扩张的情形还有一些。如破产管理人、保险代位人代理关系中的本人、受控子公司的母公司等，因此，我国现行司法解释关于仲裁协议效力扩张的规定无法适应仲裁实践的需要。

第四节 仲裁协议的无效

一、仲裁协议无效的情形

仲裁协议的无效，是指仲裁协议因不具备法定有效要件而自始未产生法律效力的状态。

我国《仲裁法》第17条规定："有下列情形之一的，仲裁协议无效：①约定的仲裁事项超出法律规定的仲裁范围的；②无民事行为能力人或者限制民事行为能力人订立的仲裁协议；③一方采取胁迫手段，迫使对方订立仲裁协议的。"另外，我国《仲裁法》第18条规定："仲裁协议对仲裁事项或者仲裁委员会没有约定或者约定不明确的，当事人可以补充协议；达不成补充协议的，仲裁协议无效。"根据这两条规定，结合民事诉讼法等相关法律、法规的规定，可归纳出仲裁协议有如下无效的情形：

（一）因主体要件不合格而无效

主体要件是指签订仲裁协议的当事人要有缔结仲裁协议的资格和能力。具体分为两点：

1. 缔结仲裁协议的当事人必须具有完全民事行为能力。民事行为能力即当事人亲自参加民事活动，从而取得民事权利，承担民事义务的能力。依照我国《民法总则》及其相关规定，自然人根据其年龄和精神健康状况划分为完全民事行为能力人、限制民事行为能力人和无民事行为能力人；而对于法人组织自其产生时起有民事行为能力。仲裁协议的订立主体只能是有完全民事行为能力的自然人和法人组织。无民事行为能力人和限制民事行为能力人不能缔结仲裁协议。否则，仲裁协议无效。但是，限制民事行为能力人和无民事行为能力人可以通过其有完全民事行为能力的法定代理人订立有效的仲裁协议。

另外，非法人的其他组织虽然在民法理论上不具备民事行为能力，但民事诉讼法及其相关规定却承认其诉讼主体资格，我国《仲裁法》第2条也明确地规定其他组织之间发生的合同纠纷和其他财产权益纠纷可以仲裁。因此，其他组织应视为有缔结仲裁协议的能力。

2. 仲裁协议的双方当事人必须与协议仲裁的纠纷有直接利害关系，即必须是其自身的或与其直接有关的财产权益遭受侵害或因该权益归属与他人发生争执，这种与协议仲裁的争议的利害关系实际表现为与协议仲裁事项的利害关系，如果仲裁协议的订立者与协议仲裁的事项无直接法律关系，则仲裁协议无效。

（二）因意思表示要件不合格而无效

意思表示要件是指订立仲裁协议的意思表示必须是真实的。具体说来，仲裁协议的内容必须是双方当事人在平等、自愿的基础上达成的真实意思表示。

意思表示是把旨在发生一定效果的意思表达出来的行为。它是民商法中的一个重要名词。一切民商事权利、义务可以说均源于意思表示，是当事人把意思表达出来之后取得的，但这种表达出来的意思必须是当事人真正、真实的意思。当事人的仲裁意思表示是否真实，判定标准有两项：

> 只有具有完全民事行为能力的人才能理智地判断自己的行为，才应当对自己的行为负责，因此，其行为才能按其内心意思发生法律效力

1. 须有签订仲裁协议的效果意思。效果意思是想使自己行为发生一定效果的意思。在这里，是想把争议提交仲裁解决的意思。如果仲裁协议是在其中一方当事人受胁迫的情形下签订的，则合同欠缺效果意思而无效。

2. 须有签订仲裁协议的行为意思。行为意思即实施表达行为的意思。这里是指自觉自愿地签订仲裁协议。如上文所述，仲裁协议是在被胁迫的前提下签订的，不但欠缺效果意思，也欠缺行为意思。这样的仲裁协议也是无效的。

_{订立仲裁协议的意思表示须以效果意思和行为意思判断其是否真实}

这里需要注意，前文所述仲裁协议生效的主体要件实质上也是为保障意思表示真实，但为更便于理解故而分立出来。

(三) 因内容要件不合格而无效

内容要件，即仲裁协议的法定内容须健全且不得违反法律和社会公共利益。从字面来看，其有三层含义：

1. 仲裁协议的法定内容必须健全。根据我国《仲裁法》第18条的规定，仲裁协议对仲裁事项或者仲裁委员会没有约定或约定不明确，双方当事人又达不成补充协议的，将导致仲裁协议无效。因为，该种情况的出现，将严重影响仲裁协议的可仲裁性和可执行性，即仲裁协议内容能够被实现的现实性。这时，整个仲裁协议的成立都成为问题，更谈不上生效了。由此可见，仲裁协议的法定内容是仲裁协议存在的基础，也是确定其效力的依据。

仲裁协议经当事人的真实意思表示达成后，还需真正能够实现，且无害于他人和社会。因此，须在内容上达到三项要求：①法定内容健全；②不违法；③不损害社会公共利益。

2. 仲裁协议不违反法律。协议必须在符合法律规定的前提下，才能产生法律效力。这里所说的法律，限于强制性法律规范，即对权利义务的规定十分明确，不允许当事人以任何方式变更、调整的法律规范。而对于与之相对应的任意性法律规范，作用仅在于补充当事人意思欠缺与瑕疵，当事人得以协议更替之。因此，"违反"任意性规范，除非超越了其应有的法定范围，否则不能算是违法。仲裁协议如果违反强制性的法律规范，则属无效。

_{仲裁协议不得违反强制性法律规定}

仲裁协议违反强行法的最常见现象是违反《仲裁法》第2条和第3条的规定，即仲裁协议约定的仲裁事项超过法律规定的范围。因为仲裁制度是在意思自治的基础上产生的，所以，仲裁事项范围应严格控制在当事人可自由处分的民事权益的范围内，即《仲裁法》第2条规

定的合同权益及其他财产权益,而《仲裁法》第 3 条列举的有关身份关系的权益和与行政处理结果有关的权益则不属于可自由处分的权益。如果把这些权益引发的纠纷约定仲裁,将会招致当事人的异议而被禁止,丧失可仲裁性和可执行性,因而,仲裁协议无效。

3. 仲裁协议不得损害公共利益。当事人在订立仲裁协议时,不能为一己之私而损害公共利益,这是理所当然的。此外,在签订涉外仲裁协议时,还要注意不得损害国家主权原则,这也可以说是公共利益的重要部分,否则会导致仲裁协议无效。

(四) 因不符合仲裁协议的形式要件而无效

在我国,仲裁协议必须具备书面形式

我国《仲裁法》第 16 条第 1 款规定:"仲裁协议包括合同中订立的仲裁条款和以其他书面方式在纠纷发生前或者纠纷发生后达成的请求仲裁的协议。"可见,在我国,只承认书面的仲裁协议,如果仲裁协议是以口头等非书面形式达成的,则不能生效。

综上所述,当事人之间的仲裁协议要产生完全的预期法律效力,就必须同时具备主体要件、意思表示要件、内容要件和形式要件。如果其中有一个或多个要件存在瑕疵,都有可能导致如下具体后果:

因要件瑕疵的情形不同,可能导致仲裁协议自始无效,经撤销无效或未经补正而无效等多种结果

1. 仲裁协议自始无效。仲裁协议自始无效的情形,即《仲裁法》第 17 条规定的三种情形:①约定的仲裁事项超出法律规定的仲裁范围的;②无民事行为能力人或限制民事行为能力人订立的仲裁协议;③一方采取胁迫手段,迫使对方订立的仲裁协议的。这些情形或违反了强行法的规定,或从根本上违背意思自治的原则,故自始就不发生预期的法律效力。当事人也无从补救,只能重新订立仲裁协议,重新申请仲裁。

要注意哪些类型的仲裁协议可以补救

2. 不明确的仲裁协议因当事人未能补救而无效。根据《仲裁法》第 18 条规定,需补救的仲裁协议有两种情形:①仲裁协议对仲裁事项没有约定或者约定不明确。即未明确仲裁对象,这属于当事人双方仲裁意思欠缺,缺少可执行性,故需补救。②仲裁协议对仲裁委员会没有约定或约定不明确。具体说来包括多种情况,例如,约定的仲裁委员会地点不明、约定的仲裁委员会模棱两可、约定的仲裁机构不存在等。其表现形态在本章第二节中有详细说明,此处不赘述。总之,这种仲裁协议因不能实际实行也需补救。前述两种情形的仲裁协议,如果当事人不能达成补充协议以补救之,将成为一纸空文而无效。

二、仲裁协议效力的认定

一个仲裁协议要产生当事人预期的效力,要符合多个法定要件。在现实中，仲裁协议从形式到内容更是复杂多样。一旦纠纷发生，双方当事人难免对仲裁协议产生异议，即对仲裁协议是否存在、是否有效产生不同的看法，就会围绕对仲裁协议效力的认定产生一系列的问题。

我国《仲裁法》第 20 条规定："当事人对仲裁协议的效力有异议的，可以请求仲裁委员会作出决定或者请求人民法院作出裁定。一方请求仲裁委员会作出决定，另一方请求人民法院作出裁定的，由人民法院裁定。当事人对仲裁协议的效力有异议，应当在仲裁庭首次开庭前提出。"现根据该条，结合相关法律规定，对仲裁协议效力认定的制度整体作详细分析。

（一）仲裁协议异议的情形

对仲裁协议的异议，在实践中主要存在两种情形：

1. 对仲裁协议是否存在的异议。如仲裁协议不存在，那么，当然就无效力可言。所以，在仲裁协议存在于往来函电中的时候，双方当事人往往就仲裁协议是否存在各执一词，一方认为仲裁协议已达成，而另一方则认为没有达成。

仲裁协议效力的认定有两个主体：一为人民法院；二为仲裁机构。人民法院和仲裁机构都有对仲裁协议效力的确认权，二者冲突时，由人民法院进行确认。

2. 对仲裁协议是否有效的异议。即双方对仲裁协议的客观存在都予以承认，但一方认为仲裁协议不符合有效要件，是无效的，相反，另一方认为仲裁协议合法有效。这种异议，多是围绕意思表示是否真实这一要件，是一种对抗性的异议。

仲裁协议是一种合同，以其是否有效为焦点的争议实质是一种合同争议。对这种争议的处理，有的国家通过异议程序解决，有的国家则要求当事人按合同纠纷向法院起诉，由法院判决。根据《仲裁法》第 20 条的规定，我国是将其作为程序问题通过异议程序解决。

（二）仲裁协议效力异议提出的条件

根据《仲裁法》第 20 条规定，当事人对仲裁协议的效力提出异议，应符合三个条件：

1. 由当事人自己提出异议。仲裁协议事关当事人对诉权的处理，其效力牵涉当事人的重大利益，故异议必须由当事人自己提出。当事人一方对仲裁协议有异议的，由一方提出；双方对仲裁协议均有异议的，双方均可以提出异议。当事人亦可以依法由其代理人提出异议。

> 仲裁协议效力的异议必须由当事人自己提出，他人无权提出

除此之外，非当事人、仲裁机构等都不能对仲裁协议提出异议。

2. 须向仲裁委员会或人民法院提出。这是因为：①仲裁协议是合同的一种，它的效力只能由享有合同确认权的机构来确认。依我国相关法律，只有人民法院和仲裁机构有合同效力的确认权。②仲裁协议有效与否，关系到仲裁机构的管辖权问题，也事关其裁决能否得到承认和执行，所以，仲裁机构对仲裁协议应有确认权。③人民法院作为国家司法机关，应负有对仲裁进行监督的职责，这当然包括对仲裁的前提——仲裁协议的监督，所以，其拥有对仲裁协议的确认权。但为了保证仲裁这一解决纠纷方式的独立性，人民法院行使确认权只能是被动的，即只能依当事人的异议而审查仲裁协议的效力。

> 仲裁协议效力的异议应向受理当事人仲裁申请的仲裁委员会提出，或向依法有管辖权的人民法院提出

根据仲裁法规定，当事人对仲裁协议的效力有异议只能向仲裁机构或人民法院提出，但具体应向哪一个仲裁机构或人民法院提出呢？这里所指的仲裁委员会，应当指当事人在仲裁协议中约定的仲裁委员会，即受理当事人仲裁申请的仲裁委员会；而这里所指的人民法院则应为最高人民法院司法解释规定的有权认定仲裁协议效力的人民法院。

> 当仲裁机构和人民法院对仲裁协议效力的确认权出现冲突时，应由司法机关享有管辖权

在现实中，如果双方当事人都对仲裁协议的效力持有异议，则往往出现一方当事人请求仲裁委员会作出决定，而另一方当事人请求人民法院作出裁定的情况。对此，我国《仲裁法》第20条规定应由人民法院裁定。因为人民法院作为国家司法机关，理应比仲裁机构这一民间机构有更高的权威性。由人民法院裁定，也能够避免人民法院在撤销仲裁裁决和执行仲裁裁决的程序中对仲裁协议的效力作出与仲裁机关决定截然相反的裁定。

3. 应在仲裁庭首次开庭前提出。依照仲裁法和民事诉讼法的相关规定，如果仲裁协议无效，将导致仲裁裁决被人民法院裁定撤销或不予执行。因此，在当事人对仲裁协议的效力存在异议的情况下，如不解决这一问题就进行仲裁，很可能是劳而无功的，其结果只能是白白浪费仲裁机构和当事人的时间、精力。可见，仲裁协议的效力关系到仲裁程序能否进行的问题，对仲裁协议效力的异议必须在仲裁庭首次开庭前提出，以便其首先得以解决。在实践中，当事人提出仲裁异议的时间多为仲裁程序开始后，仲裁庭首次开庭前。

> 仲裁协议效力异议提出时间为首次开庭前

从上述关于仲裁协议效力认定条件，可以得知，我国仲裁法仅仅赋予法院和仲裁机构有权决定仲裁协议的效力，而未赋予仲裁庭相应的权利。由于仲裁协议有效与否直接关系到仲裁庭对该争议案件的仲裁权，仲裁协议有效，仲裁庭即对争议案件享有仲裁权；反之，仲裁庭则无仲裁权。随着国际经济的迅速发展，为保证争议尽快地通过当

事人所选择的仲裁方式得以解决,与"自裁管辖"学说的出现相适应,仲裁协议效力的认定机构也发生了相应的变化。"自裁管辖"学说认为仲裁庭或者仲裁员总是自己的管辖权的裁量者,有权就自己的管辖权作出决定。仲裁员或仲裁庭不能因他的管辖权受到异议就停止仲裁程序的进行,而应继续仲裁程序并决定他有无管辖权。[1] 这也就是说,当事人对仲裁协议效力产生异议时,有权将该争议提交仲裁庭或者仲裁员予以认定。对此,《国际商事仲裁示范法》第16条第1款规定:"仲裁庭可以对它自己的管辖权包括对仲裁协议的存在或效力的任何异议,作出裁定。为此目的,构成合同的一部分的仲裁条款应视为独立于其他合同条款以外的一项协议。仲裁庭作出关于合同无效的决定,不应在法律上导致仲裁条款的无效。"相关国家的国内立法也确立了仲裁庭或者仲裁员有权认定仲裁协议的效力,如英国《1996年仲裁法》规定,除当事人另有约定外,仲裁庭可以裁定其实体管辖权,包括是否存在有效的仲裁协议。1998年德国《民事诉讼法典》也规定,仲裁庭可以决定自己的管辖权并同时对仲裁协议的存在或效力作出决定。此外,有些仲裁机构的仲裁规则也赋予仲裁庭对仲裁协议效力的认定权,如1998年英国《伦敦国际仲裁院仲裁规则》规定,仲裁庭有权决定其管辖权,包括对仲裁协议是否自始存在、有效性或效力的异议作出决定。《国际商会仲裁规则》也规定:"如无另外规定,仲裁员不因有人主张合同无效或不存在而丧失管辖权,如果仲裁员认定仲裁协议是有效的,即使合同本身可能不存在或无效,仲裁员仍应继续行使其管辖权以确定当事人各自的权利,并对他们的请求和抗辩作出决定。"我国《中国国际经济贸易仲裁委员会仲裁规则》第6条关于"对仲裁协议及/或管辖权的异议"中规定:仲裁委员会有权对仲裁协议的存在、效力以及仲裁案件的管辖权作出决定。如有必要,仲裁委员会也可以授权仲裁庭作出管辖权决定。仲裁庭依据仲裁委员会的授权作出管辖权决定时,可以在仲裁程序进行中单独作出,也可以在裁决书中一并作出。

(三) 对仲裁协议效力的认定和法律后果

1. 对仲裁协议效力的认定。根据我国《仲裁法》第20条以及《仲裁法解释》的规定,仲裁协议效力的确认需要注意以下四点:

(1) 当事人向人民法院申请确认仲裁协议效力的案件,根据《最

---

[1] 赵威主编:《国际商事仲裁法理论与实务》,中国政法大学出版社1995年版,第132页。

高人民法院关于审理仲裁司法审查案件若干问题的规定》第 2 条的规定，申请确认仲裁协议效力的案件，由仲裁协议约定的仲裁机构所在地、仲裁协议签订地、申请人住所地、被申请人住所地的中级人民法院或者专门人民法院管辖。涉及海事海商纠纷仲裁协议效力的案件，由仲裁协议约定的仲裁机构所在地、仲裁协议签订地、申请人住所地、被申请人住所地的海事法院管辖；上述地点没有海事法院的，由就近的海事法院管辖。

（2）根据最高人民法院《仲裁法解释》的规定，依照《仲裁法》第 20 条第 2 款的规定，当事人在仲裁庭首次开庭前没有对仲裁协议的效力提出异议，而后向人民法院申请确认仲裁协议无效的，人民法院不予受理。仲裁机构对仲裁协议的效力作出决定后，当事人向人民法院申请确认仲裁协议效力或者申请撤销仲裁机构的决定的，人民法院不予受理。

（3）人民法院审理仲裁协议效力确认案件，应当组成合议庭进行审查，并询问当事人。

（4）确认涉外仲裁协议效力的法律适用。根据《涉外民事法律关系适用法》第 18 条的规定，当事人可以协议选择仲裁协议适用的法律。当事人没有选择的，适用仲裁机构所在地法律或者仲裁地法律。《最高人民法院关于审理仲裁司法审查案件若干问题规定》第 13、14、15 条对此作出如下进一步的规定：①当事人协议选择确认涉外仲裁协议效力适用的法律，应当作出明确的意思表示，仅约定合同适用的法律，不能作为确认合同中仲裁条款效力适用的法律。②人民法院根据《涉外民事关系法律适用法》第 18 条的规定，确定确认涉外仲裁协议效力适用的法律时，当事人没有选择适用的法律，适用仲裁机构所在地的法律与适用仲裁地的法律将对仲裁协议的效力作出不同认定的，人民法院应当适用确认仲裁协议有效的法律。③仲裁协议未约定仲裁机构和仲裁地，但根据仲裁协议约定适用的仲裁规则可以确定仲裁机构或者仲裁地的，应当认定其为《涉外民事关系法律适用法》第 18 条中规定的仲裁机构或者仲裁地。

2. 对仲裁协议效力认定的法律后果。对仲裁协议效力的不同认定无非导致两种结果：①对确认有效的仲裁协议，仲裁庭应受理当事人依据有效仲裁协议提出的仲裁申请，并予以审理、裁决，人民法院对该案无管辖权；②对确认无效的仲裁协议，除非另达成仲裁协议，否则当事人只能就其争议向人民法院起诉。

仲裁委员会或人民法院一旦对仲裁协议效力作出认定，任何一方当事人都不能对仲裁协议的效力再次提出异议，仲裁委员会或人民法院对此不再受理。

> 对确认有效的仲裁协议，仲裁机构应受理当事人的仲裁申请；对确认无效的仲裁协议，仲裁机构不受理协议仲裁的争议，法院管辖权因而恢复

□ 小　　结

本章主要阐述仲裁协议制度，包括：仲裁协议的概念与特征，仲裁协议的分类，仲裁协议的法定内容，仲裁协议的约定内容，拟定仲裁协议应注意的问题，仲裁协议对当事人的效力，仲裁协议对仲裁机构的效力，仲裁协议对人民法院的效力，仲裁协议的独立性，仲裁协议效力的扩张，仲裁协议无效的情形，仲裁协议效力的认定等。其主要内容是：

一、仲裁协议概述

（一）仲裁协议的概念与特征

仲裁协议，是指当事人双方自愿达成的将已经发生的或将来可能发生的纠纷提交仲裁机构进行裁决的共同意思表示。

特征：仲裁协议的主体特定；仲裁该协议系双方当事人的共同意思表示；仲裁协议的客体和内容具有同一性；仲裁协议约定的争议事项应当具有可仲裁性；仲裁协议的间接性；仲裁协议的效力范围具有广泛性；仲裁协议是要式契约。

（二）仲裁协议的法律性质

诉讼法上的契约说；实体法上的契约说；混合契约说；独立类型契约说。

（三）仲裁协议的分类

1. 事先仲裁协议与事后仲裁协议；
2. 明示仲裁协议与默示仲裁协议。

（四）仲裁协议的形式

仲裁条款；独立的仲裁协议书；其他书面形式。

二、仲裁协议的内容

（一）仲裁协议的法定内容

1. 请求仲裁的意思表示；
2. 仲裁事项；
3. 选定的仲裁委员会。

（二）仲裁协议的约定内容

1. 仲裁规则；
2. 仲裁地点；
3. 涉外仲裁中适用的实体法律。

（三）拟定仲裁协议应注意的问题

1. 在表述请求仲裁的意思表示时，要表达明确；
2. 仲裁事项应有可仲裁性，即属于仲裁的适用范围；
3. 仲裁协议中对仲裁委员会的选择要客观、明确；

三、仲裁协议的效力

（一）对当事人的效力

1. 当事人就协议事项的诉权受到限制；
2. 当事人可提请仲裁的范围受到限制；
3. 对当事人课以附随义务。

（二）对仲裁机构的效力

1. 授权效力；
2. 仲裁协议是仲裁庭正确行使仲裁权的依据。

（三）对人民法院的效力

1. 排除人民法院对有仲裁协议的争议案件的管辖权；
2. 对仲裁机构基于有效的仲裁协议所作的有效裁决，法院负有执行职责。

（四）仲裁协议的独立性

1. 性质上的独立性；
2. 效力上的独立性。

（五）仲裁协议效力的扩张

1. 仲裁协议效力扩张的概念；
2. 仲裁协议效力扩张的适用。

四、仲裁协议的无效

(一) 仲裁协议无效的情形

1. 因主体要件不合格而无效；
2. 因意思表示要件不合格而无效；
3. 因内容要件不合格而无效；
4. 因不符合仲裁协议的形式要件而无效。

(二) 仲裁协议效力的认定

1. 仲裁协议异议的情形：
(1) 对仲裁协议是否存在的异议；
(2) 对仲裁协议是否有效的异议。
2. 仲裁协议效力异议提出的条件：
(1) 由当事人提出异议；
(2) 须向仲裁委员会或人民法院提出；
(3) 应在仲裁庭首次开庭前提出。
3. 对仲裁协议效力的认定——根据《仲裁法》及有关司法解释，应注意四点（见文中详述）。
4. 对仲裁协议效力认定的法律后果：
(1) 对确认有效的仲裁协议由仲裁庭受理；
(2) 对确认无效的仲裁协议，仲裁庭不受理，但可以就争议起诉。

□练习与思考

一、名词解释

1. 仲裁协议
2. 明示仲裁协议
3. 默示仲裁协议
4. 仲裁协议的独立性
5. 仲裁事项

二、简答题

1. 简述仲裁协议的概念和特征。

2. 简述仲裁协议的法定内容。

三、思考题

1. 论仲裁协议的效力。(提示：严格按照书中对当事人的效力，对仲裁机构的效力和对法院的效力这一框架，对内容进行提炼。要注意强调仲裁协议的独立性。)

2. 论仲裁协议的独立性。

3. 论仲裁协议效力的扩张。

4. 论仲裁协议的无效情形。

第六章

证　　据

■**学习目的和要求**

通过本章学习，要求学生
- 重点掌握：证据的种类和举证责任。
- 掌握：证据的概念和特征，证明对象。
- 一般了解：证据的分类。

第一节　证据概述

一、证据的概念与特征

仲裁中的证据，是指能够证明仲裁案件真实情况的一切事实。比如，能够证明发生争议的民事法律关系是否存在的事实，能够证明申请人的民事权益受到侵犯或者发生争议的事实等，都是仲裁中的证据。

证据事实不同于案件事实。案件事实指案件的基本事实，属证明对象。而证据事实则指证明案件事实是否存在的基础事实。比如，在因买卖合同发生争议的仲裁案件中，双方当事人之间是否存在发生争议的买卖关系，以及谁是买方，谁是卖方，买方和卖方的权利义务各

> 证据是证明案件真实情况的基础事实

> 案件事实属证明对象

是什么等,属于案件事实。证明上述案件事实是否存在,内容如何的事实材料,则属于证据事实。

我国《仲裁法》第7条规定:"仲裁应当根据事实,符合法律规定,公平合理地解决纠纷。"这里所说的事实,既包括案件事实,也包括证据事实。事实是处理一切民事案件的基础,事实没有查清,就谈不上公平合理地解决纠纷。由此可见,在仲裁中,查清事实是关键所在,十分重要。但是,民事争议发生在提交仲裁之前,仲裁员不可能事先就了解它、认识它。在仲裁程序中,仲裁员了解案件事实、认识案件事实的途径只有一个,即通过证据。

> 证据是仲裁员认识案件事实的唯一途径

仲裁中的证据具有以下三个基本特征:

(一) 客观性

作为仲裁中的证据,必须是客观存在的事实。任何假设、推测、臆想的东西,都不能作为证据。

> 证据必须是客观存在的事实

马克思主义告诉我们,世界上一切客观存在的事物都不是孤立存在的。提交仲裁的民事争议也是一种客观存在的事物,它不是孤立存在的。诸如双方当事人之间是否存在发生争议的民事法律关系,申请人是否享有他所主张的民事权益,被申请人是否侵犯了申请人的民事权益或者与申请人发生了民事争议等案件事实,有的可能被周围群众耳闻目睹,留在人们的记忆里;有的可能反映在一定的物品上;有的还可能被当事人记录在某些文件上。当民事争议提交仲裁后,这些东西就都成了帮助仲裁员认识案件事实的证据。鉴于这些证据是随着民事争议的发生而留下的,是不以人们的意志为转移的,它的客观性也是肯定无疑的。而假设、推测、臆想的东西都是主观的,主观的东西是无法证明客观存在的案件事实的。从这个意义上说,仲裁员处理仲裁案件,应当树立唯物主义观点,以客观存在的事实材料作为认定案件事实的证据。

(二) 关联性

作为仲裁中的证据,必须是与案件有联系的事实,这就是证据的关联性。

> 证据必须与案件有联系

证据必须是客观存在的事实,并不意味着一切客观存在的事实都可以作为证据。在现实生活中,客观存在的事实很多,能够作为证据使用的,只能是那些与案件事实有联系的,能够证明案件真实情况的事实。比如,有的事实能够证明当事人之间存在一些民事法律关系,有的事实能够证明被告侵犯了原告的合法权益，有的事实能够证明当事人不是案件的直接利害关系人等，鉴于它们与案件事实有一定的联系，能够证明案件全部或部分真实情况，可以作为仲裁中的证据。有些事实虽然也是客观存在的，但由于它与案件事实之间没有任何联系，不能证明案件的真实情况，解决不了案件的任何问题，因此不能作为证据使用。

证据的关联性，一般表现为两种情况：①作为证据的事实与案件事实部分或全部相重合；②作为证据的事实仅与案件事实有间接联系，比如，仅仅反映出案件事实发生的时间或空间等。不论哪一种联系，都必须是客观存在的，而不能人为地把它们扯在一起。

认识证据的关联性，能够使仲裁员在众多证据材料中挑选出与案件事实有关的材料，排除那些与案件事实无关的东西。

（三）合法性

证据的合法性，是指作为仲裁中的证据必须是经合法手段取得、符合法律规定的形式并依法进入仲裁程序的。也就是说，证据的合法性有三层含义：

1. 收集证据的手段应当是合法的。由于仲裁法对证据内容规定的很少，对于仲裁法没有作出规定的，适用民事诉讼证据的相关规定。根据民事诉讼解释的规定，以严重侵害他人合法权益、违反法律禁止性规定或者严重违背公序良俗的方法形成或者获得的证据，不能作为认定案件事实的依据。法律规定证据的收集方法合法是为了防止他人的合法权益因证据的违法收集而受到侵害。例如，运用视听资料来证明案件事实时，通常会涉及偷录、偷拍，这就要求视听资料的取得不得严重侵犯他人的隐私权等合法权利。立法规定加入了"严重"这一程度用语，包含着对运用该证据证明待证事实所保护的当事人民事权益与收集该证据所侵犯的他人合法权益之间的利益衡量。

2. 证据必须具备法定形式。首先，从程序法上来说，我国仲裁证据有八种，即书证、物证、视听资料、电子数据、证人证言、当事人的陈述、鉴定意见和勘验笔录。这是证据的法定形式，作为仲裁中的证据，必须符合这些法定形式。凡是这八种法定证据形式以外的东西，都不能作为证据使用。其次，从实体法上来说，我国民事实体法对某些法律行为的成立规定了特定形式。比如，《合同法》第 238 条规定："融资租赁合同应当采用书面形式。"《担保法》第 13 条规定："保证人与债权人应当以书面形式订立保证合同。"第 38 条规定："抵押人和抵押权人应当以书面形式订立抵押合同。"第 64 条规定："出质人和质权

> 证据必须是经合法手段取得、符合法律规定的形式并依法进入仲裁程序
>
> 仲裁中的许多证据都是书面证据

人应当以书面形式订立质押合同。质押合同自质物移交于质权人占有时生效。"在仲裁中证明这些法律行为成立，必须以书面材料作为证据；虽有其他证据，但没有书面证据的，不能认定上述法律行为成立。

3. 证据必须由当事人提交给仲裁庭，或者由仲裁员依法定程序自行收集，并经过当事人质证和仲裁庭认证，才能作为认定案件事实的根据。证据没有提交给仲裁庭，仲裁员也没有自行收集的，仅为一般意义上的证据，而非仲裁证据。证据已提交仲裁庭，或者由仲裁员依法定程序自行收集，但未经当事人质证和仲裁庭认证的，从严格意义上说，仅为证据材料，而非证据。

证据的三个特征是紧密相连、缺一不可的。其中，客观性是证据的自然属性，也是证据的本质属性。证据的客观性是关联性与合法性的基础，证据的关联性是在客观性的基础上对证据特征的进一步解释，关联性反映的是证据与案件事实之间的联系，而这种联系本身也是客观存在的，它的作用在于缩小收集、调查、审查证据的范围，提高诉讼证明的效率。证据的合法性是在关联性的基础上对证据提出的法律要求，体现了证据的法律属性，合法性是客观性的保障，是用来保证客观性的。

二、证据的理论分类

证据的分类，是根据每一个证据的不同来源和作用，在理论上对它们进行分别归类。

> 证据分类是证据在理论上的归类

证据的分类方法取决于分类标准，标准不同，分类方法也不一样。综观国内外证据法学的理论研究，比较常见的证据分类方法有以下三种：

（一）本证和反证

根据证据与举证责任之间的关系，可以把证据分为本证和反证两大类。

> 本证是证明当事人主张事实的证据

所谓本证，是指对待证事实负有举证责任一方当事人提出的支持自己主张的证据。比如，申请人请求被申请人返还借款，并向仲裁庭出具了被申请人书写的借条。该借条是证明申请人主张的需要作为证明对象的待证事实的证据，即为本证。由于本证是对待证事实有举证责任一方为完成其举证责任而提出的证据，因此，本证证明的事实应当是证明对象。

所谓反证，是指对待证事实不负有举证责任的一方当事人为推翻对方当事人主张的事实而提出的证据。本证通常先于反证而提出，反证的提出目的在于削弱或者动摇本证的证明力。比如，在上述借款案例中，被申请人提供证人证言证明其实际上未向申请人借款，该证人证言即属于被申请人为推翻申请人所主张的借款事实而提出的反证。可见，反证的作用在于否定对方当事人提出的主张，因此，反证证明的事实不是证明对象。

> 反证是推翻对方当事人主张事实的证据

划分本证与反证的意义在于：其一，有助于明确提供证据的顺序。当事人对其提出的需要作为证明对象的主张所依据的事实应先提出本证，而对方当事人对该主张所依据的事实，是否需要提出反证予以反驳则取决于有证明责任的当事人对其所主张的事实予以证明的情况。其二，有助于仲裁庭作出裁判。对待证事实负有证明责任的一方当事人必须提供足以证明该事实成立的本证，也就是说，对待证事实负有证明责任的一方当事人只有运用证据将待证事实证明到符合证明标准的要求时，才能使仲裁员形成该事实存在的内心确信，否则，仲裁庭即可以认定本证所证明的待证事实真伪不明，从而作出不利于该当事人的裁决；而对待证事实不负证明责任的当事人提出反证的目的，在于动摇仲裁员形成对本证所证明事实成立的内心确信，而且，反证只要达到使仲裁员无法判断该事实是否成立即可，而无须达到使仲裁员形成本证所证明的事实不成立的内心确信。由此可见，对本证证明力的要求要比对反证证明力的要求高。

（二）原始证据和派生证据

根据证据是否直接来源于案件事实，可以把证据分为原始证据和派生证据两大类。

所谓原始证据，是指直接来源于案件事实的证据，也就是人们常说的"第一手材料"。比如，合同书原件，发货票原件等。由于原始证据直接来源于案件事实，没有经历中间环节，其可靠性优于派生证据。

> 原始证据是第一手材料

所谓派生证据，也称为传来证据，是指从原始证据衍生出来的证据，也就是人们常说的"第二手材料"。比如，合同书的复印件，发货票的复印件等。由于派生证据的形成经历了中间环节，相对原始证据而言，其可靠性要差些。一般来说，只有在无法找到原始证据的情况下，才使用派生证据。

> 派生证据是第二手材料

划分原始证据与派生证据的意义在于：其一，区分两者的证明力。原始证据与派生证据的证明力是不同的，原始证据来源于案件事实，通常比派生证据更可靠，具有更高的证明力。因此，原始证据的证明力一般大于派生证据。其二，慎重使用派生证据认定案件事实。派生证据在经过中间环节时可能导致信息失真，而且经过的中间环节越多，传来证据的可靠度越差，因此，当事人和仲裁庭在仲裁中应当优先收集、提供、使用原始证据，为此，现行立法确立了原始证据优先原则。

（三）直接证据和间接证据

根据证据与待证事实之间的关系，可以把证据分为直接证据和间接证据两大类。

所谓直接证据，是指能够单独、直接证明待证事实的证据。比如，合同书能够直接证明当事人之间存在合同关系，借条能够直接证明当事人之间存在借贷关系，该合同书和借条即为直接证据。直接证据的最大特点就是能够单个证据直接证明待证事实，使用起来简单、明确。因此，在实践中备受重视。

> 直接证据能以单个证据证明待证事实

所谓间接证据，是指不能单独、直接证明待证事实，而是要综合其他证据，根据它们之间的逻辑联系，以及与待证事实之间的关系，才能最终证明待证事实的证据。间接证据的最大特点是每一个间接证据都不能单独、直接证明案件事实，这一特点决定了使用间接证据的难度更大、更复杂，但这并不意味着间接证据的证明力差。间接证据只要运用得当，其证明力并不亚于直接证据。

> 间接证据绝不能用单个证据证明案件事实

划分直接证据与间接证据的意义在于：其一，直接证据的证明力一般大于间接证据。其二，可以用间接证据补充直接证据的证明力。单个间接证据不能直接证明待证事实，但是，在仲裁中，有时难以收集到直接证据，或者直接证据的证明力较低，未达到证明标准的要求，此时可以运用多个间接证据，形成证据链，证明待证事实，或者运用间接证据补充直接证据的证明力，从而证明待证事实。正是因为间接证据的这一非单独、直接证明待证事实的特点，运用间接证据认定案件事实时，应当遵守下列规则：①各个间接证据本身具有客观真实性，且与待证事实存在客观联系。②间接证据与间接证据之间、间接证据与待证事实之间必须相互印证，具有一致性，相互之间不存在矛盾。③一定数量的各个间接证据必须构成完整的证据链，由此能够推导出待证事实存在或者不存在的结论。④每一个间接证据都要经过查证属实。

三、证据的种类

证据的种类，是根据证据的表现形式，在立法上对它们进行分别归类。

证据的种类是立法上的概念,我国仲裁法并没有对证据的种类作出规定,但借鉴《民事诉讼法》第63条的规定,仲裁中的证据有以下八种:书证、物证、视听资料、电子数据、证人证言、当事人的陈述、鉴定意见和勘验笔录。

> 仲裁证据有八种

(一) 书证

书证是指以文字、符号或图案等表达的思想内容来证明案件事实的物品。

书证具有以下几个特征:①书证具有较强的真实性和客观性。由于书证一般不易被更改,而且即使更改也较易被发现,因此,书证的客观真实性较强。②书证往往能够直接证明案件的主要事实。书证具有明确、具体的思想内容,通常可以起到直接证明案件主要事实的作用,具有较强的证明力。③书证具有较强的稳定性,易于长期保存。书证一般以其所记载的内容或者表达的思想证明案件事实,其在形式上相对固定,一般不受时间的影响,稳定性较强。

在仲裁实践中,最常见的书证是各种各样的公私文书,如房产证、合同书、来往信函及各种票据等。其次是用文字、符号或图案等表达一定思想内容的其他物品,如商标、图纸等。

书证用文字、符号或图案表达的思想内容证明待证事实,向仲裁庭提交书证,应当提交原件。提交原件确有困难的,也可以提交复印件、照片、副本、节录本等。提交外文书证,应当附有中文译本。书证中的历史档案证明效力最强,一般来说,其证明力高于其他书证、视听资料和证人证言。

> 书证中的历史档案证明效力最强

(二) 物证

物证,是指能够以自己的存在、外部形态、质量、规格等证明案件事实的物品。比如,被撞坏的轮船、车辆,发生质量争议的机器、钢材、建筑物或其他产品等。

物证具有以下几个特征:①物证具有较强的可靠性与稳定性。物证是以其本身的某种客观存在的标志或者特征作为证据来证明待证事实,除非物证是伪造的,否则其不会受到物证提供者主观因素的影响。除非属于易腐烂变质的物品,物证一定形成后,通常在短期内,其本身的特征与属性不发生变化,因此,物证具有较强的可靠性与稳定性。②物证的证明作用具有间接性。物证本身是一个"哑巴证据",其本身的标志或者特征是如何形成的以及与待证事实之间的关系通常需要借助于提供者的说明才能为人所知,才能发挥证明待证事实的作用。

物证与书证同为物品,但有本质上的不同。①物证以自己的存在、外部形态、质量、规格等证明案件事实,书证则以其思想内容来证明案件事实。②书证可以用副本、节录本甚至抄件等代替原件,物证则只能以原物为证。如果原物是不动产或不便移动的物品,仲裁庭可以用勘验物证的办法对其进行固定,然后将反映原物的照片、录像、图纸或者笔录等附卷保存。需要说明的是,这些附卷保存的照片、录像、图纸或笔录等,只是固定和保存原物的方法,作为物证的仍是原来的物品。

物证的证明力较强,一般来说,其证明力高于书证、视听资料和证人证言。

(三) 视听资料

视听资料,是指用录音、录像等技术手段反映的声音、图像来证明待证事实的证据。实践中常见的视听资料有:录音带、录像带等。

视听资料是随着科学技术的发展而进入证据领域的。我国1982年颁布的《民事诉讼法(试行)》,开创性地把视听资料作为一种独立的诉讼证据加以规定。随后,1989年的《行政诉讼法》和1996年的《刑事诉讼法》,亦对此作了规定。

视听资料是一种介于书证与物证之间的独立的诉讼证据,它既不同于书证,也不同于物证。视听资料具有以下几个特征:①信息量大、形象逼真。视听资料将法律行为或者法律事件发生时的声音、图像以声光学方法存储起来,因而,可以在同一时间内综合使用图形、声音、色彩等因素生动地记载和再现事件发生的整个过程,具有信息量大且形象逼真的特点,对案件事实起到较好的证明作用。②视听资料便于收集、保管和使用。视听资料作证内容的特殊性,一旦制作完毕,其体积小,重量轻,便于保存和携带。③视听资料具有动态连续性和直感性。视听资料往往是在纠纷发生之前,通过录音、录像设备对当事人之间的民事法律关系成立、变更或者消灭之时的状态形成的记录,或者是在纠纷发生之后,对当事人为解决该纠纷的一些交涉所作出的记录,该资料对待证事实的反映通常具有动态连续性与直感性。④视听资料容易被修改或者伪造。视听资料的制作需要借助于录音、录像等现代高科技手段与设备,这就决定了视听资料如果没有人为因素的干扰，通常具有较强的客观真实性；但是，视听资料一旦受到人为因素的干扰，则极其容易通过技术手段篡改其内容，而且不易被发现。

(四) 电子数据

电子数据是指以电子邮件、网上聊天记录、电子签名、网络访问记录等电子形式记载的内容证明案件事实的证据。

与传统的证据形式相比较，电子数据具有以下特征：①电子数据在本质上是一种电子信息。电子数据以数字化形式存储在电子介质中，即在光盘、硬盘、软盘、磁盘等载体中储存，内容可以与载体分离，可以实现精确复制，并可以在虚拟空间里无限快速传播，其传播方式与传统证据只能在物理空间传递存在明显的差异。②电子数据的感知方式特殊。电子数据存储在电子介质之中，无法被人们直接感知，必须借助特定的电子设备，而且必须依赖特定的系统软件环境，按照操作程序将电子介质中存储的信息显示出来，让人们感知与理解，才能作为认定案件事实的证据。如果软件环境发生变化，存储在电子介质上的信息可能无法显示或者无法正确显示，均会应当到电子数据的运用。③电子数据具有较强的稳定性与安全性。电子数据的生成、存储均需要借助特定的电子设备，虽然电子数据容易被修改、复制与删除，但是，对电子数据的修改、复制与删除也能够通过技术手段分析认定和识别，因此，相对于传统证据形式，电子数据更具有稳定性与安全性。

(五) 证人证言

证人是指本案仲裁参加人之外的，因了解案件有关事实而向仲裁庭作证的人。证人就自己了解的案件事实所作的陈述，叫做证人证言。

证人不是当事人，不是代理人

证人证言具有如下特征：①证人证言具有不可替代性。证人证言的形成是以证人对案件事实的感知为基础的，而案件事实发生时的特定情景具有不可逆转的特性，因此，证人对案件事实的感知具有不可替代性。②证人证言只能是证人就其所感知的案件事实所作的陈述，而不包括对这些事实所作的评价。③证人证言的客观真实性易受影响。证人证言的形成通常要经过证人对案件事实的感知、记忆和叙述三个阶段，受制于证人与当事人之间的关系以及证人在感知案件事实时的外界环境等主、客观因素的影响，证人的感知能力、记忆能力、叙述能力都可能影响证言的可靠性。

根据我国《民事诉讼法》的规定，证人可以是公民，也可以是单位；不能正确表达意思的人，不能作证；未成年人所作的与其年龄和智力状况不相当的证言、与一方当事人或者其代理人有利害关系的证人出具的证言，或者无正当理由未出庭作证的证人证言，不能单独作为认定案件事实的依据。证人证言一般来说应在仲裁庭上进行陈述，并准许当事人向证人提出问题，但是，在特殊情形下，借鉴《民事诉讼法》第73条的规定，经仲裁庭通知，证人应当出庭作证。有下列情形之一的，经仲裁庭许可，可以通过书面证言、视听传输技术或者视听资料等方式作证：①因健康原因不能出庭的；②因路途遥远，交通不便不能出庭的；③因自然灾害等不可抗力不能出庭的；④其他有正当理由不能出庭的。

（六）当事人的陈述

当事人的陈述，是指当事人就案件事实向仲裁庭所作的叙述。

当事人不仅是案件的亲身经历者，而且是案件最终裁判结果的承受者。当事人陈述主要具有以下两个特点：①当事人陈述具有客观性。由于当事人是发生争议的民事法律关系的主体，亲身经历了案件的全部过程，最了解案件事实，他们向仲裁庭所作的陈述对查明案件事实具有重要意义。②当事人陈述具有虚假性。在双方对抗的仲裁格局中，为了自身利益，当事人往往只陈述对自己有利的事实，对自己不利的事实则尽量少说，或者不说，甚至颠倒黑白，混淆是非。根据当事人陈述的这一特点，仲裁庭应当结合本案其他证据对当事人陈述的案件事实认真审查核实。

当事人陈述里有一种情形称为自认，指当事人对于己不利案件事实的认可。自认具有免除对方当事人举证责任的效力，同时又具有拘束仲裁庭的效力，仲裁庭应当以当事人自认的事实作为裁决的依据，而无须对其真实性进行探知。

自认可以是明示的，也可以是默示的。当事人委托代理人参加仲裁活动的，代理人的承认视为当事人的承认。但未经特别授权的代理人对事实的承认直接导致承认对方仲裁请求的除外；当事人在场但对代理人的承认不作否认表示的，视为当事人承认。

（七）鉴定意见

鉴定人，是指接受仲裁机构的委托，运用自己掌握的专门知识对案件中所涉及的有关专业性问题进行分析研究并给出判断意见的人。鉴定人对案件有关问题进行分析研究后提出的判断性意见，叫做鉴定意见。鉴定意见应当采取书面形式。鉴定意见书应当由鉴定人签名或者盖章，并加盖鉴定人所在单位印章，以证明鉴定人的身份。

鉴定意见具有以下几个特征：①鉴定意见具有科学性与可靠性。鉴定意见本身是由经过法定程序聘请的具有资质的专业机构的具有专门知识的鉴定人对仲裁中的专门性问题，在对相关资料经过分析、鉴别、研究的基础上作出的专业性判断，因此，该鉴定意见本身具有很强的科学性与可靠性。②鉴定意见具有一定的不确定性。鉴定意见虽然因其法定程序的保障而具有科学性与可靠性，但是，鉴定意见毕竟是一种主观性很强的证据形式，因此，如果鉴定机构或者鉴定人员不具备相关的资质以及鉴定的程序不符合法定程序要求，则该鉴定意见还是可以被推翻的。③鉴定意见是针对诉讼中的专门性问题的鉴别与判断。仲裁中经常涉及各种科学技术领域中的专门性问题，鉴定意见只能就仲裁中涉及的某些专门性问题作出鉴别与判断，而不能就法律问题提出结论性意见，因为案件的法律适用问题是仲裁庭职权范围内的事项。

鉴定意见的证明力较强，一般来说，其证明力高于书证、视听资料和证人证言。

鉴定意见的证明力较强

（八）勘验笔录

勘验笔录，是指勘验人对物证或者现场进行勘查检验时所作的记录。

勘验笔录具有以下特征：①勘验笔录具有较强的客观性。勘验笔录是对与案件有关的物品或现场的情况的客观记载，而不是记录人员的主观判断或分析，因此，具有较强的客观性。②勘验笔录具有综合的证明力。勘验笔录不是孤立地反映现场的情况，而是综合性地反映现场各种事实之间的相互关系以及现场与周围环境之间的相互关系，是一种具有综合证明力的证据形式。

勘验从本质上说是一种收集证据的活动，是对证据的固定和保全。因此，勘验人一般由仲裁员或者仲裁机构的其他工作人员担任，而且还要严格依照法定程序进行。勘验物证或者现场，勘验人必须出示有关证件，并通知当事人或者当事人的成年家属到场；拒不到场的，不影响勘验的进行。

勘验笔录的证明力较强，一般来说，其证明力高于书证、视听资料和证人证言。

勘验笔录的证明力较强

第二节 证明对象与举证责任

一、证明对象

> 证明对象就是待证事实

证明对象，又叫做待证事实，指仲裁活动中需要运用证据加以证明的事实。这些事实通常包括以下四个方面的内容：

（一）当事人主张的实体意义上的法律事实

当事人主张的实体意义上的法律事实，是指由民事实体法规定的，能够引起当事人之间民事法律关系发生、变更、消灭或者一定实体法效果的事实。这些事实有以下几种：

> 这是每一案件都会遇到的证明对象

1. 产生民事权利或者民事法律关系所依据的事实。比如，订立合同的事实，造成损害的事实等。

2. 变更民事权利或者民事法律关系所依据的事实。比如，变更合同的事实等。

3. 妨碍民事权利或者民事法律关系产生所依据的事实。比如，当事人无民事行为能力的事实等。

4. 消灭民事权利或者民事法律关系所依据的事实。比如，履行合同义务的事实，清偿债务的事实等。

5. 排除对方当事人权利产生所依据的事实。如实体法规定的免责事由。

以上列举的各种事实，可以是申请人提出的，也可以是被申请人提出的。对于当事人未提出主张的实体法事实，仲裁庭不得进行审理与作出裁决，否则，仲裁庭超出仲裁请求作出裁决，当事人可以请求法院撤销或者不予执行超出仲裁请求的裁决内容。

（二）当事人主张的程序意义上的法律事实

> 程序事实也是证明对象

当事人主张的程序意义上的法律事实，是指对解决仲裁程序方面的问题具有法律意义的事实。比如，仲裁协议是否有效，仲裁员是否应当回避，仲裁庭的组成是否合法等。这些事实虽然不直接涉及当事人的实体权益问题，但在仲裁中如不加以证明，就会影响仲裁程序的顺利进行，甚至影响到仲裁裁决的法律效力问题。

(三) 证据事实

证据事实，即当事人收集并提供给仲裁庭，或者仲裁庭自行收集的能够证明待证事实的证据材料。仲裁证据事实同样应适用《民事诉讼法》第63条第2款的规定，即"证据必须查证属实，才能作为认定事实的根据"。审查证据的过程，实质上就是证明过程。被审查的证据事实，就是证明对象。

> 证据必须查证属实

(四) 其他事实

其他事实包括：专门性的科学知识，特定领域里的生活常识，少数民族地区的风俗习惯，地方性法律，外国法的有关规定等。

二、举证责任

(一) 举证责任的含义

举证责任，是指当事人对自己主张的待证事实所负有的提出证据加以证明的责任，以及不能提供证据或者证据不能证明待证事实时，由负有举证责任的一方当事人承担不利后果的制度。从举证责任的概念可以看出，举证责任包括以下两个方面的含义：

> 举证责任在仲裁活动中至关重要

1. 行为责任。所谓行为责任，是指当事人对自己主张的事实所负有的提出证据加以证明的责任。在仲裁活动中，证据由主张某一事实的当事人提出。比如，申请人以被申请人借款不还为由，要求其偿还借款，那么，申请人应当提供被申请人向其借款事实的证据。

> 提出证据的责任

2. 结果责任。所谓结果责任，是指仲裁庭作出仲裁裁决之前，待证事实真伪不明的，由负有证明责任一方当事人承担不利后果的责任。在仲裁活动中，证据由主张作为证明对象事实的当事人提出，如果其不能提供证据，或者仲裁裁决作出前待证事实依然真伪不明的，不利后果应当由该方当事人承担。比如，在上述债务纠纷案件中，如果申请人提不出被申请人借款的证据，或者直到证明结束，也无法认定被申请人借款不还，应当裁决驳回申请人要求还款的仲裁请求。

> 证明不了的，应当承担不利后果

(二) 举证责任的分配

举证责任的分配，是指按照一定规则将举证责任公平地分配于当事人之间。由于举证责任与当事人最后的胜败结果密切相关，因此，举证责任分配实际上是分配待证事实真伪不明时的不利后果。由于仲裁所解决的商事案件种类多样，在仲裁活动中，当事人主张的法律事实不同，举证责任的具体分配也不一样。

1. 举证责任的分配原则。"谁主张，谁举证"是分配举证责任的一般原则。根据这一原则，申请人应当对自己提出的仲裁请求所根据的事实和理由承担举证责任。被申请人的举证责任，取决于他的答辩内容：如果其答辩只是简单地否认申请人主张的事实，不承担举证责任；如果其答辩提出了新需要作为证明对象的事实主张，则需要对这一新的事实主张承担举证责任。

2. 举证责任分配的例外规定。由于仲裁所解决的商事争议性质多种多样，在一些特殊案件中，可能涉及证据与双方当事人的距离远近、证据收集能力以及专业知识的强弱等因素，如果仍然适用"谁主张，谁举证"的分配原则，可能会影响申请人权益的实现，为此，遇有法律规定的特殊案件，应当适用举证责任的特殊分配规则。

根据《最高人民法院关于民事诉讼证据的若干规定》第4条的规定，下列案件按照规定分配举证责任：

（1）因新产品制造方法发明专利引起的专利侵权案件，由制造同样产品的单位或者个人对其产品制造方法不同于专利方法的事实承担举证责任。

（2）高度危险作业致人损害的侵权案件，由加害人就受害人故意造成损害的事实承担举证责任。对此，《侵权责任法》作出了一些相应的规定，如该法第73条规定，从事高空、高压、地下挖掘活动或者使用高速轨道运输工具造成他人损害的，经营者应当承担侵权责任，但能够证明损害是因受害人故意或者不可抗力造成的，不承担责任。被侵权人对损害的发生有过失的，可以减轻经营者的责任。

（3）因环境污染引起的损害赔偿案件，由加害人就法律规定的免责事由及其行为与损害结果之间不存在因果关系承担举证责任。对此，《侵权责任法》第66条规定，因环境污染引起的损害赔偿诉讼，由加害人就法律规定的不承担责任或者减轻责任的事由及其行为与损害结果之间不存在因果关系承担举证责任。《最高人民法院关于审理环境侵权责任纠纷案件适用法律若干问题的解释》第6条对举证责任的分配作出了进一步规定，被侵权人根据《侵权责任法》第65条规定请求赔偿的，应当提供证明以下事实的证据材料：①污染者排放了污染物；②被侵权人的损害；③污染者排放的污染物或者其次生污染物与损害之间具有关联性。该司法解释第7条规定，污染者举证证明下列情形之一的，人民法院应当认定其污染行为与损害之间不存在因果关系：①排放的污染物没有造成该损害可能的；②排放的可造成该损害的污染物未到达该损害发生地的；③该损害于排放污染物之前已发生的；④其他可以认定污染行为与损害之间不存在因果关系的情形。

（4）因建筑物或者其他设施以及建筑物上的搁置物、悬挂物发生倒塌、脱落、坠落致人损害的侵权案件，由所有人或者管理人对其无过错承担举证责任。《侵权责任法》对此作出了一定的修改，该法第85条规定，建筑物、构筑物或者其他设施及其搁置物、悬挂物发生脱落、坠落造成他人损害，所有人、管理人或者使用人不能证明自己没有过错的，应当承担侵权责任。所有人、管理人或者使用人赔偿后，有其他责任人的，有权向其他责任人追偿。

（5）饲养动物致人损害的侵权案件，由动物饲养人或者管理人就受害人有过错或者第三人有过错承担举证责任。《侵权责任法》对此作出了相应的修改，该法第78条规定，饲养动物致人损害的侵权诉讼，动物饲养人或者管理人应当承担侵权责任，但能够证明损害是因被侵权人故意或者重大过失造成的，可以不承担或者减轻责任。

（6）因缺陷产品致人损害的侵权案件，由产品的生产者就法律规定的免责事由承担举证责任。根据《产品质量法》第41条第2款的规定，生产者能够证明有下列情形之一的，不承担赔偿责任：①未将产品投入流通的；②产品投入流通时，引起损害的缺陷尚不存在的；③将产品投入流通时的科学技术水平尚不能发现缺陷的存在的。

（7）因共同危险行为致人损害的侵权案件，由实施危险行为的人就其行为与损害结果之间不存在因果关系承担举证责任。

（8）因医疗行为引起的侵权案件，由医疗机构就医疗行为与损害结果之间不存在因果关系及不存在医疗过错承担举证责任。

2017年12月14日起实施的《最高人民法院关于审理医疗损害责任纠纷案件适用法律若干问题的解释》对医疗损害赔偿诉讼的举证责任作出了如下更加细致的规定：

第一，因医疗损害引起的赔偿诉讼。该司法解释第4条规定，患者依据《侵权责任法》第54条规定主张医疗机构承担赔偿责任的，应当提交到该医疗机构就诊、受到损害的证据。患者无法提交医疗机构及其医务人员有过错、诊疗行为与损害之间具有因果关系的证据，依法提出医疗损害鉴定申请的，人民法院应予准许。医疗机构主张不承担责任的，应当就《侵权责任法》第60条第1款规定情形等抗辩事由承担举证证明责任。

《侵权责任法》第 58 条规定，患者有损害，因下列情形之一的，推定医疗机构有过错：①违反法律、行政法规、规章以及其他有关诊疗规范的规定；②隐匿或者拒绝提供与纠纷有关的病例资料；③伪造、篡改或者销毁病例资料。该司法解释第 6 条规定：《侵权责任法》第 58 条规定的病历资料包括医疗机构保管的门诊病历、住院志、体温单、医嘱单、检验报告、医学影像检查资料、特殊检查（治疗）同意书、手术同意书、手术及麻醉记录、病理资料、护理记录、医疗费用、出院记录以及国务院卫生行政主管部门规定的其他病历资料。患者依法向人民法院申请医疗机构提交由其保管的与纠纷有关的病历资料等，医疗机构未在人民法院指定期限内提交的，人民法院可以依照《侵权责任法》第 58 条第 2 项规定推定医疗机构有过错，但是因不可抗力等客观原因无法提交的除外。

《侵权责任法》第 60 条规定：患者有损害，因下列情形之一的，医疗机构不承担赔偿责任：①患者或者其近亲属不配合医疗机构进行符合诊疗规范的诊疗；②医务人员在抢救生命垂危的患者等紧急情况下已经尽到合理的诊疗义务；③限于当时的医疗水平难以诊疗。在第第一种情形中，医疗机构及其医务人员也有过错的，应当承担相应的赔偿责任。

第二，因医务人员在医疗活动中向患者说明病情或者医疗措施引起的诉讼。该司法解释第 5 条规定：患者依据《侵权责任法》第 55 条[1]规定主张医疗机构承担赔偿责任的，应当按照该解释第 4 条第 1 款规定提交证据。实施手术、特殊检查、特殊治疗的，医疗机构应当承担说明义务并取得患者或者患者近亲属书面同意，但属于《侵权责任法》第 56 条[2]规定情形的除外。医疗机构提交患者或者患者近亲属书面同意证据的，人民法院可以认定医疗机构尽到说明义务，但患者有相反证据足以反驳的除外。此外，该司法解释第 18 条规定：因抢救生命垂危的患者等紧急情况且不能取得患者意见时，下列情形可以认定为《侵权责任法》第 56 条规定的不能取得患者近亲属意见：①近亲属不

---

[1] 《侵权责任法》第 55 条规定：医务人员在诊疗活动中应当向患者说明病情和医疗措施。需要实施手术、特殊检查、特殊治疗的，医务人员应当及时向患者说明医疗风险、替代医疗方案等情况，并取得其书面同意；不宜向患者说明的，应当向患者的近亲属说明，并取得其书面同意。医务人员未尽到前款义务，造成患者损害的，医疗机构应当承担赔偿责任。

[2] 《侵权责任法》第 56 条规定：因抢救生命垂危的患者等紧急情况，不能取得患者或者其近亲属意见的，经医疗机构负责人或者授权的负责人批准，可以立即实施相应的医疗措施。

明的；②不能及时联系到近亲属的；③近亲属拒绝发表意见的；④近亲属达不成一致意见的；⑤法律、法规规定的其他情形。上述情形，医务人员经医疗机构负责人或者授权的负责人批准立即实施相应医疗措施，患者因此请求医疗机构承担赔偿责任的，不予支持；医疗机构及其医务人员怠于实施相应医疗措施造成损害，患者请求医疗机构承担赔偿责任的，应予支持。

第三，因药品、消毒药剂、医疗器械的缺陷，或者输入不合格的血液造成患者损害引起的诉讼。该司法解释第 7 条规定：患者依据《侵权责任法》第 59 条[1]规定请求赔偿的，应当提交使用医疗产品或者输入血液、受到损害的证据。患者无法提交使用医疗产品或者输入血液与损害之间具有因果关系的证据，依法申请鉴定的，人民法院应予准许。医疗机构、医疗产品的生产者、销售者或者血液提供机构主张不承担责任的，应当对医疗产品不存在缺陷或者血液合格等抗辩事由承担举证证明责任。

3. 合同纠纷案件的举证责任分配。在合同纠纷案件中，主张合同关系成立并生效的一方当事人对合同订立和生效的事实承担举证责任；主张合同关系变更、解除、终止、撤销的一方当事人对引起合同关系变动的事实承担举证责任。对合同是否履行发生争议的，由负有履行义务的当事人承担举证责任。对代理权发生争议的，由主张有代理权一方当事人承担举证责任。

4. 仲裁庭决定举证责任分配。在法律没有例外规定，而按照"谁主张，谁举证"分配举证责任又不公平的情况下，由仲裁庭根据公平原则和诚实信用原则，综合当事人举证能力等因素确定举证责任的承担。

（三）举证责任的免除

在仲裁活动中，证明的目的在于证明案件中的待证事实。现实生活中，有些事实不用证明即可予以认定。为了节省人力、物力，加速案件的审理，可以免去当事人证明之赘。也就是说，如果当事人主张这种事实，可以免除其举证责任。

根据《民事诉讼法解释》第 93 条的规定，下列事实，当事人无需举证证明：

---

[1]《侵权责任法》第 59 条规定：因药品、消毒药剂、医疗器械的缺陷，或者输入不合格的血液造成患者损害的，患者可以向生产者或者血液提供机构请求赔偿，也可以向医疗机构请求赔偿。患者向医疗机构请求赔偿的，医疗机构赔偿后，有权向负有责任的生产者或者血液提供机构追偿。

1. 自然规律以及定理、定律；
2. 众所周知的事实；
3. 根据法律规定推定的事实；
4. 根据已知事实和日常生活经验法则推定出的另一事实；
5. 已为人民法院发生法律效力的裁判所确定的事实；
6. 已为仲裁机构生效裁决所确认的事实；
7. 已为有效公证书所证明的事实。

上述第2~4项规定的事实，当事人有相反证据足以反驳的除外；第5~7项规定的事实，当事人有相反证据足以推翻的除外。

此外，根据《民事诉讼法解释》第92条的规定，一方当事人在法庭审理中，或者在起诉状、答辩状、代理词等书面材料中，对于己不利的事实明确表示承认的，另一方当事人无需举证证明。对于涉及身份关系、国家利益、社会公共利益等应当由人民法院依职权调查的事实，不适用上述自认的规定。

□ 小 结

本章主要阐述证据的基本理论，包括证据的概念和特征，证据的理论分类，证据的种类，证明对象，举证责任等。其主要内容是：

一、证据概述

（一）证据的概念与特征

证据，是指能够证明案件真实情况的事实。
特征：客观性；关联性；合法性。

（二）证据的理论分类

1. 本证和反证；
2. 原始证据和派生证据；
3. 直接证据和间接证据。

（三）证据的种类

书证；物证；视听资料；电子数据；证人证言；当事人的陈述；鉴定意见；勘验笔录。

二、证明对象与举证责任

(一) 证明对象

证明对象,是指仲裁活动中需要运用证据加以证明的事实,又称待证事实。

证明对象的范围:当事人主张的实体意义上的法律事实;当事人主张的程序意义上的法律事实;证据事实;其他事实。

(二) 举证责任

举证责任,是指当事人对自己主张的待证事实所负有的提出证据加以证明的责任,以及不能提供证据或者证据不能证明待证事实时,由负有举证责任的一方当事人承担不利后果的制度。

分配原则:谁主张,谁举证。

举证责任分配的例外规定;合同纠纷案件的举证责任分配;仲裁庭决定举证责任分配;举证责任的免除。

□练习与思考

一、名词解释

1. 证据
2. 派生证据
3. 本证
4. 反证
5. 书证
6. 视听资料
7. 电子数据
8. 证人证言
9. 鉴定意见
10. 勘验笔录
11. 举证责任

二、简答题

1. 简述证据的基本特征。

2. 仲裁中，无需证明的事实有哪些？
3. 简述证人和鉴定人的区别。

三、思考题

1. 如何理解举证责任制度？（提示：举证责任的含义、特点、负担原则等。）
2. 如何看待间接证据？在仲裁中如何运用间接证据？（提示：间接证据的特点、作用，与直接证据比较，以及运用间接证据应遵循的规则。）

第七章

期间与送达

■**学习目的和要求**

通过本章学习，要求学生
- 掌握：期间的计算，送达的方式。
- 一般了解：期间的种类，仲裁时效。

第一节 期　间

一、期间的概念

仲裁中的期间，是指仲裁机构、当事人和其他仲裁参与人进行仲裁活动必须遵守的时间。例如，《仲裁法》第24条规定："仲裁委员会收到仲裁申请书之日起5日内，认为符合受理条件的，应当受理，并通知当事人……""收到仲裁申请书之日起5日内"就是仲裁机构受理仲裁申请书的仲裁行为的期间。期间是仲裁程序中的一项重要制度，对于当事人来讲，期间既为当事人参加仲裁活动提供了时间保障，又对当事人进行仲裁行为，行使权利予以限定；对于仲裁机构来讲，若不遵守期间，构成违反仲裁程序，要承担相应的责任，对当事人的合

> 法律对仲裁期间的规定，既对当事人参加仲裁活动提供时间保障，又对其行使权利予以限定

法权益造成损失的，要予以赔偿。

二、期间的种类

仲裁期间按照不同的标准，可以有不同的分类。以期间是由谁规定为标准，可以把期间分为法定期间、仲裁规则规定的期间和仲裁机构指定的期间（以下简称指定期间）。

> 法定期间明确具体，具有明确性、严格性和不可变更性

1. 法定期间，是指我国仲裁法明文规定的仲裁期间。即在法律条文中明确限定仲裁机构、当事人及其他仲裁参与人进行某项仲裁行为的时间。只有在法律规定的期间内完成该项仲裁行为，才具有法律效力。如《仲裁法》第59条规定："当事人申请撤销裁决的，应当自收到裁决书之日起6个月内提出。"这里的"6个月"即为法定期间，当事人必须在此期间内提出撤销裁决的申请，才具有法律效力。法定期间的特征是：①明确性，即仲裁法对时间的长短都作出了明确规定；②严格性，即无论是仲裁机构还是当事人都必须严格遵守，否则，其仲裁行为都不会产生法律后果；③不可变更性，即除法律另有规定外，任何人都不得予以变更。

> 仲裁规则规定的期间原则上不得变更，但确有特殊事由的除外

2. 仲裁规则规定的期间，是指在仲裁机构的仲裁规则中规定了仲裁机构、当事人及其他仲裁参与人进行某项仲裁行为的期限。仲裁规则是指在仲裁过程中应遵循和运用的程序规范。我国仲裁规则分为国内各地方仲裁机构制定的仲裁规则和中国国际商会制定的仲裁规则两种。无论是上述哪一种仲裁规则，都不得违反仲裁法的强制性规定，因为仲裁法是立法机关制定的法律，具有普遍约束力。但仲裁规则作为一个程序规则，其规定的期间一般也不得变更，但确有特殊事由的除外。我国《仲裁法》第41条规定："仲裁委员会应当在仲裁规则规定的期限内将开庭日期通知双方当事人。当事人有正当理由的，可以在仲裁规则规定的期限内请求延期开庭。是否延期，由仲裁庭决定。"仲裁规则规定的期间是对法定期间的一种补充。

> 指定期间无法在法律和仲裁规则中作出明确的规定，由仲裁机构根据实际情况指定

3. 指定期间，是指仲裁机构根据案件的具体情况，依职权指定完成某项仲裁行为的期限。虽然有上述两种期间，但在个案审理中，仍需仲裁机构根据案件的具体情况，为某些仲裁行为指定期限，如对开庭日期进行指定。因为这些期限是无法在法律和仲裁规则中作出明确的规定的。指定期间是仲裁机构根据案件实际情况而指定的，可以随着案情的变化作出相应变动，但不能任意延长，也不能无故缩短。

三、期间的计算

期间的计算是一个较复杂的问题，掌握不好，往往会使当事人在

行使权利进行仲裁活动时产生争议。因此，对于期间的计算，要注意以下三点：

1. 期间以时、日、月、年计算。期间开始的时和日不计算在期间内。例如，《仲裁法》第 24 条规定："仲裁委员会收到仲裁申请书之日起 5 日内，认为符合受理条件的，应当受理，并通知当事人……"这里的"5 日"，应从仲裁委员会收到仲裁申请书的第二天起计算，不包括仲裁委员会收到仲裁申请书的当日。

期间以月、年计算的，计算的方法也可以日为标准作起算点，结束的日期以届满月或年的相对应日为届满日。如果届满月没有相对应日的，则以届满月的最后一天为期间届满日。例如，当事人于 1999 年 8 月 30 日收到裁决书，其申请撤销裁决的期间为 6 个月，这里期间的届满日应是 2000 年 2 月 30 日，但因为 2000 年 2 月只有 29 日，没有相对应 8 月 30 日的时间，因此，该期间届满日只能是 2 月份的最后一天，即 2 月 29 日。

2. 期间届满的最后一日是法定节假日的，以节假日后的第一日为期间届满的日期。例如，期间届满的最后一日是 5 月 1 日，则"五一"节假日后的第一日是期间届满日。如果期间届满的最后一日是星期六，则期间届满日应是下个星期一。

3. 期间不包括在途时间。仲裁文书在期满前交邮的，不算过期。例如，9 月 7 日是申请撤销裁决期间的届满日，当事人只要在 9 月 7 日之前将申请书交邮局寄出，以邮戳日期为准，不管人民法院在何时收到，都视为当事人在期间内提出撤销裁决申请。

另外，当事人如因不可抗拒的事由或者其他正当理由耽误期间的，在障碍消除后的一定时期内，可以向人民法院或者仲裁机构申请顺延期限，是否准许，由人民法院或者仲裁机构决定。所谓不可抗拒的事由，是指当事人无法预见、无法避免，也无法克服的客观情况，如地震、水灾、战争等。其他正当理由，是指除不可抗拒的事由以外的不应归责于当事人的其他客观情况，如当事人突患重病，文书被他人迟误而未及时收到等。

> 要掌握好各种期间的起算点与终止点的计算办法

> 要注意期间耽误的情况、后果及解决

第二节 送 达

一、送达的概念与特征

仲裁中的送达，是指仲裁机构将仲裁文书依照一定程序和方式，

送交给当事人和其他仲裁参与人的一项仲裁行为。送达具有以下特征:

<blockquote style="margin:0">送达的主体是仲裁机构</blockquote>

1. 送达的主体是仲裁机构。送达只能是仲裁机构对当事人和其他仲裁参与人进行的仲裁行为,当事人及其他仲裁参与人不是送达的主体,他们向仲裁机构或相互之间递交仲裁申请书、答辩状或其他文书的行为,不能称为送达。

<blockquote style="margin:0">送达的对象是仲裁参与人,主要是当事人</blockquote>

2. 送达的对象是当事人及其他仲裁参与人。仲裁机构之间或仲裁机构向与本案无关的其他单位和个人发送材料的行为,都不能称为送达。

<blockquote style="margin:0">送达的内容是仲裁文书</blockquote>

3. 送达的内容是各种仲裁文书。如裁决书、调解书、仲裁申请书副本、答辩书副本等。

4. 送达必须依一定的程序和方式进行。送达作为仲裁制度中的一项内容,包含送达人、受送达人、送达方式、送达内容、送达日期和送达回证等。送达必须按照一定的程序和方式由送达人将文书送交给受送达人,如不按规定的程序和方式送达,将不产生预期的法律后果。

<blockquote style="margin:0">送达必须按照一定的程序、方式进行</blockquote>

送达制度对仲裁活动具有重要意义。首先,仲裁机构依法送达仲裁文书后,能使当事人及时了解送达内容,做好行使仲裁权利和履行仲裁义务的准备工作,便于仲裁程序的顺利进行。其次,仲裁文书依法送达后,将发生一系列的法律后果,产生法律效力。如调解书依法送达后,即发生法律效力,一方当事人不履行的,另一方当事人可以依法申请强制执行。

二、送达的方式

<blockquote style="margin:0">要掌握好直接送达的几种方式</blockquote>

我国仲裁法对送达方式没有作出明确规定,根据仲裁实践及我国民事诉讼法的规定,在仲裁活动中,送达一般有以下四种方式:

(一)直接送达

直接送达又称交付送达,是指仲裁机构将仲裁文书直接送交给受送达人的送达方式。直接送达是送达方式中最基本的方式。直接送达包括以下四种情况:

1. 受送达人是公民的,本人签收是直接送达;本人不在,交其同住成年家属签收,也是直接送达。

2. 受送达人是法人或者其他组织的,应当由法人的法定代表人、其他组织的主要负责人或者该法人、其他组织负责收件的人签收。

3. 受送达人有仲裁代理人的,可以送交其仲裁代理人签收。

4. 受送达人已向仲裁机构指定代收人的,送交代收人签收。

调解书一般应直接送达当事人本人，如果当事人本人因故不能签收的，则由其指定的代收人签收。

在仲裁制度中，送达应以直接送达为原则。凡是能够直接送达的，就应当直接送达，以防止拖延仲裁，保证仲裁程序的顺利进行。

（二）留置送达

留置送达，是指受送达人无正当理由拒收仲裁文书时，送达人将仲裁文书留在受送达人的住所地，即视为送达的一种送达方式。在实践中，在送达人直接送达仲裁文书时，作为受送达人的公民、法人或其他组织以及指定代收人拒绝签收时，送达人在送达回证上记明情况，将仲裁文书留在受送达人处，即视为已送达。但调解书不适用留置送达，因为调解书在送达前允许当事人反悔。因此，如果当事人拒收调解书时，就视为该当事人对调解达成的协议反悔，应由仲裁机构对当事人之间的争议作出裁决后，予以送达。

> 要注意调解书不适用留置送达

（三）邮寄送达

邮寄送达，是指仲裁机构将所送达的文书通过邮局寄给受送达人的一种方式。采用邮寄送达是在仲裁机构距离受送达人住所比较远，直接送达有困难的情况下才适用的一种送达方式。此种方式简便易行，是仲裁实践中普遍采用的方式。邮件可以采用挂号信、特快专递等方式，应当附上送达回证，送达回证上注明的收件日期与挂号信、特快专递回执上注明的收件日期不一致的，或者送达回证没有寄回的，以挂号信、特快专递回执上注明的收件日期为送达日期。

> 要注意邮寄送达对送达日期的认定

（四）转交送达

转交送达，是指在某些情况下仲裁机构将仲裁文书送特定机构代收后转交给受送达人的送达方式。如受送达人被监禁，通过其所在监所转交；受送达人被采取强制性教育措施，通过其所在强制性教育机构转交等。代为转交的机构收到仲裁文书后，必须立即交受送达人签收。这种方式在仲裁中使用较少。

送达因送达的文书不同，产生的法律后果也不同。送达的效力分两种：一种是实体上的效力，即产生实体权利义务方面的法律后果，如裁决书、调解书送达后，义务人应在文书规定的期限内履行义务，逾期不履行的，权利人有权依法申请强制执行。另一种是程序上的效力，即产生仲裁法律关系上的效力，如申请人、被申请人收到开庭的

> 送达会产生实体上的效力和程序上的效力

书面通知后，应在规定的日期到庭参加仲裁活动的，无正当理由不到庭或者未经仲裁庭许可中途退庭的，属申请人的，视为撤回仲裁申请，属被申请人的，可以缺席裁决。

第三节　仲裁时效

一、仲裁时效的概念

理解仲裁时效的概念及确立意义

仲裁时效，是指权利人向仲裁机构请求保护其权利的法定期限，即权利人在法定期限内没有行使权利，即丧失提请仲裁以保护其权益的权利。仲裁时效具有以下三个特征：①仲裁时效期间届满后，义务人拒绝履行义务的，权利人不能通过仲裁程序强制追索。②权利人的实体权利并不因仲裁时效的届满而消灭。即仲裁时效届满后，义务人自愿履行义务的，权利人仍然有权受领，这种权利通常称为自然权利。③超过仲裁时效的，权利人仍可以向仲裁机构申请仲裁，仲裁机构应予以受理，但受理后查明无中止、中断、延长事由的，驳回权利人的仲裁请求。当然，参照《最高人民法院关于审理民事案件适用诉讼时效制度若干问题的规定》第3条的规定，当事人未提出仲裁时效抗辩，仲裁庭不应对仲裁时效问题进行释明及主动适用仲裁时效的规定进行裁决。也就是说，应当将仲裁时效作为被申请人的抗辩事项，如果被申请人在仲裁程序中提出仲裁时效的抗辩，则仲裁庭应查明是否存在仲裁时效的中止、中断与延长事由；如果被申请人未提出仲裁时效的抗辩，则视为被申请人放弃仲裁时效的抗辩权，仲裁庭应根据申请人的仲裁请求作出相应的裁决。

仲裁时效制度的设立在于防止权利人怠于行使权利，也为防止时间过长，证据湮灭，给仲裁带来困难

仲裁时效制度的确立，有着十分重要的意义：①有利于督促权利人及时行使权利。仲裁时效制度是从权利人、义务人的双方利益角度出发，规定权利人提请仲裁保护的期间，促使权利人及时行使权利，尽快了结双方的权利义务关系。②有利于稳定社会经济秩序，促进民事流转。因为如果没有仲裁时效的限制，就意味着权利人的权利会受到无限期的法律保护，如其长期怠于行使，势必导致社会经济关系长期处于不稳定状态，影响民事流转和经济发展。因此，法律必须规定仲裁时效制度来解决这一问题。③有利于及时收集证据，作出正确裁决。因为权利人长期不行使权利，证据有可能因年长日久而难以收集，给仲裁活动带来困难。仲裁时效制度的确立，可以防止这种情况发生，

二、仲裁时效的种类

根据仲裁时效适用范围的不同，仲裁时效可以分为普通仲裁时效和特殊仲裁时效两种。

普通仲裁时效，又称一般仲裁时效，是指一般民事、经济纠纷普遍适用的仲裁时效，其适用范围十分广泛，除法律另有规定的情况外，都用该仲裁时效。我国《仲裁法》第74条规定："法律对仲裁时效有规定的，适用该规定。法律对仲裁时效没有规定的，适用诉讼时效的规定。"即仲裁法规定普通仲裁时效适用诉讼时效的规定，根据《民法总则》第九章第188条的规定，一般诉讼时效期间为3年，诉讼时效期间自权利人知道或者应当知道权利受到损害以及义务人之日起计算。法律另有规定的，依照其规定。但是自权利受到损害之日起超过20年的，不予保护。

特殊仲裁时效，即法律、法规对某些民事、经济纠纷的仲裁时效作出特别规定，这些民事、经济纠纷只能适用这种特殊仲裁时效，而不能适用普通仲裁时效。即特殊仲裁时效优于普通仲裁时效。例如，我国《合同法》第129条规定："因国际货物买卖合同和技术进出口合同争议提起诉讼或者申请仲裁的期限为4年，自当事人知道或者应当知道其权利受到侵害之日起计算。"这里的"4年"即是特殊仲裁时效，国际货物买卖合同和技术进出口合同争议只能适用该仲裁时效。

三、仲裁时效的中止、中断和延长

仲裁时效的中止，是指在仲裁时效进行过程中，因不可抗力或者其他障碍致使权利人不能行使请求权提起仲裁时，暂时停止时效的进行，待中止时效的原因消除后，仲裁时效继续进行。依照法律规定，上述中止时效的原因只有发生在或持续到仲裁时效期间的最后6个月内，才能中止仲裁时效。应当注意，仲裁时效的中止，以前经过的时效期间仍然有效，等到中止时效的原因消除后，时效又继续进行。仲裁时效的中止使得时效暂停期间不计入时效期间之内，以保证权利人真正享有法律规定的申请仲裁的必要时间。中止时效的原因有两种：一种是不可抗力，如地震、火灾、战争等；另一种是其他障碍，如法定代理人丧失行为能力或死亡等。

仲裁时效的中断，是指在仲裁时效进行过程中，因当事人一方提出要求或者同意履行义务、申请仲裁，致使以前经过的时效期间归于

> 要特别注意时效中断与时效的延长的区别

无效,从中断时起,时效期间重新计算。仲裁时效的中断,实际上是终止已经经过的时效期间的效力,待中断事由结束后,重新计算仲裁时效期间。中断时效的事由有三种:①权利人通过一定方式要求义务人履行义务;②义务人同意履行义务;③权利人申请仲裁。

仲裁时效的延长,是指仲裁时效期间已经届满,权利人因特殊情况而未能行使权利,仲裁机构可适当延长时效期间。仲裁时效的延长,与中止、中断不同,它只适用于仲裁时效期间已经届满的情形。至于特殊情况的范围以及延长的期限,由仲裁机构根据具体情况严格掌握,不得滥用。

□ 小　结

本章主要阐述期间、送达与仲裁时效制度,包括期间的概念、种类及计算方法,送达的概念、特征及方式,仲裁时效的概念、种类及中止、中断和延长情形等。其主要内容是:

一、期间

(一) 期间的概念

仲裁期间,是指仲裁机构、当事人和其他仲裁参与人进行仲裁活动必须遵守的期限和期日。广义的仲裁期间包括期日和期限两种,狭义的仲裁期间仅指期限。

(二) 期间的种类

法定期间;仲裁规则规定的期间;指定期间。

(三) 期间的计算

计算规则:期间以时、日、月、年计算;期间开始的时和日不计算在期间内;期间以月、年计算的,可以日为起算点和结算点;期间届满最后一日是节假日的,以节假日后的第一日为期间届满日期;期间不包括在途时间。

二、送达

(一) 送达的概念与特征

仲裁中的送达,是指仲裁机构将仲裁文书依照一定程序和方式,送交给当事人和其他仲裁参与人的一项仲裁行为。

特征:送达的主体是仲裁机构;送达的对象是当事人及其他仲裁参与人;送达的内容

是各种仲裁文书；送达必须依一定的程序和方式进行。

（二）送达的方式

直接送达；留置送达；邮寄送达；转交送达。

三、仲裁时效

（一）仲裁时效的概念

仲裁时效，是指权利人向仲裁机构请求保护其权利的法定期限，也即权利人在法定期限内没有行使权利，即丧失提请仲裁以保护其权益的权利。

（二）仲裁时效的种类

普通仲裁时效；特殊仲裁时效。

（三）仲裁时效的中止、中断和延长

仲裁时效的中止，是指在仲裁时效进行过程中，因不可抗力或者其他障碍致使权利人不能行使请求权提起仲裁时，暂时停止时效的进行，待中止时效的原因消除后，仲裁时效继续进行。

仲裁时效的中断，是指在仲裁时效进行过程中，因当事人一方提出要求或者同意履行义务、申请仲裁致使以前经过的时效期间归于无效，从中断时起，时效期间重新计算。

仲裁时效的延长，是指仲裁时效期间已经届满，权利人因特殊情况而未能行使权利，仲裁机构可以适当延长时效期间。

□练习与思考

一、名词解释

1. 期间
2. 送达
3. 仲裁时效

二、简答题

1. 送达的方式有几种？
2. 简述仲裁时效的中止、中断及延长。

第八章

仲裁费用

■ **学习目的和要求**

通过本章的学习，要求学生
- 重点掌握：仲裁费用的种类。
- 一般了解：仲裁费用的概念、仲裁费用的征收。

第一节 仲裁费用概述

一、仲裁费用的概念

仲裁费用，是指当事人在仲裁委员会进行仲裁活动及相关活动时，仲裁委员会依法向当事人收取的费用。根据我国《仲裁法》和《仲裁委员会仲裁收费办法》的规定，仲裁费用分为两种，即案件受理费和案件处理费。仲裁费用由当事人负担，这是世界各国仲裁制度的普遍做法，既具有规费的性质，又属于合理的收费。

> 仲裁费用由当事人负担

二、仲裁费用的意义

1. 向当事人征收仲裁费用，可以保证仲裁机构能够正常开展仲裁活动。根据我国仲裁法的规定，我国的仲裁机构属于民间组织，其所有开支不由国家财政负担。因此，仲裁机构在裁决案件时若要维持其正常运转，必然需要一定的开支和花费，这就需要向当事人征收一定数量的仲裁费用，否则，仲裁机构就无法生存下去。

2. 向当事人征收仲裁费用，有利于教育当事人遵守法律。仲裁费用由败诉一方当事人负担，这不仅合乎情理，而且也可以使当事人能够认真履行自己的义务，以维护社会经济秩序的稳定。

3. 向当事人征收仲裁费用，可以防止并限制当事人滥用仲裁的权利，并促使当事人通过自行协商的方式，解决他们之间的争议。

第二节 仲裁费用的种类及征收

一、案件受理费及其征收

案件受理费，是指仲裁委员会决定受理当事人仲裁申请时，按规定向当事人收取的费用。根据《仲裁委员会仲裁收费办法》的规定，案件受理费用于给付仲裁员报酬、维持仲裁委员会正常运转的必要开支，并由申请人预先交纳。

> 仲裁案件受理费按争议金额（人民币）收取

仲裁委员会收取案件受理费的标准是：

1. 1000 元以下的部分 40～100 元；
2. 1001 元～50 000 元的部分按 4%～5% 交纳；
3. 50 001 元～100 000 元的部分按 3%～4% 交纳；
4. 100 001 元～200 000 元的部分按 2%～3% 交纳；
5. 200 001 元～500 000 元的部分按 1%～2% 交纳；
6. 500 001 元～1 000 000 元的部分按 0.5%～1% 交纳；
7. 1 000 001 元以上的部分按 0.25%～0.5% 交纳。

各仲裁委员会可在上述仲裁案件受理费表规定的收费幅度内确定自己的具体标准，并报仲裁委员会所在地的省、自治区、直辖市人民政府物价管理部门核准。

案件受理费应当由仲裁申请人在收到仲裁委员会受理通知书之日起 15 日内预交。被申请人在提出反请求的同时，也应当预交案件受理费。即案件受理费的征收采取预交方式。案件受理费是以申请人请求的数额作为争议金额进行计算，请求的数额与实际争议金额不一致的，以实际争议金额为准。申请仲裁时争议金额未确定的，由仲裁委员会

> 要注意案件受理费应当由仲裁申请人预交
> 案件受理费的征收采取预交方式

根据争议所涉及权益的具体情况确定预先收取的案件受理费数额。当事人预交案件受理费确有困难的，由当事人提出申请，经仲裁委员会批准，可以缓交。当事人在规定期限内不预交案件受理费，又不提出缓交申请的，视为撤回仲裁申请。

> 要注意不另行收取案件受理费的两种情况

在下列两种情况下，仲裁委员会不另行收取案件受理费：①人民法院受理当事人撤销仲裁裁决的申请后，认为可以由仲裁庭重新仲裁的，通知仲裁庭在一定期限内重新仲裁。如果仲裁庭同意重新仲裁，仲裁委员会不得再行收取案件受理费。②仲裁庭作出裁决后，由于裁决书中文字、计算错误或者仲裁庭已经裁决但在裁决书中遗漏有关事项，依法对其作出补正，不得收费。

二、案件处理费及其征收

案件处理费，是指在仲裁过程中实际支出的应当由当事人负担的费用。主要包括：仲裁员因办理仲裁案件出差、开庭而支出的食宿费、交通费及其他合理费用；证人、鉴定人、翻译人员等因出庭而支出的食宿费、交通费、误工补贴；咨询、鉴定、勘验、翻译等费用；复制、送达案件材料、文书的费用；其他应当由当事人承担的合理费用。

案件处理费的收费标准比较复杂，国家有规定的，按照国家有关规定执行；国家没有规定的，按照合理的实际支出收取。

案件处理费不同于案件受理费依据争议金额来依率计征，而是按照国家有关规定或实际支出来收取。其中，证人、鉴定人、翻译人员等因出庭而支出的食宿费、交通费、误工补贴以及咨询、鉴定、勘验、翻译等费用，由提出申请的一方当事人预交。

> 仲裁费用原则上只由败诉方负担

关于仲裁费用的负担，原则上由败诉的当事人承担。当事人部分胜诉、部分败诉的，由仲裁庭根据当事人各方责任大小确定其各自应当承担的仲裁费用的比例。当事人自行和解或者经仲裁庭调解结案的，当事人可以协商确定各自承担的仲裁费用的比例。仲裁庭应当在调解书或者裁决书中写明双方当事人最终应当支付的仲裁费用金额。

□ 小　　结

本章主要阐述仲裁费用制度，包括仲裁费用的概念、意义以及案件受理费及其征收标准、案件处理费及其征收标准、仲裁费用的负担等。其主要内容是：

一、仲裁费用概述

仲裁费用,是指当事人进行仲裁,依法应当向仲裁委员会交纳的一定数量的费用。仲裁费用包括两部分:案件受理费和案件处理费。

二、仲裁费用的种类及征收

(一)案件受理费及其征收

案件受理费,是指当事人提起仲裁申请、仲裁委员会立案受理时,依照有关规定向当事人收取的费用。案件受理费的征收采取预交方式,即根据争议金额的大小,依率计征。

(二)案件处理费及其征收

案件处理费,是指在仲裁过程中实际支出的应当由当事人负担的费用。案件处理费是按照国家有关规定或实际支出来收取的。

□练习与思考

一、名词解释

1. 仲裁费用
2. 案件受理费
3. 案件处理费

二、简答题

1. 简述仲裁费用的种类及征收原则。
2. 简述仲裁费用的负担。

第二编
仲裁程序

第二章
意見調查

第九章

仲裁参加人

■ **学习目的和要求**

通过本章学习,要求学生
- 重点掌握:仲裁当事人与代理人的权利与义务。
- 掌握:仲裁当事人与代理人的概念与特征。
- 一般了解:学习仲裁参加人的意义。

第一节 仲裁当事人

一、当事人的概念与特征

(一)当事人的概念

仲裁当事人,是指因民事权益发生争议,为维护自身的合法权益,根据仲裁协议依法以自己的名义参加仲裁程序,并接受仲裁裁决约束的公民、法人或者其他组织。仲裁当事人包括申请人与被申请人。

（二）当事人的特征

仲裁当事人具有以下特征：

1. 必须以自己的名义参加仲裁程序。为维护自己的合法权益，以自己的名义参加仲裁程序，是当事人的重要特征；反之，如果不能以自己的名义申请仲裁或者参加仲裁程序，则不可能成为仲裁当事人。

<small>以自己的名义</small>

2. 当事人之间必须存在有效的仲裁协议。仲裁作为解决民商事争议的方式，不同于诉讼等其他方式的重要之处就在于，仲裁程序的进行必须以仲裁协议的有效存在为基础。也就是说，仲裁协议是仲裁程序得以有效开始并进行的基础，没有仲裁协议，仲裁机构就不得受理当事人所提出的仲裁申请，也就不可能产生仲裁当事人的问题。

<small>以有效的仲裁协议为前提</small>

3. 当事人的法律地位是平等的。当事人以仲裁协议的形式约定提交仲裁机构解决的争议事项，是基于民商事法律关系而产生的合同争议或者其他财产权益争议。在民商事法律关系中，双方当事人处于完全平等的民事地位。只有在完全平等的地位基础上，双方当事人才可能经过自愿协商而达成仲裁协议，把已经发生或者将来发生的争议事项提交仲裁机构解决，以便成为仲裁程序中的当事人。如果双方当事人不是处于平等的法律地位，而是处于上下级关系或者管理与被管理关系中的不平等地位，则他们不可能成为仲裁当事人。

<small>法律地位平等</small>

4. 当事人之间必须发生了仲裁协议所约定事项的争议。仲裁作为解决民商事争议的有效手段，必须以当事人之间发生仲裁协议所约定事项的争议为前提。如果当事人之间虽然存在有效仲裁协议，但是，他们之间并未发生协议所约定事项的争议，则不可能因提起仲裁而成为仲裁程序中的当事人。

<small>约定事项的争议</small>

二、当事人的权利和义务

当事人的权利和义务，是我国宪法确定的公民、法人的基本权利和义务在仲裁中的具体体现。当事人的权利是当事人维护自己的合法权益的有效手段，而当事人的义务是保障仲裁程序得以顺利进行的重要条件。为使双方当事人的合法权益得到应有的法律保护，仲裁法既赋予双方当事人广泛的权利，同时也要求当事人承担相应的义务。因此，仲裁当事人在仲裁程序中，既要依法行使自己的权利，也应当自觉履行自己的义务。

（一）当事人的权利

根据我国仲裁法的相关规定，当事人在仲裁中享有以下权利：

1. 申请仲裁权与答辩权。当事人订立仲裁协议后,如果发生仲裁协议中约定事项的争议,则一方当事人享有向仲裁委员会申请仲裁,要求仲裁委员会公正裁决的权利;另一方当事人则有反驳仲裁申请,进行答辩或者承认对方当事人请求的权利。 申请权与答辩权

2. 委托代理人参加仲裁的权利。根据《仲裁法》第29条规定,当事人、法定代理人可以委托律师和其他代理人进行仲裁活动。也就是说,在仲裁中,为了更好地维护自己的合法权益,每一方当事人及其法定代理人均可以委托代理人代为进行仲裁活动。 委托代理人的权利

3. 申请回避的权利。为了保证仲裁活动的公正进行,仲裁法规定了回避这样一项基本制度,也就是说,对于具有《仲裁法》第34条规定的情形之一的仲裁员,当事人有权申请其回避。赋予当事人申请回避权是仲裁程序公正进行的重要保障。 申请回避权

4. 当事人有辩论权。当事人进行仲裁程序的目的是解决仲裁协议所约定事项的争议。围绕该争议的解决,当事人有权就争议的事实问题、法律适用问题以及所遵循的程序性问题展开充分的辩论,以便仲裁庭能及时查明争议案件的事实,正确适用法律,作出裁决。因此,当事人享有辩论权。保证当事人辩论权的充分行使,既是维护当事人合法权益的需要,同时也是仲裁庭及时行使仲裁权的需要。 辩论权

5. 当事人有收集、提供证据的权利。在仲裁程序中,为了维护自己的合法权益,也为了完成自己的举证责任,当事人有权围绕自己所提出的主张,收集证据并向仲裁庭提供证据。遇有证据可能灭失或者以后难以取得时,在仲裁程序开始前,当事人可以依据《民事诉讼法》第81条的规定,向证据所在地或被申请人住所地人民法院申请证据保全;在仲裁程序开始后,当事人可以根据《仲裁法》第46条的规定,向仲裁委员会申请证据保全。 举证权和申请证据保全的权利

6. 申请保全的权利。在仲裁程序开始前,利害关系人因情况紧急,不立即申请保全将会使其合法权益受到难以弥补的损害的,民事诉讼法赋予仲裁当事人可以向被保全财产所在地、被申请人住所地的人民法院申请采取保全措施的权利;在仲裁程序开始后,仲裁裁决作出之前,为了保证将来作出的仲裁裁决能够得到顺利执行,以实现当事人的合法权益,仲裁法赋予当事人向仲裁委员会申请财产保全的权利。 保全申请权

7. 当事人有自行和解和请求调解的权利。在仲裁程序中,当事人可以在自愿协商的基础上,就所发生的争议自行和解;达成和解协议后,当事人有权申请仲裁庭依据该和解协议制作裁决书,以解决争议。 和解、调解权

同时，也可以向仲裁庭申请调解，以仲裁庭调解的方式解决所发生的争议。调解达成协议的，仲裁庭既可以制作裁决书，也可以根据该协议制作调解书。

发问权　　　　8. 在仲裁审理过程中，经过仲裁庭的许可，一方当事人有权向对方当事人、证人、鉴定人等发问，以便维护自身的合法权益。

请求补正权　　9. 请求补正仲裁裁决的权利。仲裁庭对争议案件经过审理并作出仲裁裁决后，对于裁决书中的文字、计算错误或者仲裁庭已经裁决但在裁决书中遗漏的事项，当事人有权请求仲裁庭予以补正。

撤销仲裁裁决申请权　　10. 申请撤销仲裁裁决的权利。仲裁裁决是仲裁庭行使仲裁权，对双方当事人争议的案件经过审理后所作出的终局性判断，如果该仲裁裁决出现实体或者程序错误，则有可能影响当事人的合法权益。因此，仲裁法赋予当事人申请撤销仲裁裁决的权利，既有利于维护仲裁裁决的正确性，也有利于维护当事人的合法权益。

申请执行权　　11. 申请执行的权利。仲裁裁决作出后，就意味着仲裁庭对当事人之间的争议作出了终局的确认。此时，如果仲裁裁决的义务人不自觉履行其应尽的义务，则势必影响权利人权利的实现。因此，仲裁法赋予权利人在义务人不履行仲裁裁决所确定的义务时，有权向有管辖权的人民法院申请执行该仲裁裁决。

（二）当事人的义务

当事人参加仲裁活动，在享有充分的权利的同时，也应当承担相应的义务。当事人承担相应的义务，既是保证仲裁程序顺利进行的必要，同时也是权利义务相一致的具体体现。当事人在仲裁中有以下义务：

正当行使权利的义务　　1. 当事人有义务正当行使自己的权利。仲裁法赋予当事人相应的权利，其目的在于维护当事人的合法权益，但是，如果当事人滥用其权利，不仅无法发挥维护其合法权益的作用，而且还会损害对方当事人的合法权益。因此，仲裁法在赋予当事人享有权利时，还要求当事人承担正当行使其权利的义务。

遵守仲裁程序的义务　　2. 遵守仲裁秩序。良好的仲裁秩序，是仲裁庭行使其仲裁权，当事人行使其仲裁权利、维护其合法权益的保障。因此，当事人进行仲裁活动，必须遵守仲裁秩序，以保证仲裁庭尽快解决争议。

履行生效文书的义务　　3. 当事人有义务履行发生法律效力的仲裁裁决书以及仲裁调解书。发生法律效力的仲裁裁决书和仲裁调解书，是仲裁庭对争议案件所作出的具有权威性的文书，对当事人具有普遍的约束力。因此，负有义务的一方当事人应当自觉履行仲裁裁决书和仲裁调解书中所确定的义务,以便实现权利人的权利。

4. 当事人有义务交纳仲裁费用。仲裁费用是保障仲裁委员会维持其正常工作不可缺少的经费来源。如果当事人不按时交纳仲裁费用,不仅影响仲裁委员会的正常工作,而且还直接影响当事人之间争议的顺利解决。因此,当事人有义务按照规定及时交纳仲裁费用。

<small>交纳仲裁费用的义务</small>

第二节 仲裁代理人

一、仲裁代理人的概念与特征

仲裁代理人,是指根据法律规定或者当事人、法定代理人的授权委托,以被代理人的名义,为维护被代理人的合法权益,在代理权限内代理一方当事人进行仲裁活动的人。代理当事人进行仲裁活动的权限,称为仲裁代理权。

仲裁代理人具有以下特征:

1. 仲裁代理人必须以被代理人的名义进行仲裁活动。由于仲裁是基于仲裁协议所约定事项的争议而由其中一方当事人申请引起的,仲裁协议的双方当事人是争议所涉及的实体权利的具体享有者与实体义务的具体承担者,同时也是仲裁活动所产生的法律后果的直接承受者,而仲裁代理人只是代理当事人进行仲裁活动,并不承担因仲裁活动而产生的任何法律后果。因此,仲裁代理人在实施一切仲裁行为时,都必须以被代理人的名义进行。

<small>以被代理人的名义</small>

2. 仲裁代理人代为进行仲裁活动的目的是维护被代理人的利益。由于仲裁代理人与仲裁所解决的争议案件并没有直接的利害关系,因此,其参加仲裁活动的目的就是维护被代理的当事人的合法权益。

<small>维护被代理人的利益</small>

3. 仲裁代理人在代理权限范围内进行代理活动所产生的法律后果由被代理人承担。由于仲裁代理人在仲裁活动中是为了维护被代理人的合法权益,以被代理人的名义实施仲裁行为,因此,仲裁代理人只要在法律规定或者当事人、法定代理人授权委托范围内实施仲裁行为,其行为后果就应当由被代理人承担。当然,仲裁代理人超越代理权限的行为,对被代理人不产生任何法律效力。

<small>法律后果的承担</small>

4. 在同一案件的仲裁活动中,代理人只能代理一方当事人进行仲

裁活动。这是因为，在仲裁活动中，争议双方当事人的实体利益是对立的。因此，为了能够有效地维护被代理一方当事人的合法权益，仲裁代理人在仲裁活动中不得代理相互对立的双方当事人。

在仲裁活动中，代理制度是维护当事人合法权益，保证仲裁活动顺利进行的一项重要制度。这是因为，在仲裁活动中，无民事行为能力人或限制民事行为能力人因其未成年或者存在精神障碍而不能亲自参加仲裁活动；有完全民事行为能力的人也可能由于精力、时间、知识等种种原因，虽然能够亲自参加仲裁活动，但仍然需要一定的法律帮助。在这种情形之下，设立仲裁代理制度，由代理人代为进行仲裁活动，可以及时、有力地维护被代理人的合法权益。此外，由具有丰富的法律知识与实务经验的律师等专业人员担任仲裁代理人，代理当事人进行仲裁活动，还有利于协助仲裁庭及时查明争议案件事实，分清是非责任，及时适用法律作出仲裁裁决，以尽快解决当事人之间的争议。

二、仲裁代理人的种类

行使代理权的人，因其代理权的来源不同而有所不同。根据仲裁法的有关规定，仲裁代理人可以分为两种，即法定代理人与委托代理人。

（一）法定代理人

1. 法定代理人的概念。法定代理人，是指根据法律规定行使代理权的人。我国仲裁法虽然未明确规定法定代理人，但是，从《仲裁法》第29条关于"当事人、法定代理人可以委托律师和其他代理人进行仲裁活动"的规定，可以看出，在我国仲裁活动中，存在法定代理人代为进行仲裁活动的情形，而且，法定代理是维护未成年人以及精神病人合法权益的必不可少的制度。

法定代理人代理权限的产生，既不是来源于被代理当事人的意思表示，也不是来源于法定代理人自身的意思表示，而是直接来源于法律的规定。这是因为，法定代理中的被代理人，因其为未成年人而不具有独立进行意思表示的能力，或者因其存在精神障碍而失去了独立进行意思表示的能力。为了维护无行为能力人的合法权益，由特定的人代为进行仲裁活动。

2. 法定代理人的范围。仲裁法对法定代理人的范围没有作出直接的规定，根据代理制度的一般原理，无民事行为能力人或者限制民事行为能力人的监护人是他的法定代理人。因此，法定代理人的范围与监护人的范围是一致的。

根据《民法总则》第27条规定，父母是未成年子女的监护人。未成年人的父母已经双亡或者没有监护能力的，由下列有监护能力的人按顺序担任监护人：①祖父母、外祖父母；②兄、姐；③其他愿意担任监护人的个人或者组织，但是须经未成年人住所地的居民委员会、村民委员会或者民政部门同意。

根据《民法总则》第28条规定，无民事行为能力或者限制民事行为能力的成年人，由下列有监护能力的人按顺序担任监护人：①配偶；②父母、子女；③其他近亲属；④其他愿意担任监护人的个人或者组织，但是须经被监护人住所地的居民委员会、村民委员会或者民政部门同意。

3. 法定代理人的权限及其消灭。由于法定代理人是基于法律规定而行使代理权的人，并且法定代理人对被代理的当事人享有亲权或者监护权，因此，法定代理人的代理权限与被代理人的权利是同等的，即他不仅享有仲裁程序中的一般性权利，而且还可以根据自己的意愿处分被代理人的实体性权利，如承认、变更和放弃仲裁请求、进行和解或者调解等。〔法定代理权是全权代理〕

在仲裁程序中，出现下列情形时，法定代理人的代理权即消灭：①被代理人取得或者恢复了行为能力。也就是说，当未成年人因成年而取得行为能力，或者精神病人因痊愈而恢复行为能力时，当事人本人就取得或者恢复了亲自参加仲裁活动的能力，法定代理人的代理权自然就消灭了。②法定代理人死亡或者丧失行为能力。法定代理人是代为当事人进行仲裁活动的人，如果法定代理人本人死亡或者丧失了行为能力，则其无法完成法定代理人的职责，因此，法定代理权也就归于消灭。③法定代理人失去对被代理人的亲权或者监护权。法定代理权是基于法定代理人对被代理人的亲权或者监护权而产生的一种代理权，当法定代理人丧失对被代理人的亲权或者监护权时，如夫妻一方因离婚而丧失对另一方的监护权，父母因父母子女关系的解除而丧失对其子女的监护权等，其法定代理权当然归于消灭。〔除法定代理人死亡或丧失行为能力外，法定代理权随监护权的消灭而消灭〕

（二）委托代理人

1. 委托代理人的概念。委托代理人，是指基于当事人、法定代理人、法定代表人的授权委托并在授权范围内，代为进行仲裁活动的人。〔委托代理人基于委托行使代理权〕

在仲裁活动中，有些当事人、法定代理人、法定代表人由于时间、精力或者欠缺一定的法律知识、经验等原因，不能或者不便亲自参加仲裁活动。此时，为了更好地维护当事人的合法权益，当事人、法定代理人、法定代表人可以委托代理人代为进行仲裁活动。由于委托代理人的代理权限直接来源于委托授权，因此，设立委托代理制度，由委托代理人代为进行仲裁活动，不仅有利于当事人合法权益的维护，而且也有利于仲裁程序的顺利进行。

2. 委托代理人的范围。《仲裁法》第 29 条规定："当事人、法定代理人可以委托律师和其他代理人进行仲裁活动。委托律师和其他代理人进行仲裁活动的，应当向仲裁委员会提交授权委托书。"从这一规定可以看出，下列人员可以接受委托而成为委托代理人：

<u>律师、基层法律服务工作者及其他人员可作委托代理人</u>

（1）律师和基层法律服务工作者。律师是取得国家正式律师执业证书的专业法律人员，基层法律服务工作者也是取得国家法律职业资格证书的专业法律人员，他们不仅熟知法律，而且具有丰富的实践经验。因此，由律师或基层法律服务工作者担任委托代理人代为进行仲裁活动，既可以很好地维护被代理当事人的合法权益，还可以协助仲裁员及时查明争议案件事实，尽快解决争议案件。

（2）其他人员。仲裁法虽然未对其他人员作出明确而详细的规定，但是，从我国的仲裁实践情况来看，可以接受委托而成为仲裁代理人的其他人员一般可以包括当事人的近亲属或者工作人员、当事人所在社区、单位以及有关社会团体推荐的其他公民。

3. 委托代理人的权限及其消灭。委托代理人是根据当事人、法定代理人、法定代表人的授权委托而代为进行仲裁活动的，委托代理人只有在代理权限范围内所为代理行为产生的法律后果才能够由被代理人承担。

<u>委托代理权包括一般代理权与特殊代理权</u>

根据委托授权的不同，可以把委托代理分为一般委托代理和特别委托代理。一般委托代理，是指代理人只能代理被代理人为一般仲裁行为的代理。特别委托代理，是指代理人不仅可以为被代理人代理一般仲裁行为，而且还可以根据被代理人的特别授权，代为承认、放弃、变更仲裁请求，进行和解、调解等仲裁行为的代理。

委托代理权是基于被代理当事人或其法定代理人的授权而产生，也可以基于被代理当事人或其法定代理人的授权而予以变更。这种代理权的变更，既可以是扩大原来的代理权限，也可以是缩小原来的代理权限。但是，在仲裁过程中，代理人代理权限的变更应当及时以书面形式告知仲裁庭，并由仲裁庭通知对方当事人。

委托代理权产生后，出现下列情形之一时，委托代理权即归于消灭：①仲裁程序终结。仲裁程序终结时，代理人的代理职责已经完成，代理权应当消灭。②委托代理人死亡或者丧失行为能力。代理人代理职责的完成需要借助于一定的行为能力，如果代理人本人出现死亡或者丧失行为能力的情形时，其所承担的代为进行仲裁活动的职责，就会因其死亡或者丧失行为能力而无法实现，因此，代理权归于消灭。③委托人解除委托或者代理人辞去委托。委托代理权是基于当事人与委托代理人之间的委托关系而产生的，因此，在仲裁程序中，委托人可以根据代理情况而解除委托；被代理人也可以因委托代理人提出不合理要求等原因而辞去委托。

> 除委托代理人死亡与丧失行为能力外，委托关系消灭，委托代理权即消灭

□小　结

本章主要阐述仲裁参加人制度，包括仲裁当事人的概念、特征，以及当事人的权利与义务，仲裁代理人的概念、特征，法定代理人代理权的产生、代理权限及其消灭，委托代理人代理权的产生、代理权限及其消灭等。其主要内容是：

一、仲裁当事人

（一）当事人的概念与特征

仲裁当事人，是指因民事权益发生争议，为维护自身的合法权益，依法以自己名义根据仲裁协议参加仲裁程序，并接受仲裁裁决约束的公民、法人或者其他组织。仲裁当事人包括申请人与被申请人。

特征：必须以自己的名义参加仲裁程序；当事人之间必须存在有效的仲裁协议；当事人的法律地位是平等的；当事人之间必须发生了仲裁协议所约定事项的争议。

（二）当事人的权利和义务

权利：申请仲裁权与答辩权；委托代理人参加仲裁的权利；申请回避的权利；辩论权；收集、提供证据的权利；申请保全的权利；自行和解和请求调解的权利；发问的权利；请求补正仲裁裁决的权利；申请撤销仲裁裁决的权利；申请执行的权利。

义务：正当行使自己权利的义务；遵守仲裁秩序的义务；履行发生法律效力的仲裁裁决书与仲裁调解书的义务；交纳仲裁费用的义务。

二、仲裁代理人

（一）仲裁代理人的概念与特征

仲裁代理人，是指根据法律规定或者当事人、法定代理人的授权委托，以被代理人

的名义，为维护被代理人的合法权益，在代理权限内代理一方当事人进行仲裁活动的人。

特征：必须以被代理人的名义进行仲裁活动；代为进行仲裁活动的目的是维护被代理人的利益；在代理权限范围内进行代理活动所产生的法律后果由被代理人承担；在同一案件中，只能代理一方当事人进行仲裁活动。

（二）仲裁代理人的种类

1. 法定代理人

范围：

（1）未成年人的法定代理人：父母；祖父母、外祖父母；兄、姐；其他愿意担任监护人的个人或者组织，但是须经未成年人住所地的居民委员会、村民委员会或者民政部门同意。

（2）无民事行为能力或者限制民事行为能力的成年人的法定代理人：配偶；父母、子女；其他近亲属；其他愿意担任监护人的个人或者组织，但是须经被监护人住所地的居民委员会、村民委员会或者民政部门同意。

权限与消灭：

（1）权限：全权代理。

（2）消灭：被代理人取得或者恢复了行为能力；法定代理人死亡或者丧失行为能力；法定代理人失去对被代理人的亲权或者监护权。

2. 委托代理人

范围：律师或基层法律服务工作者；其他人员。

权限与消灭：

（1）权限：一般代理权；特殊代理权。

（2）消灭：仲裁程序终结；委托代理人死亡或者丧失行为能力；委托人解除委托或者代理人辞去委托。

□练习与思考

一、名词解释

1. 仲裁当事人
2. 仲裁代理人

二、简答题

1. 仲裁当事人具有哪些特征？

2. 仲裁代理人具有哪些特征?
3. 法定代理人的范围是什么?
4. 法定代理人的代理权限在什么情形下可以消灭?

三、思考题

1. 法定代理人与委托代理人的关系如何?
2. 仲裁当事人在仲裁程序中的权利如何?

第十章

仲裁的申请与受理

■学习目的和要求

通过本章学习，要求学生
- 重点掌握：仲裁申请的条件，仲裁答辩与反请求。
- 掌握：仲裁委员会对仲裁申请受理的程序。
- 一般了解：仲裁申请与受理的概念。

第一节 仲裁的申请

一、申请仲裁的概念

申请仲裁，是指平等主体的公民、法人和其他组织就他们之间发生的合同纠纷和其他财产权益纠纷，根据双方当事人之间自愿达成的仲裁协议，提请仲裁协议中选定的仲裁委员会通过仲裁方式解决争议的行为。

当事人依据仲裁协议申请仲裁是仲裁程序开始的前提，但是，当事人申请仲裁的行为并不必然引起仲裁程序的发生。这是因为，当事人依据仲裁协议申请仲裁后，仲裁委员会应当对当事人的申请进行审查,对于符合法定条件的仲裁申请,应当依法予以受理;对于不符合法定条件的仲裁申请,则不予受理。由此可见,当事人申请仲裁只有符合法定的条件,才可以引起仲裁程序的进行。

二、申请仲裁的条件

(一) 申请仲裁的实质条件

根据《仲裁法》第 21 条的规定,当事人申请仲裁时应当符合下列条件:

1. 有仲裁协议。仲裁的本质在于当事人自愿选择以仲裁的方式解决所发生的争议,而仲裁协议正是当事人自愿选择仲裁这种方式的体现。仲裁协议是当事人之间在争议发生之前或者争议发生之后所达成的,将已经发生或者将来可能发生的争议,提交仲裁机构解决的书面意思表示。仲裁协议既是当事人授权仲裁机构解决争议的依据,也是排除法院司法管辖权的依据。因此,当事人之间订有仲裁协议是当事人申请仲裁的必要前提,如果没有仲裁协议,而只有一方当事人的仲裁申请,仲裁委员会不得受理。

_{仲裁协议是申请仲裁的前提}

2. 有具体的仲裁请求和事实、理由。当事人依据仲裁协议申请仲裁,必须提出具体的仲裁请求以及所依据的事实、理由。

所谓具体的仲裁请求,是指申请人请求仲裁委员会通过仲裁方式所要解决的具体问题以及所要达到的目的,即申请人请求仲裁委员会予以保护的合法权益以及要求被申请人履行实体义务的具体内容。如申请人请求仲裁委员会责令被申请人依据合同支付货款并支付违约金,等等。

_{仲裁申请的目的及依据}

所谓事实、理由,是指申请人提出其仲裁请求所依据的事实以及相应的理由。其中,事实是合同纠纷和其他财产权益纠纷发生的过程,是一种客观存在的具体情况;而理由则是申请人的一种主观认识,即申请人对基于合同纠纷和其他财产权益纠纷而提出的请求,从其所依据的事实以及所适用的法律上作出的一种理解,这种理由可能是正确的,也可能是错误的。

当事人申请仲裁后,其所提出的仲裁请求是否合理,所依据的事实是否真实,理由是否正确,需要由仲裁委员会进一步确定,当事人提出仲裁申请时,只要提出具体的仲裁请求和事实、理由即可。

3. 属于仲裁委员会的受理范围。属于仲裁委员会的受理范围,是指当事人在仲裁协议中所约定的,并提请仲裁解决的争议事项属于仲裁法所规定的允许仲裁的事项。也就是说，当事人申请仲裁解决的争议事项必须属于《仲裁法》第 2 条规定的范围，即当事人申请仲裁的纠纷应当是平等主体的公民、法人和其他组织之间发生的合同纠纷和其他财产权益纠纷。此外，当事人申请仲裁的事项不属于《仲裁法》第 3 条规定的不能仲裁的事项，即该争议既不是基于婚姻、收养、监护、抚养、继承而产生，也不是依法应当由行政机关处理的行政争议。

<small>争议事项具有可仲裁性</small>

（二）申请仲裁的形式条件

当事人申请仲裁，除了应当符合上述申请仲裁的实质条件以外，根据《仲裁法》第 22 条的规定，申请仲裁还需要符合相应的形式条件，即申请仲裁必须向仲裁委员会递交仲裁协议、仲裁申请书及副本。

<small>仲裁申请须以书面形式提出</small>

所谓仲裁申请书，是指争议的一方当事人依据仲裁协议，依法向仲裁委员会提交的请求仲裁委员会对双方当事人之间的争议进行仲裁的书面文件。

根据《仲裁法》第 23 条的规定，仲裁申请书应当记载下列内容：

1. 当事人的基本情况。具体包括申请人和被申请人的姓名、性别、年龄、职业、工作单位和住所。如果当事人是法人或者其他组织的，则应当写明该法人或者其他组织的名称、住所以及法定代表人或者主要负责人的姓名、职务。如果申请人由法定代理人代为参加仲裁活动的，可在申请人栏下写明法定代理人的姓名、性别、年龄、职业等基本情况；如果申请人委托律师或者其他人参加仲裁活动的，还应当在申请人栏目下写明委托代理人的基本情况。

2. 仲裁请求和所根据的事实、理由。仲裁申请书中的仲裁请求部分要明确、具体，要具体写明申请人通过仲裁委员会向被申请人提出的具体实体权利请求。如果申请人有多项仲裁请求，应当一一列明。仲裁申请书中的事实、理由部分是该申请书的核心部分，它既是支持仲裁申请人仲裁请求的依据，同时也是仲裁庭查明争议案件事实的重要依据。书写事实、理由部分要注意重点突出事实部分，理由部分要依据事实有理有据。

3. 证据和证据来源、证人姓名和住所。根据《仲裁法》第 43 条的规定，当事人对自己提出的主张应当提供证据加以证明。这就要求申请人在提出仲裁请求时，应当提供该仲裁请求所依据的证据。同时，为了便于仲裁庭审查证据的真实性与合法性，申请人还需要提供证据的来源；如果申请人提供证人作证，还需要提供证人的姓名和住所，以便通知证人作证。

第二节 仲裁的受理

一、仲裁受理的概念

仲裁受理，是指仲裁委员会对当事人的仲裁申请经过审查，认为符合法律规定的申请仲裁条件，从而决定立案审理的行为。

当事人向仲裁委员会提出仲裁申请后，并不意味着仲裁程序的开始，只有当事人的仲裁申请经过仲裁委员会审查，并由仲裁委员会作出立案受理的决定后，仲裁程序才能开始。因此，当事人申请仲裁的行为与仲裁委员会立案受理的行为相结合才能引起仲裁程序的发生。在这一过程中，当事人提出仲裁申请的行为是仲裁委员会受理的前提。

> 受理是仲裁程序开始的标志

二、仲裁申请审查与受理

（一）仲裁申请的审查与处理

仲裁委员会收到当事人提出的仲裁申请后，应当在法定期间内进行审查。根据我国仲裁法以及仲裁委员会仲裁规则的规定，仲裁委员会对于仲裁申请，可以从以下两个方面进行审查：

1. 审查仲裁申请是否符合《仲裁法》第21条规定的申请仲裁的条件，即有无仲裁协议、有无具体的仲裁请求和事实理由、是否属于仲裁委员会的受案范围。

2. 审查仲裁申请书的内容是否完备，即是否符合《仲裁法》第23条规定的仲裁申请书应具备的内容。

仲裁委员会接到当事人提出的仲裁申请后，应当根据具体情况分别作出处理。根据《仲裁法》第24条的规定："仲裁委员会收到仲裁申请书之日起5日内，认为符合受理条件的，应当受理，并通知当事人；认为不符合受理条件的，应当书面通知当事人不予受理，并说明理由。"但是，如果仲裁委员会经过审查，只是发现仲裁申请书内容有欠缺的，应当责令申请人限期补正仲裁申请书，然后根据补正的申请书的具体情况再予以处理。

> 对仲裁申请予以审查的内容及处理

（二）受理的法律后果

受理的法律后果，是指仲裁委员会对当事人的仲裁申请经过审查，

予以受理所产生的法律上的后果。仲裁委员会受理仲裁申请后,即产生以下法律后果:

1. 仲裁委员会取得了对争议案件的仲裁管辖权。仲裁委员会作为民间性争议解决机构,其仲裁管辖权虽然是来自于当事人所达成仲裁协议的授权,但是,如果没有仲裁委员会对当事人基于仲裁协议而提出的仲裁申请予以审查并依法受理的行为,仲裁委员会也不可能取得对具体争议案件的仲裁管辖权。

2. 申请人和被申请人取得了仲裁当事人的资格。当事人就其已经发生或者将来可能发生的争议经过协商达成仲裁协议后,只是意味着他们成为仲裁协议的双方当事人,但还并不是争议案件仲裁程序的当事人。只有仲裁委员会对当事人基于仲裁协议提出的仲裁申请予以受理后,申请人和被申请人才正式取得了仲裁程序当事人的资格,可以依法享有仲裁法和仲裁规则中所规定的诸项权利,并同时承担仲裁法和仲裁规则所规定的相应义务。

> 受理标志着仲裁管辖权的取得以及当事人资格的确定

第三节 仲裁答辩与反请求

一、仲裁答辩

(一) 仲裁答辩的概念

仲裁答辩,是指在仲裁程序中,被申请人为了维护自己的合法权益,针对仲裁申请人在仲裁申请书中所提出的仲裁请求和所依据的事实、理由进行答复和抗辩的行为。

仲裁答辩是仲裁法赋予被申请人的一项重要的权利。被申请人针对申请人的仲裁申请书进行有理有据的答辩,不仅是维护被申请人合法权益的有效手段,而且也有助于仲裁庭及时查明争议案件事实,分清是非,公正、合理、及时地解决争议案件。

(二) 仲裁答辩的方式和内容

1. 答辩的方式。《仲裁法》第25条第2款规定:"被申请人收到仲裁申请书副本后,应当在仲裁规则规定的期限内向仲裁委员会提交答辩书。仲裁委员会收到答辩书后,应当在仲裁规则规定的期限内将答辩书副本送达申请人。被申请人未提交答辩书的,不影响仲裁程序的进行。"从上述规定可以看出，在仲裁程序中，被申请人答辩应当采用书面形式，即向仲裁委员会提交答辩书。通过答辩书，被申请人既可以表明自己对申请人在申请书中所提出的仲裁请求与其所依据的事实、理由的态度，同时，又可以在答辩书中进一步提出有利于自己的事实和理由，这样，不仅维护了被申请人自身的合法权益，而且有利于仲裁庭及时查明争议案件事实。

<blockquote>答辩必须以书面形式</blockquote>

2. 答辩的内容。被申请人针对申请人仲裁申请书中的请求和事实、理由进行答辩的内容，既可以是实体方面的，如实体事实的存在与否，或者实体法律适用等；也可以是程序方面的，如仲裁庭的组成是否符合仲裁规则的规定、仲裁委员会对当事人申请仲裁的争议事项是否有仲裁权等。

二、反请求

（一）反请求的概念与特征

反请求，是指在已经开始的仲裁程序中，被申请人以原仲裁申请人为被申请人，向仲裁委员会提出的与原仲裁请求在事实上和法律上有牵连的，目的在于抵消或者吞并原仲裁申请人仲裁请求的独立的请求。

当事人双方基于平等自愿签订仲裁协议后，即享有平等的权利。也就是说，申请人可以基于仲裁协议提出仲裁请求，被申请人则可以在仲裁程序中提出反请求。为此，《仲裁法》第27条明确规定："……被申请人可以承认或者反驳仲裁请求，有权提出反请求。"

在仲裁程序中，赋予被申请人提出反请求的权利，可以起到以下作用：①有利于维护被申请人的合法权益；②有利于节约人力、物力；③仲裁请求与反请求合并审理，有利于防止就同一事实或者法律问题作出相互矛盾的裁决。

在仲裁程序中，被申请人提出的反请求具有以下特点：

1. 反请求当事人的特定性。即当事人地位的双重性。在仲裁程序中，被申请人提出反请求后，双方当事人的法律地位就具有了双重性，即原仲裁请求的申请人同时也是反请求中的被申请人，而原仲裁请求中的被申请人同时也是反请求中的申请人。

2. 反请求的独立性。对于反请求，被申请人既可以在基于申请人的申请而开始的仲裁程序中以反请求的形式提出，也可以直接向仲裁协议约定的仲裁委员会提出独立的请求而开始新的仲裁程序。

3. 反请求目的的对抗性。在仲裁程序中，被申请人之所以针对申请人的仲裁请求提出反请求，其目的就在于抵消或者吞并申请人的全部或者部分仲裁请求，以便维护自身的合法权益。

4. 反请求时间的限定性。为了实现以反请求抵消或者吞并仲裁请求的目的，被申请人的反请求应当在仲裁程序进行中提出。否则，仲裁程序结束后，即使被申请人的反请求得到仲裁庭的支持，也无法起到抵消或者吞并仲裁请求的作用。

5. 反请求事实、理由的牵连性。反请求是被申请人针对申请人的仲裁请求提出的，虽然反请求与仲裁请求是对立的，但是，反请求应当与仲裁请求存在事实、理由的牵连性。

（二）反请求的提起与审理

在仲裁程序中，赋予被申请人提出反请求权利的目的在于保护被申请人的合法权益。被申请人针对申请人的仲裁请求提出反请求应当具备以下条件：

1. 反请求应由被申请人以原仲裁申请人为被申请人提出，否则，不能形成反请求。

2. 反请求只能由被申请人向受理原仲裁申请的仲裁委员会提出，而不得向其他仲裁委员会提出。只有这样，才能通过仲裁请求与反请求的合并审理，达到抵消或者吞并仲裁请求的目的。

3. 反请求应当在仲裁委员会受理原仲裁申请后，作出仲裁裁决之前提出，否则就无法实现与原仲裁请求合并审理的目的。

仲裁委员会收到被申请人提出的反请求后，应当对该反请求进行审查，对于符合条件的反请求，应当予以受理，并将反请求副本送达申请人；对于不符合条件的反请求，仲裁委员会不予受理。对于反请求与原仲裁请求，仲裁庭一般应当合并审理，以达到经济仲裁的目的。

仲裁委员会受理被申请人提出的反请求后，如果申请人撤回仲裁申请，仲裁庭应当对被申请人的反请求继续进行审理并作出仲裁裁决。

小 结

本章主要阐述仲裁的申请与受理制度，包括仲裁申请的条件，仲裁委员会对申请的审查与受理，仲裁答辩与反请求及反请求的特征、提起的条件等。其主要内容是：

一、仲裁的申请

（一）仲裁申请的概念

仲裁申请，是指平等主体的公民、法人和其他组织就他们之间发生的合同纠纷和其他财产权益纠纷，根据双方当事人之间自愿达成的仲裁协议，提请仲裁协议选定的仲裁委员会通过仲裁方式解决争议的行为。

（二）申请仲裁的条件

1. 实质条件：有仲裁协议；有具体的仲裁请求和事实、理由；属于仲裁委员会的受案范围。
2. 形式条件：书面形式。

二、仲裁的受理

（一）仲裁受理的概念

仲裁受理，是指仲裁委员会对当事人的仲裁申请经过审查，认为符合法律规定的申请仲裁条件，从而决定立案受理的行为。

（二）仲裁申请审查与受理

1. 审查内容：仲裁申请是否符合法定条件；仲裁申请书的内容是否完备。
2. 受理后果：仲裁委员会取得对争议案件的仲裁管辖权；申请人和被申请人取得了当事人的资格。

三、仲裁答辩与反请求

（一）仲裁答辩

仲裁答辩，是被申请人针对仲裁申请人在仲裁申请书中所提出的仲裁请求和所依据的事实、理由进行答复和抗辩的行为，是被申请人的一项重要权利。

1. 答辩方式：书面答辩。
2. 内容：实体方面；程序方面。

（二）反请求

反请求，是指在已经开始的仲裁程序中，被申请人以原仲裁申请人为被申请人，向仲裁委员会提出的与原仲裁请求在事实上和法律上有牵连的，目的在于抵消或者吞并原仲裁申请人仲裁请求的独立的请求。

1. 反请求特征：反请求当事人的特定性；反请求的独立性；反请求目的的对抗性；反请求时间的限定性；反请求事实、理由的牵连性。

2. 反请求条件：反请求应由被申请人以原仲裁申请人为被申请人提出；反请求只能向受理原仲裁申请的仲裁委员会提出；反请求应在作出仲裁裁决前提出。

□练习与思考

一、名词解释

1. 申请仲裁
2. 仲裁受理
3. 反请求

二、简答题

1. 申请仲裁的条件有哪些？
2. 受理仲裁产生怎样的法律后果？
3. 反请求有哪些特征？提出反请求需要具备哪些条件？

三、思考题

1. 仲裁委员会应如何审查仲裁申请？
2. 如何理解仲裁答辩与反请求的作用？

第十一章

仲裁保全与证据制度

■**学习目的和要求**

通过本章学习，要求学生
- 重点掌握：仲裁保全的条件、范围、措施与证据保全的条件、措施。
- 掌握：仲裁保全的概念、程序与证据保全的概念。
- 一般了解：仲裁保全与证据保全的作用。

第一节 仲裁保全

一、仲裁保全概述

广义地讲，保全是指人民法院采取法定措施对财产、行为、证据等特定事物的法律特性和法律价值予以保存和保护，包括财产保全、行为保全和证据保全等；狭义地讲，保全是指人民法院为了确保生效裁判获得有效执行，或避免给一方当事人的权益造成损害，或避免损害进一步扩大，对当事人争议的财产或与案件有关的财产采取强制性保护措施或责令另一方当事人为或不为特定行为，包括财产保全和行为保全。

本节中的仲裁保全采用狭义的概念，包括财产保全和行为保全。

我国《仲裁法》中仅对仲裁中的财产保全和证据保全进行了规定。2012年《民事诉讼法》修订时，增加了仲裁前的财产保全、行为保全和证据保全。

> 保全的目的是避免合法权益受损或保证生效法律文书的实现

随着我国社会生活的法制化，人们越来越重视以法律的手段来维护自身的合法权益。在仲裁开始前或仲裁程序进行过程中，可能会由于一方当事人的行为，如故意隐匿、转移、毁损财物，或者由于诸如市场、气候等其他原因，如不立即保全将会使利害关系人的合法权益受到难以弥补的损害，或不采取保全会给当事人造成其他损害，或致使争议的标的物或者其他财物灭失或者价值降低，从而导致仲裁裁决作出后无法或者难以执行。尤其是在我国当前民事执行难尤为严重的情况下，及时妥善地采取相应的保全措施是非常必要的。采取保全措施，限制被申请人的特定行为或对特定财产的处分权，不仅有利于申请人合法权益的维护，而且还有利于仲裁程序的顺利进行以及仲裁裁决的执行。

二、财产保全

仲裁财产保全，是指仲裁程序开始前，或者仲裁庭作出仲裁裁决前，因一方当事人的行为或者其他原因，可能给利害关系人造成难以弥补的损失，或使仲裁裁决不能执行或者难以执行时，经利害关系人直接向有管辖权的人民法院申请，或一方当事人申请并由仲裁委员会提交，有关人民法院根据我国民事诉讼法的相关规定所采取的限制被申请人对特定财产进行处分的强制措施。

> 根据财产保全发生的阶段不同，仲裁财产保全划分为仲裁前财产保全和仲裁中财产保全

（一）仲裁前财产保全

仲裁前财产保全，是指在利害关系人申请仲裁前，人民法院根据利害关系人的申请，对被申请人的财产采取强制性保护措施的保全制度。

《民事诉讼法》第101条第1款规定："利害关系人因情况紧急，不立即申请保全将会使其合法权益受到难以弥补的损害的，可以在提起诉讼或者申请仲裁前向被保全财产所在地、被申请人住所地或者对案件有管辖权的人民法院申请采取保全措施。申请人应当提供担保，不提供担保的，裁定驳回申请。"根据上述法律规定，申请仲裁前财产

保全应具备以下条件：

1. 情况紧急，有采取财产保全的紧迫性。这里的情况紧急是指债务人有转移、损毁、处分或隐匿财产的行为，或者由于客观原因，相关财产可能发生毁损或灭失。如果不立即采取保全措施，即使利害关系人将来申请仲裁，进而胜诉也无法保证其合法权益的实现。

2. 利害关系人提出申请。这里利害关系人是指认为自己的权利受到侵害或者与他人发生争议，纠纷的处理结果与其有法律上权利义务关系的人。

3. 申请人应当提供担保。这是因为诉前保全是在仲裁机构受理案件之前，人民法院对民事纠纷的一方当事人采取的保全措施，而此时的利害关系人之间民事权利义务关系未经审理尚不明确。为了防止因保全错误或者一方恶意滥用财产保全而给被申请一方合法权益造成损害，法律要求申请人在提出仲裁前保全时应当提供担保。如果申请人不提供担保的，人民法院应当驳回申请。

4. 申请人应当向被保全财产所在地、被申请人住所地的人民法院提出申请。

（二）仲裁中财产保全

仲裁中财产保全，是指仲裁庭作出仲裁裁决前，因一方当事人的行为或者其他原因，可能使仲裁裁决不能执行或者难以执行时，经一方当事人申请并由仲裁委员会提交，有关人民法院根据我国民事诉讼法的相关规定所采取的限制被申请人对特定财产进行处分的强制措施。

《仲裁法》第 28 条第 1 款规定："一方当事人因另一方当事人的行为或者其他原因，可能使裁决不能执行或者难以执行的，可以申请财产保全。"根据上述法律规定以及我国仲裁实践的具体情况，当事人申请财产保全应具备以下条件：

1. 申请财产保全的争议案件应当是具有财产给付内容的案件。在仲裁程序中，申请人提出的仲裁请求既可以是给付请求，即请求仲裁庭责令被申请人履行给付一定的金钱、财物或者行为的义务，以便实现自己的实体权利的请求；也可以是确认请求，即请求仲裁庭确认某种法律关系的存在或者不存在的请求；还可以是变更请求，即请求仲裁庭变更某种法律关系的请求。但是，在上述各种请求中，只有申请人提出给付请求时，也就是争议案件具有财产给付内容，所作出的仲裁裁决具有可执行性时，才有必要采取财产保全措施，以便将来实现生效的仲裁裁决。

<small>有给付内容的案件才具有保全的可能</small>

2. 申请财产保全须具有法定的事实和理由。根据我国仲裁法规定，只有出现因一方当事人的行为或者其他原因，可能使仲裁裁决不能执行或者难以执行时，才可以申请财产保全。所谓一方当事人的行为，主要是指一方当事人主观上的故意行为，如当事人隐匿、转移、毁损、变卖财物，以逃避所应承担的实体义务的行为。所谓其他原因，主要是指客观上的原因，如争议的标的物或者其他财物系鲜活物品或者季节性很强的物品，不宜长期保存，或者由于风雨的侵蚀等自然原因易导致财物的腐烂、变质等。上述原因出现后，如不及时采取财产保全措施，将可能会因为财产的灭失或者财产价值的降低而使生效的仲裁裁决无法执行或者难以执行。

<small>申请财产保全须合法</small>

3. 财产保全申请须在一定期间内提出。我国仲裁法虽然没有对提出财产保全申请的时间作出明确的规定，但是，从设置财产保全制度的目的以及我国仲裁实践的具体情况来看，财产保全的申请一般应当在争议案件受理后，仲裁庭作出仲裁裁决之前提出。

<small>时间要求</small>

4. 财产保全申请应当向受理争议案件的仲裁委员会提出，而不得直接向有关的人民法院提出。仲裁委员会系民间性争议解决机构，虽然其无权采取具有国家强制性的财产保全措施，但是，在仲裁程序中，当事人申请财产保全时，只能向受理争议案件的仲裁委员会提出。

<small>管辖要求</small>

（三）财产保全的范围与措施

根据《民事诉讼法》第101条的规定，以及《仲裁法》第28条第2款规定："当事人申请财产保全的，仲裁委员会应当将当事人的申请依照民事诉讼法的有关规定提交人民法院。"可见，仲裁财产保全实际上是由有关的人民法院依照民事诉讼法的规定采取的。因此，财产保全的范围与措施可以根据民事诉讼法的有关规定来确定。

1. 财产保全的范围。财产保全的目的是保证生效的法律文书得以实现，从而维护当事人的合法权益，但是，也应当防止因采取财产保全措施而给被申请人造成不必要的损害，因此，民事诉讼法对财产保全的范围作出了明确的规定。《民事诉讼法》第102条规定："保全限于请求的范围，或者与本案有关的财物。"所谓请求的范围，是指被保全财物的价值应当与财产保全申请人的仲裁请求大体相当。为达到财产保全的目的，被保全财物的价值不能过于小于申请人仲裁请求的数额；但是，为了不给被申请人造成不应有的损失，被保全财物的价值也不能过于大于申请人仲裁请求的数额。所谓与本案有关的财物，是指双方当事人之间存在争议的标的物时，被保全的财物应是本案争议

<small>财产保全范围须合法，防止给被申请人造成损害</small>

的标的物，或者是与本案争议标的物有牵连关系的其他财物。

为进一步执行民事诉讼法关于财产保全范围的规定，也为了更加明确财产保全的范围，《最高人民法院关于在经济审判工作中严格执行〈中华人民共和国民事诉讼法〉的若干规定》第14条进一步规定："人民法院采取财产保全措施时，保全的范围应当限于当事人争议的财产，或者被告的财产。对案外人的财产不得采取保全措施，对案外人善意取得的与案件有关的财产，一般也不得采取财产保全措施……"

2. 财产保全的措施。《民事诉讼法》第103条规定："财产保全采取查封、扣押、冻结或者法律规定的其他方法……"根据这一规定，财产保全通常可以适用以下方法：

财产保全措施的种类及适用

（1）查封。即指人民法院将需要进行财产保全的财物，造册登记后，粘贴封条、就地封存，限制被申请人或者有关单位与个人擅自处分的措施。由于查封措施实行的是就地封存，一般应针对不动产或者体积较大、移动不便的动产。

（2）扣押。即指人民法院将需要进行财产保全的财物，移至其他地方予以扣押，在一定期间内限制被申请人或者有关单位和个人对该财物擅自予以处分。由于采取扣押措施可以使被扣押的财物脱离被申请人或者有关单位和个人的实际控制，有利于维护该被保全财产的价值，因此，对于体积较小或者移动方便的财物，适合采取扣押措施予以保全。此外，对于有产权证书的不动产或者汽车等，也可以采取扣押其产权证书并通知有关产权登记部门的措施。

（3）冻结。即指人民法院依法通知有关银行、信用社或者其他金融机构，协助人民法院限制被申请人支取或者划拨其账户内款项的措施。冻结的期限为6个月，有特殊情况需要延长的，应当在冻结到期前向冻结单位办理继续冻结的手续。此外，冻结措施也可以适用于股票等有价证券。

（4）法律规定的其他方法。即除上述方法以外，法律规定可以作为财产保全措施的其他方法。根据《最高人民法院关于适用〈中华人民共和国民事诉讼法〉若干问题的意见》的规定，人民法院对季节性商品、鲜活、易腐烂变质以及其他不宜长期保存的物品采取保全措施时，可以责令当事人及时处理，由人民法院保存价款；必要时，人民法院可予以变卖，保存价款。人民法院对抵押物、留置物可以采取财产保全措施，但抵押权人、留置权人有优先受偿权。人民法院对债务人到期应得的收益，可以采取财产保全措施，限制其支取，通知有关单位协助执行。债务人的财产不能满足保全请求，但对第三人有到期债权的，人民法院可以依债权人的申请裁定该第三人不得对本案债务人清偿。该第三人要求偿付的，由人民法院提存财物或价款。

人民法院在采取上述财产保全措施时，应依法定程序进行，以免给被申请人造成不应有的损失。

（四）财产保全的程序

利害关系人申请

1. 财产保全的申请。仲裁前财产保全，由利害关系人直接向有管辖权的人民法院提出财产保全申请。根据《民事诉讼法》第101条的规定，对仲裁前财产保全有管辖权的人民法院是被保全财产所在地、被申请人住所地的人民法院。

当事人申请，仲裁委员会提交人民法院

仲裁中财产保全，当事人向仲裁委员会提出财产保全申请，由仲裁委员会将当事人的申请提交人民法院。仲裁委员会接到当事人提交的财产保全申请后，应当依照民事诉讼法的有关规定将当事人的申请提交有管辖权的人民法院，即被申请人住所地或被保全财产所在地的人民法院，由人民法院对该申请进行审查，并作出是否受理的裁定。

2. 财产保全的担保。仲裁前财产保全，利害关系人必须提供担保。

仲裁前必须提供担保

仲裁中可以责令提供担保

仲裁中财产保全，人民法院可以责令当事人提供担保。《民事诉讼法》第100条第2款规定："人民法院采取保全措施，可以责令申请人提供担保，申请人不提供担保的，裁定驳回申请。"也就是说，人民法院受理仲裁委员会提交的当事人的财产保全申请后，有权根据案件的实际需要，决定是否由当事人提供担保。如果人民法院责令当事人提供担保的，当事人应当提供担保，并且，所提供担保的数额应相当于请求保全的数额，否则，人民法院不予采取财产保全措施。

3. 裁定。人民法院对利害关系人或仲裁委员会提交的当事人的财产保全申请，经过审查后，对于不符合采取财产保全措施条件的，应裁定驳回申请。对于符合采取财产保全措施条件的，应当裁定采取相应的财产保全措施。申请人对该裁定不服的，可以申请复议一次，但是，复议期间不停止财产保全裁定的执行。

裁定及执行

4. 执行。人民法院作出财产保全裁定后，应当立即交付执行庭予以执行，以防止有关财产转移。

（五）财产保全措施的解除

人民法院采取财产保全措施的目的在于保证生效法律文书的执行，因此，财产保全措施的裁定生效后，其效力一般应维持到生效法律文书执行为止。但是，财产保全措施毕竟是一种临时性的防止财产转移或者灭失的措施,当出现某种情形,使财产保全失去其存在的前提或者必要时,应当及时解除财产保全措施,以防止给被申请人造成不应有的损失。

根据民事诉讼法的有关规定以及司法实践的做法,在下列情况下应解除财产保全措施:

1. 仲裁前采取财产保全措施后,30 日内没有向约定的仲裁机构申请仲裁的。《民事诉讼法》第 101 条第 3 款规定:"申请人在人民法院采取保全措施后 30 日内不依法提起诉讼或者申请仲裁的,人民法院应当解除保全。"

2. 被申请人提供担保的,人民法院应解除财产保全。财产保全的目的就在于防止被申请人转移财产,从而导致损失难以弥补或将来的生效法律文书不能执行或者难以执行。如果采取财产保全措施后,被申请人提供担保,就意味着损失可以弥补或将来生效法律文书的执行有了财产或者担保人的保证,因此,财产保全措施已经失去继续存在的必要,人民法院应当裁定解除财产保全。《民事诉讼法》第 104 条规定:"财产纠纷案件,被申请人提供担保的,人民法院应当裁定解除保全。"

> 被申请人提供担保的行为实现了保全的目的

3. 申请人撤回财产保全申请。申请财产保全是申请人为维护自己的合法权益而行使的一项权利,同样,采取财产保全措施后,如果基于情况的变化,申请人也有权撤回财产保全申请。申请人提出撤回财产保全申请的,人民法院应当裁定解除财产保全。

> 申请人的处分权的体现

4. 被申请人的复议申请成立。财产保全措施采取后,就限制了被申请人对被保全财产的处分权。被申请人对该财产保全裁定不服,可以依法提出复议申请,如果该复议申请成立,即意味着不应当采取财产保全措施,人民法院应当立即解除财产保全。

> 财产保全措施不当

(六) 申请财产保全错误的赔偿

《民事诉讼法》第 105 条规定:"申请有错误的,申请人应当赔偿被申请人因保全所遭受的损失。"可见,申请人为了维护自己的利益,有权申请财产保全。但是,如果申请错误并因财产保全给被申请人造成损失时,就应当予以赔偿,这样有利于维护被申请人的利益。所谓申请有错误,是指申请财产保全的人不是争议案件所涉及的法律关系中的权利人,也就是申请人的仲裁请求未得到仲裁庭的支持。确立申请财产保全错误的赔偿制度,既有利于维护被申请人的合法权益不受侵犯,同时也可以限制申请人滥用该权利。

> 赔偿制度的目的在于维护被申请人的利益

三、仲裁前行为保全

《仲裁法》中没有规定行为保全，《民事诉讼法》第 101 条仅规定了仲裁前的行为保全。仲裁前行为保全，是指在仲裁程序开始前，人民法院根据利害关系人的申请责令被申请人为一定行为或不为一定行为的一种临时性救济措施。

与财产保全相区别，行为保全是指针对行为采取的保全措施。仲裁前行为保全的条件和程序与仲裁前财产保全的相同，在此不再赘述。

第二节 仲裁证据保全

一、证据保全的概念

证据保全，指的是在证据有可能毁损、灭失或以后无法或难以取得的情况下，人民法院根据利害关系人的申请，或者根据仲裁委员会提交的当事人的申请，提前对证据进行调查收集或固定、保存的行为。根据申请证据保全的时间不同，仲裁证据保全划分为仲裁前证据保全和仲裁中证据保全。

> 证据保全的意义在于保存证据的证明力

《民事诉讼法》中规定了仲裁前证据保全，《仲裁法》中规定了仲裁中证据保全。

在仲裁程序中，证据既是当事人所提出的仲裁请求获得支持的依据，也是仲裁庭行使仲裁权、对当事人争议的案件作出仲裁裁决的依据。如果因某种原因使证据灭失或者难以取得，就可能导致争议案件无法认定。因此，通过证据保全措施，可以使仲裁庭及时收集证据，查明争议案件事实，作出正确的裁决。

二、证据保全的条件

《民事诉讼法》第 81 条第 2 款规定："因情况紧急，在证据可能灭失或者以后难以取得的情况下，利害关系人可以在提起诉讼或者申请仲裁前向证据所在地、被申请人住所地或者对案件有管辖权的人民法院申请保全证据。"《仲裁法》第 46 条规定："在证据可能灭失或者以后难以取得的情况下，当事人可以申请证据保全……"根据上述规定，证据保全应具备以下条件：

1. 证据须存在灭失或者以后难以取得的可能性。所谓证据灭失，是指在仲裁庭收集证据之前，如不对证据采取相应的保全措施，该证据将可能会失去，如证人因病情严重可能死亡，物证因天气或者季节原因可能腐烂变质，从而丧失其作为证据的价值等。所谓以后难以取得，是指如不采取相应的证据保全措施，等到仲裁庭需要收集该证据时，可能为收集该证据需要付出更多的时间和精力，也可能使证据收集工作面临难以预料的困难，如证人即将出国工作、探亲等，则可能因证人的出国而给证据的收集工作带来更大的困难。

证据保全的前提

2. 被保全的证据须具有证明力。证据保全的目的在于保存证据的证明力，即如果不及时对相关证据采取保全措施，则可能会因该证据的灭失或者以后难以取得而影响争议案件事实的认定。

证据保全的目的

3. 仲裁前证据保全须由利害关系人直接向证据所在地、被申请人住所地人民法院提出申请；仲裁中证据保全须由当事人向仲裁委员会提出申请，由仲裁委员会将其申请提交证据所在地的人民法院。仲裁程序开始后，当事人比较了解证据是否存在灭失或者以后难以取得的可能性，也就是说，当事人最为了解是否需要采取证据保全措施，以保存证据的证明力。同时，仲裁中证据保全须由当事人向仲裁委员会提出申请，而不得直接向有管辖权的人民法院提出证据保全申请。

证据保全的程序

三、证据保全的措施及效力

证据保全的措施，是指人民法院对于可能灭失或者以后难以取得的证据予以保护而采取的具体方法。

对于证据保全的具体措施，民事诉讼法规定参照保全的规定。根据实践来看，证据保全的措施因需要保全的证据种类的不同而不同。对于证人证言的保全，可以采取制作证人证言笔录或者录音制作成视听资料的方法；对于物证，可以采取勘验制作勘验笔录的方法，也可以采取对物证的特征进行录像制作成视听资料的方法；对于书证或者视听资料，可以采取及时调取到法院予以封存的方法等。

经过保全的证据的种类及保全的方法，人民法院应当记录在案，并及时转交给仲裁委员会，是否作为认定争议案件事实的证据，由仲裁庭对证据经过审查，并对其证明力加以确定后再行确定。但是，证据保全毕竟是法律所确定的一项制度，因此，经过人民法院依法定程序保全的证据，其对争议案件事实的证明力与当事人向仲裁庭提交的证据相同。

被保全证据的效力等同于证据本身

□ 小　　结

本章主要简述仲裁保全制度和证据保全两大制度，具体包括财产保全的概念、条件、范围、措施、程序、解除和申请保全措施错误的赔偿，仲裁前行为保全的概念和条件，以及证据保全的概念、条件、措施及效力等。其主要内容是：

一、仲裁保全概述

仲裁保全是指人民法院为了确保生效裁判获得有效执行，或避免给一方当事人的权益造成损害，或避免损害进一步扩大，对当事人争议的财产或与案件有关的财产采取强制性保护措施或责令另一方当事人为或不为特定行为，包括财产保全和行为保全。

二、财产保全

仲裁财产保全，是指仲裁程序开始前，或者仲裁庭作出仲裁裁决前，因一方当事人的行为或者其他原因，可能给利害关系人造成难以弥补的损失，或使仲裁裁决不能执行或者难以执行时，经利害关系人直接向有管辖权的人民法院申请，或一方当事人申请并由仲裁委员会提交，有关人民法院根据我国民事诉讼法的相关规定所采取的限制被申请人对特定财产进行处分的强制措施。

根据财产保全发生的阶段不同，仲裁财产保全划分为仲裁前财产保全和仲裁中财产保全。

（一）仲裁前财产保全

仲裁前财产保全，是指在利害关系人申请仲裁前，人民法院根据利害关系人的申请，对被申请人的财产采取强制性保护措施的保全制度。

申请仲裁前财产保全应具备以下条件：情况紧急，有采取财产保全的紧迫性；利害关系人提出申请；申请人应当提供担保；申请人应当向被保全财产所在地、被申请人住所地的人民法院提出申请。

（二）仲裁中财产保全

仲裁中财产保全，是指仲裁庭作出仲裁裁决前，因一方当事人的行为或者其他原因，可能使仲裁裁决不能执行或者难以执行时，经一方当事人申请并由仲裁委员会提交，有关人民法院根据我国民事诉讼法的相关规定所采取的限制被申请人对特定财产进行处分的强制措施。

申请仲裁中财产保全应具备以下条件：争议案件应当是具有财产给付内容的案件；须具有法定的事实和理由；申请须在一定期间内提出；申请应当向受理争议案件的仲裁委员

会提出。

（三）财产保全的范围与措施

1. 范围：请求的范围；与本案有关的财物。
2. 措施：查封；扣押；冻结；法律规定的其他方法。

（四）财产保全的程序

1. 财产保全的申请：仲裁前财产保全，由利害关系人直接向被保全财产所在地、被申请人住所地的人民法院提出财产保全申请。仲裁中财产保全，当事人向仲裁委员会提出财产保全申请，由仲裁委员会将当事人的申请提交人民法院。
2. 财产保全的担保：仲裁前财产保全，利害关系人必须提供担保。仲裁中财产保全，人民法院可以责令当事人提供担保。
3. 裁定。
4. 执行。

（五）财产保全措施的解除

1. 仲裁前采取财产保全措施后，30日内没申请仲裁的；
2. 被申请人提供担保的；
3. 申请人撤回财产保全申请；
4. 被申请人的复议申请成立。

（六）申请财产保全错误的赔偿

赔偿被申请人因此而遭受的损失。

三、仲裁前行为保全

《仲裁法》中没有规定行为保全，《民事诉讼法》第101条仅规定了仲裁前的行为保全。仲裁前行为保全，是指在仲裁程序开始前，人民法院根据利害关系人的申请责令被申请人为一定行为或不为一定行为的一种临时性救济措施。

四、仲裁证据保全

（一）证据保全的概念

证据保全，指的是在证据有可能毁损、灭失或以后无法或难以取得的情况下，人民法院根据利害关系人的申请，或者根据仲裁委员会提交的当事人的申请，提前对证据进行调查收集或固定、保存的行为。根据申请证据保全的时间不同，仲裁证据保全划分为仲裁前证据保全和仲裁中证据保全。

（二）证据保全的条件

条件：证据须存在灭失或者以后难以取得的可能性；被保全的证据须具有证明力；须由利害关系人向有关人民法院提出或当事人向仲裁委员会提出申请，由仲裁委员会将当事人的申请提交给有关人民法院。

（三）证据保全的措施及效力

1. 措施：因证据种类的不同而不同。
2. 效力：等同于原始证据的证明力。

□ 练习与思考

一、名词解释

1. 财产保全
2. 证据保全

二、简答题

1. 申请仲裁前和仲裁中财产保全应具备哪些条件？
2. 在哪些情况下应解除财产保全？
3. 申请证据保全应具备哪些条件？

三、思考题

1. 学习财产保全制度的意义是什么？
2. 如何理解财产保全的范围？
3. 如何认识证据保全的方法？

第十二章

仲 裁 庭

■**学习目的和要求**

通过本章学习，要求学生
- 重点掌握：仲裁庭的组成形式与仲裁庭的权利、义务。
- 掌握：仲裁庭组成形式的确定。
- 一般了解：仲裁庭的概念与特征。

第一节　仲裁庭概述

一、仲裁庭的概念

仲裁庭，是指由当事人选定或者仲裁委员会主任指定的仲裁员组成的，按照仲裁程序对当事人提请仲裁的争议案件进行审理并作出仲裁裁决的仲裁组织。

仲裁委员会对当事人基于仲裁协议提出的仲裁申请，经过审查予以受理后，并不是由仲裁委员会直接对该争议案件行使审理与裁决权，而是依仲裁规则组成仲裁庭，由仲裁庭行使对争议案件的具体仲裁权。因此，仲裁委员会受理案件后，能否及时顺利地组成仲裁庭，不仅影

> 仲裁权的具体行使者是仲裁庭

响到争议案件的解决、当事人权利的实现,而且还直接影响到仲裁委员会解决争议案件职能的实现。正因为如此,我国仲裁法对仲裁庭形式的确定以及仲裁庭的组成都作出了明确的规定。

二、仲裁庭的特征

仲裁庭不同于仲裁机构,具有以下特征:

1. 仲裁庭是当事人提请仲裁的争议案件的直接审理者与裁决者。仲裁庭是由仲裁委员会聘任的仲裁员组成的专门负责对当事人提请仲裁的具体争议案件进行审理并作出仲裁裁决的组织,而且仲裁庭也是由当事人在仲裁委员会确定的仲裁员名册中选定的仲裁员或者由仲裁委员会主任在上述名册中指定的仲裁员组成的。而仲裁机构则不同,仲裁机构是基于当事人的仲裁申请,通过仲裁方式解决当事人仲裁协议中所约定争议事项的专门机构。在我国,仲裁机构就是指依法设立的各种性质的仲裁委员会,这些仲裁委员会成为不同于人民法院的重要的争议解决机构。仲裁委员会虽然是当事人仲裁协议约定争议案件的解决机构,但是仲裁委员会并不负责具体案件的审理与裁决。

仲裁庭行使对具体案件的仲裁权

2. 仲裁庭具有临时性。仲裁庭是临时设立的,当事人向仲裁委员会提请仲裁争议案件时,即根据仲裁争议案件的需要而设立仲裁庭。争议案件因仲裁庭作出仲裁裁决而得到解决,或者因当事人撤回仲裁申请而结束仲裁程序时,仲裁庭即消灭。而仲裁机构则不同,在我国,仲裁机构是固定设立的争议解决机构,而且,各仲裁机构因其仲裁案件的性质的不同而有所不同,有主要仲裁涉外案件的仲裁机构,即中国国际经济贸易仲裁委员会与中国海事仲裁委员会,也有根据仲裁法设立的,既可以仲裁国内案件,也可以仲裁涉外案件的各地方仲裁委员会。

仲裁庭因案件而产生,随仲裁程序终结而消灭

3. 仲裁庭具有灵活性。在仲裁程序中,当事人申请仲裁后,采取何种形式组成仲裁庭,是由双方当事人根据提请仲裁的争议案件自行确定的,而且仲裁庭的组成人员也是由双方当事人根据案件的需要自行选定或者委托仲裁委员会主任指定的,无固定统一的要求,具有较大的灵活性。而仲裁机构则不同,仲裁机构是依法定程序设立的,其设立必须符合法律规定的设立条件,如仲裁委员会应当有自己的名称、住所和章程,有必要的财产,有该委员会的组成人员,包括主任、副主任、秘书等。此外,由于设立仲裁委员会的目的在于解决当事人基于仲裁协议而提请仲裁的争议案件,因此,仲裁委员会还需要有聘任的仲裁员。

仲裁庭的组成形式及人员多样

第二节 仲裁庭的组成形式

一、仲裁庭组成形式的确定

仲裁庭是基于双方当事人的协议授权而行使仲裁权的特定组织，因此，仲裁庭采取何种组成形式，也应当由双方当事人协议选择，这也是当事人自愿原则在仲裁程序中的一个重要体现。但是，为了保证当事人权利的正当行使，许多国家又对当事人选择仲裁庭形式的权利作了相应的限制，如要求仲裁庭的组成人员应为单数等。我国《仲裁法》第30条也规定："仲裁庭可以由3名仲裁员或者1名仲裁员组成。由3名仲裁员组成的，设首席仲裁员。"可见，在我国，仲裁庭组成形式的确定首先采取了当事人意思自治的原则，即由双方当事人自行确定，但是，又对双方当事人的意思自治作出了一定的限制，即如果当事人选择合议制仲裁庭，合议庭只能由3名仲裁员组成，并且需要设1名首席仲裁员。在仲裁实践中，由于双方当事人现实实体利益的冲突，可能使双方当事人就仲裁庭的组成形式，经过协商无法或者很难达成一致的意见，而仲裁协议中就仲裁庭的组成形式又未作出明确约定。在这种情形下，为了保证仲裁程序的顺利进行，使争议案件尽快得到解决，也为了保证仲裁庭仲裁权的正当实现，我国《仲裁法》第32条明确规定："当事人没有在仲裁规则规定的期限内约定仲裁庭的组成方式或者选定仲裁员的，由仲裁委员会主任指定。"也就是说，仲裁庭的组成形式无法根据双方当事人的意思表示确定时，为了保证仲裁程序的顺利进行，由仲裁委员会主任行使权利，指定仲裁庭的组成形式。

> 仲裁庭组成形式的确定采取当事人选择为主、仲裁委员会主任指定为辅的做法

二、仲裁庭的组成形式

根据我国《仲裁法》第30条的规定，仲裁庭的组成形式有两种，即独任制仲裁庭与合议制仲裁庭。

（一）独任制仲裁庭

独任制仲裁庭，是指由1名仲裁员组成仲裁庭，对当事人提请仲裁的争议案件进行审理和裁决的组织形式。

根据我国《仲裁法》第31条第2款规定，当事人约定由1名仲裁员成立仲裁庭的，应当由当事人共同选定或者共同委托仲裁委员会主

任指定仲裁员。也就是说，当事人选择独任制仲裁庭时，首先，根据当事人的选择确定仲裁员，即由双方当事人共同选定或者共同委托仲裁委员会主任指定仲裁员；其次，双方当事人在仲裁规则规定的期限内未选定仲裁员的，则由仲裁委员会主任行使其权利，指定仲裁员。

由独任制仲裁员审理并裁决争议案件，其优点在于较为经济、迅速，可以有效地防止因仲裁员对争议案件的意见分歧而导致的时间拖延，有利于争议案件的迅速解决，从而也可以节约当事人所支出的仲裁成本。但是，独任制也有其难以克服的缺陷，一方面，双方当事人很难找到一名彼此都信任的仲裁员；另一方面，独任制仲裁员独自行使对争议案件的审理和裁决权，就可能会由于该独任制仲裁员本身的素质、业务水平等原因而影响争议案件的正确裁决。

（二）合议制仲裁庭

合议制仲裁庭，是指由3名仲裁员组成仲裁庭，对当事人提请仲裁的争议案件进行集体审理和评议裁决的组织形式。

由于合议制仲裁庭需设1名首席仲裁员，由该首席仲裁员主持争议案件的审理和评议裁决工作，甚至在合议制仲裁庭就争议案件无法形成多数意见时，应当按照首席仲裁员的意见作出终局的仲裁裁决，因此，合议制仲裁庭成员的选任就成为双方当事人十分关心的问题。

我国《仲裁法》第31条第1款规定："当事人约定由3名仲裁员组成仲裁庭的，应当各自选定或者各自委托仲裁委员会主任指定1名仲裁员，第三名仲裁员由当事人共同选定或者共同委托仲裁委员会主任指定。第三名仲裁员是首席仲裁员。"也就是说，如果双方当事人约定由3名仲裁员组成仲裁庭，则仲裁员的选任需经过以下阶段：①由当事人各自选定或者各自委托仲裁委员会主任指定1名仲裁员，这样就产生了2名仲裁员；②由双方当事人共同选定或者共同委托仲裁委员会主任指定第三名仲裁员，即首席仲裁员；③如果双方当事人在仲裁规则规定的期限内未选定仲裁员或者未委托仲裁委员会主任指定仲裁员，则仲裁委员会主任可以行使职权指定仲裁员。即由仲裁委员会主任首先为双方当事人各指定1名仲裁员，而后再为双方当事人共同指定1名仲裁员作为首席仲裁员。

相对于独任制仲裁庭而言，虽然合议制仲裁庭的组成过程较为烦琐，所需要的时间也较长，但是，在保证争议案件裁决的正确性方面，合议制仲裁庭也有其不可替代的优点。

第三节 仲裁庭的职责

一、仲裁庭的权力

在仲裁程序中，仲裁庭代表当事人选定的仲裁机构行使对具体争议案件的仲裁权。然而，仲裁庭所行使的仲裁权就如同审判组织代表人民法院行使的审判权一样，在某种意义上是一种抽象的权力。因此，为了保证仲裁程序的顺利进行，也为了保证仲裁庭所享有的仲裁权的正当行使，仲裁法赋予了仲裁庭一系列相应的具体权力。

仲裁庭享有的各项权力可以保证仲裁案件的顺利解决及仲裁权的实现

根据仲裁法的相应规定，仲裁庭从其成立时起，就开始基于当事人的协议授权而行使两类权力：一类是指挥、引导整个仲裁程序顺利进行的权力；另一类是对具体争议案件的审理和裁决权。具体来说，仲裁庭所享有的权力，可以体现在以下几个方面：

（一）调查取证权

证据是仲裁庭查明争议案件事实情况，分清是非，及时审理争议案件并作出正确裁决的基础，证据收集是否充分直接影响到争议案件的审理以及裁决的作出。为此，《仲裁法》第43条规定："当事人应当对自己的主张提供证据。仲裁庭认为有必要收集的证据，可以自行收集"。第44条第1款也规定："仲裁庭对专门性问题认为需要鉴定的，可以交由当事人约定的鉴定部门鉴定，也可以由仲裁庭指定的鉴定部门鉴定。"由此可见，仲裁庭在审理争议案件的过程中，可以根据案件的需要自行收集证据，也可以对专门性问题进行鉴定，以保证查明案件事实，并作出正确的裁决。

（二）开庭审理权

在仲裁程序中，由于双方当事人之间存在明显的实体权利义务争议，围绕该争议，双方当事人往往各自提供对自己有利的证据资料。为了能够全面了解争议案件的具体情况，以便作出正确的仲裁裁决，仲裁庭有权决定开庭审理案件。在开庭审理过程中，仲裁庭一方面可以通过双方当事人的陈述全面了解争议案件情况，另一方面也可以通过双方当事人的举证、质证以及辩论，进一步查明争议的事实，从而作出仲裁裁决。因此，开庭审理权是仲裁庭的一项重要的权力。

（三）争议案件的调解权

由于仲裁庭以仲裁方式解决的是基于当事人之间的合同关系与财产权益关系而产生的争议案件，此类案件所涉及的民事权利的私权性质，决定了在解决争议案件的过程中，应当注重对当事人意思表示的尊重。因此，仲裁庭行使对争议案件的调解权是仲裁庭解决争议案件的重要方式，而且是与作出仲裁裁决效力完全相同的争议解决方式。此外，《仲裁法》第51条还赋予仲裁庭根据争议案件解决的需要，在作出仲裁裁决之前先行调解的权力，也就是说，仲裁庭有权依职权在当事人未提出调解申请的情况下先行调解，调解不成的，再作出仲裁裁决。

（四）争议案件的裁决权

仲裁庭行使对争议案件的调查取证权以及开庭审理权的目的，就在于以查明和认定的案件事实为基础，正确适用法律，对双方当事人之间争议的实体权利义务关系作出最终的裁决，以解决争议。根据我国《仲裁法》第9条的规定，仲裁实行一裁终局的制度，也就是说，仲裁庭对争议案件经过审理作出仲裁裁决后，当事人就同一纠纷不得再向人民法院起诉或者向仲裁机构申请仲裁。因此，仲裁庭所享有的对争议案件的裁决权，既是仲裁庭对争议案件行使审理权的终极结果，同时又是当事人申请仲裁的目的所在。

（五）仲裁程序的指挥权

在仲裁程序中，为了保证仲裁庭有效行使其对争议案件的审理权和裁决权，从而保证争议案件的尽快解决，仲裁庭还可以行使对仲裁程序的指挥权，如仲裁庭有权责令当事人举证，有权决定开庭审理的时间。此外，仲裁员因特殊原因发生更替后，仲裁庭有权决定已进行的仲裁程序是否重新进行等。

二、仲裁庭的义务

> 仲裁庭履行相应的义务可以保证仲裁权的正当行使

仲裁庭在享有仲裁权的同时，也应当承担一定的义务。赋予仲裁庭仲裁权，是为了保证仲裁权的有效行使，而要求仲裁庭承担一定的义务，是为了保证仲裁权的正当行使，以便防止仲裁庭滥用仲裁权，给当事人造成不应有的损害。

根据我国仲裁法的有关规定，仲裁庭在仲裁程序中，应当承担以下义务：

（一）及时、公正地审理并裁决案件

虽然对争议案件的审理权与裁决权是仲裁庭的两项密不可分的仲裁权力，但是，及时、公正地审理并裁决案件又恰恰成为仲裁庭应当承担的相应义务。这是因为，如果仲裁庭滥用审理权，一是可能导致仲裁程序的拖延；二是可能增加仲裁程序的成本，从而增加当事人的经济负担。而如果仲裁庭滥用裁决权，则可能会因为裁决结果的不当而损害仲裁的公正与当事人的合法权益。

（二）制作调解书或者裁决书

在仲裁程序中，仲裁调解书或者仲裁裁决书既是仲裁庭行使仲裁权，对当事人提请仲裁解决的争议案件予以解决的书面表现，同时也是当事人享有实体权利，履行实体义务的书面依据，是双方当事人进行仲裁程序的目的所在。此外，也是当事人行使撤销申请权或者不予执行申请权的书面依据。因此，仲裁庭在对争议案件审理完毕时，应当根据案件解决的具体情况分别制作规范的调解书或者裁决书。

（三）制作开庭笔录

在仲裁程序中，仲裁庭应当依照仲裁规则规定的仲裁程序，对争议案件进行审理并作出仲裁裁决。如果仲裁庭仲裁的程序违反仲裁规则的规定，当事人有权在仲裁庭作出仲裁裁决之后，申请有管辖权的人民法院撤销该裁决，或者申请人民法院不予执行该裁决。为保证当事人这一权利的正常行使，仲裁庭在审理争议案件的过程中，应当将开庭情况记入笔录。

小　　结

本章主要阐述仲裁庭的有关制度，包括仲裁庭的概念、特征，仲裁庭的组成形式及其确定，仲裁庭的权利、义务等。主要内容是：

一、仲裁庭概述

（一）仲裁庭的概念

仲裁庭，是指由当事人选定或者由仲裁委员会主任指定的仲裁员组成的，对当事人提请仲裁的争议案件按照仲裁程序进行审理并作出仲裁裁决的组织。

（二）仲裁庭的特征

1. 是当事人提请仲裁的争议案件的直接审理者与裁决者；
2. 具有临时性；
3. 具有灵活性。

二、仲裁庭的组成形式

（一）仲裁庭组成形式的确定

1. 当事人自行协议确定；
2. 当事人未确定的，由仲裁委员会主任指定。

（二）仲裁庭的组成形式

1. 独任制仲裁庭；
2. 合议制仲裁庭。

三、仲裁庭的职责

1. 权力：调查取证权；开庭审理权；争议案件的调解权；争议案件的裁决权；仲裁程序的指挥权。
2. 义务：及时、公正地审理并裁决案件；制作调解书或裁决书；制作开庭笔录。

□练习与思考

一、名词解释

1. 仲裁庭
2. 合议制仲裁庭

二、简答题

1. 仲裁庭有哪些特征？
2. 仲裁庭有几种形式？如何组成仲裁庭？

三、思考题

如何理解仲裁庭的职责？

第十三章

仲 裁 审 理

■**学习目的和要求**

通过本章学习，要求学生
- 重点掌握：仲裁审理的原则、程序。
- 掌握：仲裁审理前的准备、审理中特殊情形的处理、和解与调解。
- 一般了解：仲裁审理的概念、特征与和解、调解的意义。

第一节 仲裁审理概述

一、仲裁审理的概念

仲裁审理，是指仲裁庭依法组成后，按照仲裁法以及仲裁规则规定的程序和方式，对当事人之间发生争议并交付仲裁的争议案件进行审理并作出仲裁裁决的活动。

仲裁审理是仲裁庭行使仲裁权的重要活动，其目的在于通过仲审理进一步审查、核实证据，查明事实、分清是非，在事实清楚、权利义务关系明确的基础上，正确适用法律和国际惯例，确认当事人之间争议的实体权利义务关系，从而解决当事人之间的争议案件。因此，仲裁审理是整个仲裁活动的核心阶段，它不仅是仲裁庭与当事人行使其权利的核心环节，而且也是当事人之间争议的案件能否得到正确解决的关键。

> 仲裁审理是仲裁权实现的重要体现

二、仲裁审理的特征

仲裁审理作为仲裁程序中的核心阶段，如果采取开庭审理的方式，具有以下特征：

1. 仲裁审理具有阶段性与程序性。仲裁审理是由开庭准备、开庭开始、庭审调查、庭审辩论、评议与裁决几个阶段所组成的，而且这些阶段应当顺次进行，前一阶段的任务完成后，即可顺次进入下一阶段。

> 仲裁审理是仲裁参与人依照顺序进行的活动

2. 仲裁审理的参与人具有综合性。在仲裁程序中，虽然仲裁审理权是仲裁庭的重要权力，但是，在仲裁审理阶段，除仲裁庭参与并进行相应的审理活动以外，仲裁当事人应当参与仲裁审理，并行使举证、质证、辩论等权利。此外，证人、鉴定人、翻译人等也应当根据仲裁庭审理争议案件的需要而参与仲裁审理。

第二节 仲裁审理前的准备

一、仲裁审理前的准备的概念

仲裁审理前的准备，是指仲裁委员会受理案件后，在正式审理之前，为保证仲裁审理工作的顺利进行所做的一系列准备性工作。

仲裁审理前的准备是一个法定的不可缺少的阶段，其主要目的在于通过一系列准备性活动的进行，使得仲裁审理能够依仲裁法以及仲裁规则规定的程序顺利进行。因此，仲裁审理前的准备阶段进行得是否充分而完善，直接影响仲裁审理过程的进行，以及仲裁庭与当事人权利的行使。

二、仲裁审理前的准备工作

根据我国仲裁法的有关规定，仲裁审理前通常应当做好下列工作：

(一) 送达仲裁文书、仲裁规则与仲裁员名册

仲裁所解决争议的合同性或者财产权益性,决定了在这些法律关系中,双方当事人的地位是平等的。因此,在仲裁程序中,也应当赋予双方当事人以平等的对抗手段与机会,这样,不仅可以使双方当事人在充分了解对方的请求与事实、理由的前提下进行充分的辩论,以维护自己的合法权益,而且可以使仲裁庭全面地了解当事人之间的争议以及各自的观点与事实、理由。

《仲裁法》第25条规定:"仲裁委员会受理仲裁申请后,应当在仲裁规则规定的期限内将仲裁规则和仲裁员名册送达申请人,并将仲裁申请书副本和仲裁规则、仲裁员名册送达被申请人。被申请人收到仲裁申请书副本后,应当在仲裁规则规定的期限内向仲裁委员会提交答辩书。仲裁委员会收到答辩书后,应当在仲裁规则规定的期限内将答辩书副本送达申请人。被申请人未提交答辩书的,不影响仲裁程序的进行。"根据这一规定,仲裁庭在仲裁审理前的送达应当分三个阶段进行:①在向申请人送达受理通知书的同时,还应当向其送达仲裁规则以及仲裁员名册,以便申请人及时了解仲裁规则的内容,并在仲裁规则规定的期限内及时行使选定仲裁员或者委托仲裁委员会主任指定仲裁员的权利。②在仲裁规则规定的期限内,向被申请人送达申请人的仲裁申请书副本、仲裁规则以及仲裁员名册,这样不仅可以使被申请人及时了解申请人的仲裁请求以及所依据的事实、理由,从而为进行仲裁答辩做好准备,而且,还可以使被申请人及时了解仲裁规则的内容,并在仲裁规则规定的期限内及时行使选定仲裁员或者委托仲裁委员会主任指定仲裁员的权利。③如果被申请人向仲裁委员会提交答辩书的,应当在仲裁规则规定的期限内将该答辩书送达给申请人,以便使申请人及时了解被申请人答辩的情况,真正做到双方当事人地位的平等。

> 送达仲裁文书的目的在于保证双方地位的平等,送达仲裁规则与仲裁员名册的目的在于让当事人了解程序及选定仲裁员

(二) 书面通知仲裁庭的组成情况

仲裁庭是当事人提请仲裁的争议案件的直接审理者与裁决者,仲裁庭的组成人员如何以及仲裁庭的组成程序是否合法,不仅影响当事人合法权益的实现,而且还直接影响仲裁裁决的正确性。在仲裁程序中,虽然当事人通过行使选定仲裁员或者委托仲裁委员会主任指定仲裁员的权利,对仲裁庭的组成情况有所了解,但是,一方当事人毕竟无法得知对方当事人选定的仲裁员或者委托仲裁委员会主任指定的仲

> 及时通知仲裁庭的组成可保证当事人申请回避权的实现

裁员的情况。因此，根据我国《仲裁法》第33条的规定，仲裁庭组成后，仲裁委员会应当将仲裁庭的组成情况书面通知当事人。这样，既可以使当事人及时了解仲裁庭的组成人员，有利于当事人行使其申请回避的权利，又可以保证仲裁庭组成人员及组成程序的正当。

（三）审阅仲裁资料，调查收集必要的证据

为了保证仲裁审理的顺利进行，仲裁庭在审理之前，应当认真审阅仲裁申请书、答辩书等仲裁资料，通过审阅了解以下问题：①申请人的仲裁请求及事实、理由，被申请人答辩的主张及其事实、理由；②需要由当事人提供的证据以及必要的应当由仲裁庭自行收集的证据；③需要进行鉴定的专门性问题。围绕当事人之间存在争议的请求与事实问题，对于需要进一步补充的证据，仲裁庭既可以要求有举证责任的当事人进一步提供，也可以在认为有必要时，由仲裁庭自行调查收集相关的证据。遇有需要鉴定的专门性问题时，根据《仲裁法》第44条的规定，仲裁庭可以交由当事人约定的鉴定部门鉴定，也可以由仲裁庭指定的鉴定部门鉴定。

第三节 仲裁审理程序

一、仲裁审理原则

根据我国仲裁法的有关规定，仲裁庭在对当事人之间争议的案件进行仲裁审理时，应遵循以下原则：

（一）以开庭审理为主，书面审理为补充原则

> 开庭审理有利于当事人权利的充分行使，书面审理应取决于当事人协议

《仲裁法》第39条规定："仲裁应当开庭进行。当事人协议不开庭的，仲裁庭可以根据仲裁申请书、答辩书以及其他材料作出裁决。"也就是说，我国仲裁法将开庭审理作为仲裁审理的基本形式，而将当事人协议选择的书面审理作为开庭审理形式的重要补充。这样，既可以充分尊重双方当事人对仲裁审理形式的选择权，同时，又可以在双方当事人未对仲裁审理形式作出选择的情况下，保证仲裁审理的正常进行。

所谓开庭审理，即仲裁庭在当事人以及其他参与人参加下，依照仲裁法以及仲裁规则规定的程序，对双方当事人之间争议的案件进行

实体审理并作出仲裁裁决的活动。仲裁庭采取开庭审理的形式，不仅有利于当事人举证、质证、辩论权利的行使，而且，还可以使仲裁庭通过双方当事人的陈述与辩论，充分地查明争议案件事实，确认权利义务关系，从而作出正确的仲裁裁决。

所谓书面审理，即仲裁庭根据双方当事人的协议选择，在未经过开庭审理的情况下，仅对当事人提供的仲裁申请书、答辩书以及其他材料进行审查之后，就作出仲裁裁决的活动。相对于开庭审理而言，在我国这样一个地域辽阔的国家，仲裁庭根据双方当事人的协议选择采取书面审理形式，一方面，可以使双方当事人节约时间与人力、物力；另一方面，有利于争议案件的及时解决，从而提高仲裁的效率。当然，书面审理也有其不尽完善之处，即仲裁庭在没有听取双方当事人对该争议案件陈述与辩论的情况下，仅根据有关的书面资料就作出仲裁裁决，如果一旦仲裁庭对当事人所提供书面资料的理解出现了偏差，则可能影响仲裁裁决的正确性。

（二）以不公开审理为主，公开审理为补充原则

《仲裁法》第40条规定："仲裁不公开进行。当事人协议公开的，可以公开进行，但涉及国家秘密的除外。"也就是说，仲裁庭采取开庭审理形式时，以不公开审理为主，但是，根据当事人双方的协议选择，也可以采取公开审理的形式。

所谓不公开审理，是指仲裁庭审理争议案件时，除双方当事人及其代理人、证人等参与外，不允许案件以外的其他人员参与，也不允许新闻记者采访与报道。由于当事人在仲裁协议中约定的、提请仲裁机构解决的争议往往是基于商事法律关系而产生的争议，这类案件的审理，在某种程度上会涉及当事人的一些不适宜为公众所知的商业秘密。因此，为了保守当事人的商业秘密，维护当事人的商业利益，仲裁庭应当采取不公开审理的形式，这也是国际商事仲裁的惯例性做法。

> 不公开审理有利于实现仲裁的保密性，但当事人可协议选择公开审理

所谓公开审理，即仲裁庭在当事人及其代理人、证人的参与下审理争议案件时，允许社会群众旁听，同时也允许新闻记者采访与报道。虽然仲裁审理采取以不公开审理为主的原则，但是，仲裁解决争议的最大特点就在于当事人的意思自治。因此，为了尊重双方当事人的意愿，仲裁法在确立以不公开审理为主的原则时，也作出了灵活性规定，即仲裁庭可以根据双方当事人的协议选择，采取公开审理的形式；但是，对于涉及国家秘密的案件，不允许双方当事人协议选择公开审理的形式。

二、仲裁审理程序

仲裁庭采取开庭形式审理争议案件时，应当按照法定程序进行。根据仲裁法对仲裁程序的有关规定，仲裁审理一般应经过以下阶段：开庭准备、开庭开始、庭审调查、庭审辩论、评议与裁决。

（一）开庭准备

开庭准备是为了保证开庭审理的顺利进行而设置的一个阶段。在这一阶段，一般应当做好以下工作：

1. 告知当事人开庭审理的日期与地点。根据《仲裁法》第41条的规定，仲裁委员会应当在仲裁规则规定的期限内将开庭日期通知双方当事人。这样有利于双方当事人为按时参加仲裁审理做好充分的准备工作。此外，如果当事人有正当理由的，可以在仲裁规则规定的期限内请求延期开庭。当然，是否延期，由仲裁庭决定。对于开庭审理的地点，如果当事人在仲裁协议中有约定的，应在双方当事人约定的地点进行开庭；如果双方当事人对开庭审理的地点未作出明确约定的，可以确定在仲裁委员会所在地进行开庭。

2. 对于公开审理的案件，应当发出公开开庭审理的公告。即公告开庭审理案件双方当事人的姓名、案由以及开庭审理的时间和地点，以保证广大社会群众旁听与新闻记者采访与报道。

（二）开庭开始

在开庭开始阶段，一般应当做好三项工作：①由首席仲裁员或者独任仲裁员宣布开庭；②由首席仲裁员或者独任仲裁员核对案件当事人及其代理人的基本情况，宣布案由；③宣布仲裁庭的组成人员和记录人员名单，告知双方当事人有关的权利与义务，并询问双方当事人是否对仲裁庭的组成人员申请回避。

（三）庭审调查

庭审调查，即仲裁庭在双方当事人陈述、证人作证、出示相关证据并由双方当事人质证的情况下，对争议案件进行全面调查与实体审理的活动。庭审调查是仲裁审理的核心阶段，其主要任务是：通过仲裁庭的调查、当事人的陈述以及当事人对证人证言、其他证据的质证，审查核实证据，为查明争议案件事实和正确适用法律作出仲裁裁决提供客观依据。

庭审调查阶段通常应当按照下列顺序进行：

1. 当事人陈述。即当事人对争议案件事实以及自己的请求与事实、理由向仲裁庭所作的叙述。当事人陈述应按照先仲裁申请人陈述，后被申请人陈述的顺序进行。当事人陈述是仲裁法赋予当事人的基本权利，仲裁庭应当保证当事人充分行使其陈述权，任何人都不得剥夺当事人陈述权的行使。

2. 证人作证，宣读未到庭证人的证言。证人，即了解争议案件情况而向仲裁庭作证的人。证人作证之前，仲裁庭应当先告知证人作证的权利与义务，以及作伪证时应当承担的法律后果；证人作证后，经首席仲裁员或者独任仲裁员许可，当事人及其代理人可以向证人发问。对于未到庭证人向仲裁庭提供的书面证言，应当当庭宣读。如果存在两个或者两个以上证人时，应当分别作证。

3. 出示书证、物证和视听资料。仲裁庭审理争议案件时，如涉及书证、物证与视听资料，根据《仲裁法》第45条"证据应当在开庭时出示，当事人可以质证"的规定，书证应当当庭宣读，物证应当当庭出示，视听资料应当当庭播放。对上述证据有异议时，当事人有权当庭质证，以保证证据的客观真实性。

4. 宣读鉴定意见。鉴定意见是鉴定人对争议案件中的某些专门性问题，经过鉴定后作出的结论性意见。客观真实的鉴定意见往往成为仲裁庭认定争议案件事实的依据。因此，鉴定意见应当当庭宣读，当事人对鉴定意见有异议的，有权申请重新鉴定。此外，如果鉴定人亲自出庭的，经过仲裁庭许可后，当事人及其代理人可以向鉴定人发问。

5. 宣读勘验笔录。勘验笔录是仲裁庭或者委托的有关机构对有关现场或者物证经过勘验后所作的记录。作为证据之一，勘验笔录也应当庭宣读，有照片或者绘图的，也应当庭出示。当事人对勘验笔录有意见的，可以申请重新勘验。当然，是否允许由仲裁庭决定。

（四）庭审辩论

庭审辩论，即在仲裁庭的主持下，双方当事人依据在庭审调查阶段查明的争议案件事实和证据，提出各自的主张，陈述意见，相互辩驳和论证的活动。

根据《仲裁法》第47条的规定："当事人在仲裁过程中有权进行辩论。辩论终结时，首席仲裁员或者独任仲裁员应当征询当事人的最后意见。"可见，庭审辩论是双方当事人在仲裁程序中，为维护自己的合法权益而行使的一项重要的权利。庭审辩论的目的在于，通过双方当事人之间的庭审辩论，使仲裁庭充分了解争议案件事实真相，以及各自的主张与事实、理由，为作出仲裁裁决奠定基础。

庭审辩论通常可以按照下列顺序进行：

1. 申请人及其代理人发言。即申请人及其代理人向仲裁庭提出自己的仲裁请求及陈述其所依据的事实、理由。

2. 被申请人及其代理人答辩。即被申请人及其代理人针对申请人的仲裁请求和所依据的事实、理由以及申请人的代理人的代理意见进行的答复与辩解。

3. 双方进行辩论。即双方当事人各自针对对方及其代理人在辩论阶段提出的新的、未经过辩论的主张与所依据的新的事实、证据进行的答复与辩解，以充分陈述自己的观点，从而有利于维护自己的合法权益。

在上述辩论过程中，双方当事人必须遵守仲裁庭的纪律，听从仲裁庭的指挥，不得哄闹、扰乱秩序。此外，在辩论时，双方当事人还需注意语言，不允许出现对对方进行人身攻击的言辞，否则，仲裁庭有权予以制止并予以批评教育，严重者需承担相应的法律责任。辩论终结时，首席仲裁员或者独任仲裁员应当按照先申请人、后被申请人的顺序分别询问双方当事人对该争议案件的最后意见，以便保障双方当事人辩论权的充分行使。

> 庭审辩论的有序进行可保证当事人权利的行使与仲裁庭全面了解争议的问题及依据

经过庭审调查与庭审辩论，争议案件事实已经清楚，当事人之间发生争议的实体权利义务关系已经明确，根据《仲裁法》第51条的规定，仲裁庭在作出仲裁裁决之前，可以根据需要先行调解。当事人自愿调解的，仲裁庭应当调解，调解不成的，应当及时作出仲裁裁决。

（五）评议与裁决

庭审辩论终结后，经调解未达成调解协议，或者未经过调解的，应当进入评议与裁决阶段。

所谓评议，即仲裁庭根据庭审调查以及庭审辩论查明的案件事实和认定的证据，适用相关法律以及国际惯例，确定双方当事人之间的实体权利义务关系的活动。所谓裁决，即仲裁庭经过评议后，对双方当事人提请仲裁解决的争议案件所作出的终局性判定。仲裁庭评议案件的过程应当不公开进行，在评议过程中实行民主集中制的原则，即采取少数服从多数的做法。因此，《仲裁法》第53条规定，裁决应当按照多数仲裁员的意见作出,少数仲裁员的不同意见可以记入笔录。但是,有时仲裁庭在评议案件时,可能形成严重的分歧,以至于无法形成多数意见,为此,《仲裁法》第53条同时又规定,仲裁庭不能形成多数意见时,裁决应当按照首席仲裁员的意见作出。

<small>评议与裁决是仲裁庭行使仲裁权的最终体现</small>

三、仲裁庭庭审笔录

仲裁庭庭审笔录,即仲裁委员会的记录人员对仲裁庭开庭审理的全过程所作的记录。

仲裁庭庭审笔录是仲裁委员会的重要文件,应当将仲裁庭开庭审理的全部过程、双方当事人争议的案件事实、依据的相应证据用书面的形式固定下来,通过记录可以反映仲裁庭审理案件的程序是否符合仲裁法以及相关的仲裁规则的程序要求。

庭审笔录要求客观、准确、全面、清楚地反映仲裁庭开庭审理的全部过程。根据《仲裁法》第48条的规定,当事人和其他仲裁参与人认为对自己陈述的记录有遗漏或者差错的,有权申请补正。如果不予补正,应当记录该申请。笔录由仲裁员、记录人员、当事人和其他仲裁参与人签名或者盖章。

第四节 仲裁审理中特殊情形的处理

一、撤回仲裁申请

撤回仲裁申请,是指仲裁委员会受理当事人提出的仲裁申请后,在仲裁庭作出仲裁裁决之前,仲裁申请人撤回自己的仲裁申请,不再请求仲裁庭对该争议案件进行审理并作出仲裁裁决的行为。

根据仲裁法的相关规定以及当事人在仲裁程序中的处分权,仲裁申请人依据仲裁协议提出仲裁申请是当事人的一项权利。同样,仲裁程序基于仲裁申请人的申请与仲裁委员会的受理行为开始后,仲裁申请人基于某种原因,不再希望仲裁程序继续进行下去,从而提出撤回仲裁的申请也是仲裁申请人行使其处分权的一种行为。从仲裁法的规定以及仲裁实践的具体情况来看,撤回仲裁可以包括两种情况:①申请撤回仲裁申请,即仲裁委员会受理仲裁申请后,仲裁申请人主动撤回仲裁申请的情形;②按撤回仲裁申请处理,即仲裁委员会受理仲裁申请后,基于仲裁申请人的某种行为,仲裁庭推定其有撤回仲裁申请

<small>撤回仲裁申请是当事人处分权的体现</small>

的意思，从而视为撤回仲裁申请的情形。

(一) 申请撤回仲裁申请

申请撤回仲裁申请应当具备以下条件：

1. 撤回仲裁申请须由仲裁申请人及其法定代理人或者经过特别授权的委托代理人提出。

2. 撤回仲裁申请须采取书面形式。虽然仲裁法对撤回仲裁申请的形式并未作出明确的规定，但是从仲裁实践的情况来看，一般应当采取书面形式，这样有利于仲裁庭审查仲裁申请人提出的撤回仲裁的申请是否符合相应的条件。

3. 撤回仲裁申请的时间须在仲裁委员会受理争议案件后，仲裁庭尚未作出仲裁裁决或者调解书之前。在仲裁委员会受理争议案件之前，无须提出撤回仲裁申请，而仲裁庭一旦作出仲裁裁决或者仲裁调解书，则意味着仲裁庭对该争议案件作出了终局性判定，当事人之间争议的实体权利义务关系已经明确，不能再提出撤回仲裁申请。

4. 提出撤回仲裁申请需当事人自愿。仲裁申请人提出撤回仲裁申请并获得仲裁庭许可后，仲裁程序即归于消灭，仲裁庭就无须对该争议案件进行审理并作出仲裁裁决。因此，撤回仲裁申请需由当事人自愿提出。

(二) 按撤回仲裁申请处理

按撤回仲裁申请处理，是指当事人虽然未主动提出撤回仲裁的申请，但是，当事人出现仲裁法规定的法定情形时，仲裁庭可以视为当事人申请撤回仲裁，从而终结对争议案件审理的行为。按撤回仲裁申请处理与当事人申请撤回仲裁具有同等的法律效力。

《仲裁法》第 42 条第 1 款规定："申请人经书面通知，无正当理由不到庭或者未经仲裁庭许可中途退庭的，可以视为撤回仲裁申请。"即在以下情况下，可以按撤回仲裁申请处理：

1. 申请人经书面通知，无正当理由不到庭。仲裁程序是基于仲裁委员会受理申请人所提出的仲裁申请而开始的，申请人应当根据仲裁庭的通知参加争议案件的开庭审理过程。如果申请人经仲裁庭书面通知，无正当理由不到庭，仲裁庭即可以将仲裁申请人消极不到庭的行为，视为仲裁申请人申请撤回仲裁。

2. 申请人未经仲裁庭许可中途退庭的。申请人根据仲裁庭的书面通知参与仲裁开庭审理过程，既是申请人为维护自身合法权益而行使的一项权利，同时也是保证仲裁审理秩序的一种需要。如果申请人未经仲裁庭许可中途退庭，仲裁庭即可以视为撤回仲裁申请。

此外，根据仲裁实践的情况，申请人的法定代理人经书面通知，无正当理由不到庭或者未经仲裁庭许可中途退庭的，仲裁庭也可以视为撤回仲裁申请。

二、缺席裁决

缺席裁决，是相对于对席裁决而言的，是指只有一方当事人到庭参与仲裁审理时，仲裁庭仅就到庭的一方当事人进行调查、审查核实证据，听取意见，并对未到庭一方当事人提供的书面资料进行审查后，即作出仲裁裁决的仲裁活动。

> 缺席裁决的目的在于及时解决争议案件

仲裁庭审理并裁决争议案件的活动，一般应当在双方当事人都到庭参加陈述、辩论的情况下进行并作出仲裁裁决。但是，在仲裁庭审理争议案件的过程中，有时可能会发生被申请人无正当理由不到庭或者未经仲裁庭许可而中途退庭的情况。为了保证仲裁审理的顺利进行，仲裁庭可以缺席审理并作出缺席裁决。同时，规定缺席审理与缺席裁决制度，也充分体现了法律对双方当事人利益的平等维护。

《仲裁法》第42条第2款规定："被申请人经书面通知，无正当理由不到庭或者未经仲裁庭许可中途退庭的，可以缺席裁决。"可见，在下列情况下，仲裁庭可以缺席裁决：

1. 被申请人经书面通知，无正当理由不到庭的。
2. 被申请人未经仲裁庭许可中途退庭的。

此外，结合仲裁法的其他有关规定以及仲裁实践的具体情况，在以下情况下，仲裁庭也可以作出缺席裁决：

1. 申请人经书面通知，无正当理由不到庭或者未经仲裁庭许可中途退庭，被申请人提出反请求的。根据《仲裁法》第42条第1款的规定，在申请人无正当理由不到庭或者未经仲裁庭许可中途退庭的情况下，仲裁庭本可以依照仲裁法的规定视为撤回申请，但是，一旦被申请人提出反请求，此时的申请人实际成为反请求的被申请人。因此，在这种情况下，仲裁庭缺席裁决的实际上是被申请人提出的反请求部分。

2. 被申请人的法定代理人经书面通知，无正当理由不到庭或者未经仲裁庭许可中途退庭的。

三、延期开庭

延期开庭是保证仲裁审理正当及当事人合法权利的重要方法

延期开庭，是指仲裁庭确定开庭审理的日期之后或者在开庭审理的过程中，由于出现法定事由，导致仲裁审理程序无法按期进行时，仲裁庭根据当事人的请求，将仲裁审理推延到另一日期的行为。

仲裁审理前准备工作完成后，仲裁庭应当及时确定开庭审理的日期，并通知双方当事人，以保证仲裁审理工作的顺利进行。双方当事人接到仲裁庭送达的开庭通知后，应当按时参加仲裁审理活动。在一般情况下，开庭审理日期确定后，或者在开庭审理过程中，都可以使仲裁审理过程顺利进行，但是，为了保证特殊情况下双方当事人的合法权益，《仲裁法》第41条规定："仲裁委员会应当在仲裁规则规定的期限内将开庭日期通知双方当事人。当事人有正当理由的，可以在仲裁规则规定的期限内请求延期开庭。是否延期，由仲裁庭决定。"虽然仲裁法没有对延期开庭的具体情况作出明确的规定，但是，根据仲裁法的其他相关规定以及仲裁实践的具体情况，在下列情况下当事人可以请求延期开庭：

1. 当事人有正当理由不能到庭的。在仲裁实践中，如果当事人遇有不可预见、不可避免且无法克服的事由，如地震、水灾等自然灾害、临时因身体伤害或疾病住院治疗等，导致当事人无法按期参加仲裁审理活动时，为保证当事人合法权益的实现，仲裁法允许当事人向仲裁庭提出延期开庭的请求。是否准许，由仲裁庭决定。

2. 当事人在仲裁审理过程中临时提出回避申请的。提出回避申请是当事人在仲裁程序中的重要权利，根据《仲裁法》第35条的规定，当事人提出回避申请，应当说明理由，在首次开庭前提出。回避事由在首次开庭后知道的，可以在最后一次开庭终结前提出。也就是说，因当事人得知仲裁员及其他人员需回避的事由的时间不同，当事人提出回避申请的时间也就不同。如果当事人在开庭审理过程中得知并提出回避申请，一旦仲裁委员会同意当事人的回避申请，就意味着需重新选定相应的仲裁员组成仲裁庭。因此，当事人临时提出回避申请则可能引起延期开庭。

3. 需要调取新的证据或者需要重新鉴定、勘验的。在仲裁审理过程中，为了准确认定争议案件事实，需要进一步调取新的证据，或者当事人对鉴定意见、勘验笔录申请重新鉴定、勘验的请求获得仲裁庭的准许，当事人即可申请延期开庭。

第五节 仲裁中的和解与调解

一、仲裁中的和解

(一) 和解的概念与特征

仲裁中的和解,是指在仲裁委员会受理争议案件后,仲裁庭作出仲裁裁决之前,双方当事人通过自愿平等协商,达成和解协议,以解决争议案件,终结仲裁程序的活动。

仲裁中的和解制度,是当事人对自己的实体权利以及程序性权利予以处分的集中体现,具有以下特征:

1. 和解是双方当事人的自愿行为,不需要任何第三方的参与。在仲裁中,虽然双方当事人之间因发生争议而引起仲裁程序,但并不意味着该争议只能通过仲裁庭予以解决,当事人完全可以基于双方的自愿行为,在没有任何第三方参与的情况下,通过和解解决该争议案件。

2. 和解作为当事人自行解决争议案件的活动,需双方达成和解协议。仲裁中的和解,首先表现为双方自愿平等协商的行为。但是,和解要作为当事人自行解决争议案件的活动,或者说当事人希望通过和解达到解决争议案件的目的,则需要双方当事人达成和解协议。

3. 和解的时间需在仲裁委员会受理争议案件后,仲裁庭作出仲裁裁决之前。仲裁中的和解不同于仲裁程序之外当事人自行解决争议的和解,它需要发生在特定的时间之内,如果仲裁委员会尚未受理争议案件,则不属于仲裁中的和解;如果仲裁庭对该争议案件已经过审理而作出仲裁裁决,则意味着该争议已由仲裁庭行使仲裁权得以解决,当事人无须再通过和解解决。

(二) 和解的处理及效力

《仲裁法》第49条规定:"当事人申请仲裁后,可以自行和解。达成和解协议的,可以请求仲裁庭根据和解协议作出裁决书,也可以撤回仲裁申请。"根据该条规定,当事人自行和解并达成和解协议后,可以作出两种处理:

1. 请求仲裁庭根据和解协议作出裁决书。在仲裁庭对争议案件作出仲裁裁决之前,如果当事人经过自愿协商,自行和解并达成和解协

和解是当事人在仲裁程序中自行解决争议的体现

议，可以请求仲裁庭根据该和解协议作出裁决书。该依据和解协议作出的裁决书与仲裁庭对争议案件经过审理行使仲裁权作出的裁决书具有以下同等的法律效力：①对当事人之间的争议案件作出了终局的确定，对基于同一事实与理由的案件，当事人既不得再行向仲裁委员会申请仲裁，也不得向人民法院提起诉讼。此外，对该具有法律效力的裁决书，非经法定撤销程序，任何机构都不得改变其内容。②具有强制执行力，即如果义务人不履行该仲裁裁决书中所确定的实体义务，权利人可以该裁决书为依据向有管辖权的人民法院申请强制执行，从而实现自己的合法权益。

> 仲裁庭根据当事人申请依据和解协议作出裁决书反映仲裁庭对和解的认可

2. 撤回仲裁申请。在仲裁程序中，当事人经过自愿协商达成和解协议后，也可以不请求仲裁庭依据该和解协议作出裁决书，而撤回仲裁申请。当事人提出撤回仲裁申请并得到仲裁庭准许后，一方面，意味着仲裁庭无须再对该争议案件进行审理并作出仲裁裁决；另一方面，也意味着当事人在达成和解协议后，通过撤回仲裁申请的方式终结了仲裁程序。

当事人经过自行协商达成和解协议后，采取撤回仲裁申请的方式与请求仲裁庭作出仲裁裁决的方式不同。此时，对当事人双方而言，只是以自愿达成和解协议的形式在双方之间解决了争议，重新确定了双方之间的实体权利义务关系，但是，这种确定并未获得法律效力，即义务一方当事人不履行和解协议所确定的实体义务时，权利人无权依据该和解协议向有管辖权的人民法院申请强制执行。但是当事人撤回仲裁申请后反悔的，根据《仲裁法》第50条的规定，当事人可以根据仲裁协议申请仲裁。这里的仲裁协议既可以指原来的仲裁协议，也可以指双方当事人重新协商达成的仲裁协议。

> 撤回仲裁申请反映当事人的自行处分权

二、仲裁中的调解

（一）调解的概念与意义

1. 调解的概念与特征。仲裁中的调解，是指在仲裁程序中，根据双方当事人的申请或者仲裁庭的自行决定，在仲裁庭的主持下，双方当事人就争议的实体权利、义务自愿协商，达成协议，解决双方争议案件的活动及方式。仲裁中的调解具有双重含义：①调解是一种仲裁活动，即在仲裁庭的主持之下，双方当事人就其争议的实体权利义务进行协商的活动。经过仲裁庭的调解后，双方当事人可能达成调解协议解决争议案件，也可能调解不成。②调解是一种解决争议案件的方

> 调解是双方在仲裁庭主持下协商解决争议的方式

式,即当事人在仲裁庭的主持下,达成调解协议,并由仲裁庭依据该调解协议作出调解书或者裁决书后,该争议就得到了终局的处理。

仲裁中的调解不同于仲裁中的和解,具有以下特征:①调解是在仲裁庭主持下进行的。调解不同于和解的一大特征就在于,调解是三方主体的活动,即双方当事人在仲裁庭的主持下,对争议案件进行协商的活动。②调解是在双方当事人平等自愿的基础上,以友好协商的方式解决争议的活动。调解虽然是在仲裁庭的主持下进行的,但是,由于调解解决争议案件的基础是当事人的处分权,因此,调解体现为双方当事人以友好协商的方式解决争议案件,而不是由仲裁庭行使仲裁权作出仲裁裁决。③作为争议解决方式,调解与裁决具有同等的法律效力。在仲裁程序中,仲裁庭基于当事人之间达成的调解协议作成的调解书或者仲裁裁决,与仲裁庭对争议案件经过审理后行使仲裁权作出的仲裁裁决具有完全相同的法律效力,即都具有对争议的实体权利义务关系的确认效力与强制执行的效力。

2. 仲裁调解的意义。仲裁中的调解虽然不是仲裁中的必经阶段,但是,作为一种争议解决的方式,调解具有重要的意义:①有利于争议的迅速、友好解决。由于调解是在双方当事人平等自愿的基础上,在仲裁庭的主持下,通过友好协商,达成协议的方式解决争议,因此,仲裁中的调解可以不受仲裁程序规范的严格制约,只要双方当事人在仲裁庭的主持下,愿意调解并达成调解协议,调解即可成功。可见,相对于裁决,调解有利于争议的解决。②有利于当事人自觉履行调解书。由于调解协议的内容是由双方当事人经过协商、自愿确定的,这表明双方当事人愿意接受这一实体结果;而且,在仲裁实践中,调解协议的达成往往是在权利人适当放弃其权利的基础上达成的。因此,相对于仲裁庭对争议案件经过审理,依据事实与证据作出的仲裁裁决而言,当事人更可能自觉地履行生效的调解书。③有利于增强当事人的法制观念,减少争议的发生。在仲裁程序中,仲裁庭对争议案件的调解过程,既是仲裁庭对争议案件的解决过程,实际上也是仲裁庭对双方当事人进行法制宣传和教育的过程。因此,以调解的方式解决争议能够使双方当事人受到极好的法制教育,从而减少争议的发生。

(二) 仲裁调解的程序

仲裁法对于仲裁调解应遵守的程序未作出明确的规定,但是,从仲裁法的有关规定以及仲裁实践的具体情况来看,仲裁中的调解应当按照以下程序进行:

1. 调解的开始。《仲裁法》第51条第1款规定："仲裁庭在作出裁决前，可以先行调解。当事人自愿调解的，仲裁庭应当调解。调解不成的，应当及时作出裁决。"根据该条规定，仲裁调解的开始可以分为两种情况：①仲裁庭自行开始调解。仲裁庭对当事人提请仲裁的争议案件行使仲裁权，完全来自于双方当事人的协议授权，但是，仲裁庭取得对争议案件的审理和裁决权后，为了尽快地解决争议案件，仲裁庭有权根据解决争议案件的需要决定先行调解。②仲裁庭根据当事人的自愿开始调解。当事人是所发生争议并提请仲裁庭解决的争议案件的利害关系人，以何种方式解决争议直接关系到双方当事人之间的实体权利义务关系，因此，当事人可行使其处分权，申请仲裁庭以调解的方式解决争议。当事人提出调解申请后，仲裁庭应当进行调解。

2. 调解的进行。无论是仲裁庭自行决定调解，还是基于当事人的自愿而开始调解，在仲裁庭主持调解时，双方当事人及其代理人都应当参与调解。如果仲裁庭采取独任制仲裁庭的形式，则仲裁调解由独任仲裁员主持；如果仲裁庭采取合议制仲裁庭，则仲裁调解既可以由合议庭全体成员主持，也可以由其中1名仲裁员以仲裁庭的名义单独主持。但是，不论仲裁庭采取何种形式进行调解，调解的进行应当尊重当事人的意愿。调解不成的，仲裁庭应当及时作出仲裁裁决，以便尽快解决争议。

3. 调解的结束。在一般情况下，调解的结束会有两种情况：①调解因双方当事人达成调解协议而结束。经过仲裁庭主持调解，如果双方当事人经过协商，就争议的解决、实体权利义务关系的确定达成了一致的协议，根据《仲裁法》第51条第2款的规定，仲裁庭应当制作调解书或者根据协议的结果制作裁决书。调解书与裁决书具有同等法律效力。仲裁调解因达成协议而结束，既是双方当事人所希望达到的结果，同时也是仲裁庭主持调解的目的所在。②调解因双方当事人未达成调解协议而结束。仲裁庭对争议案件的调解应适当，如果双方当事人在仲裁庭的主持下，经过协商，无法达成一致的协议，仲裁庭不能久调不决，应当及时行使裁决权，对争议案件作出仲裁裁决。因此，《仲裁法》第51条第1款规定，调解不成的，应当及时作出裁决。

（三）仲裁调解书

1. 仲裁调解书的概念。仲裁调解书，是仲裁庭制作的，记载双方当事人之间就争议的实体权利关系所达成的调解协议内容的法律文书。

调解书不同于调解协议，调解协议是在仲裁程序中，双方当事人经过协商，自愿处分其实体权利义务的一种文书，该协议在未经仲裁庭的确认之前，不具有法律效力。而调解书则是仲裁庭依法制作的，记载双方当事人之间的实体权利义务的法律文书。

2. 仲裁调解书的制作。《仲裁法》第52条第1款规定："调解书应当写明仲裁请求和当事人协议的结果。调解书由仲裁员签名，加盖仲裁委员会印章，送达双方当事人。"从仲裁实践来看，调解书一般应当包括以下内容：①首部。在调解书的首部，主要写明仲裁调解书的标题、案件的编号及年号、当事人及其代理人的基本情况。②正文。正文是调解书的核心部分，应写明仲裁请求、双方当事人争议的主要事实、双方当事人之间达成协议的内容以及仲裁费用的负担等。③尾部。主要写明调解书的份数，由仲裁员签名；由合议庭主持调解的，依次由首席仲裁员和2名仲裁员签名，并加盖仲裁委员会的印章。此外，还应当记载调解书制作的年、月、日。

> 调解书需具备相应的内容

3. 调解书的法律效力。仲裁庭依据当事人之间达成的调解协议制作调解书后，该调解书与生效的仲裁裁决具有同等的法律效力：①对双方当事人之间争议的实体权利义务关系具有终局的确认效力。因此，对该争议案件，当事人不得以同一事实和理由再行向仲裁委员会申请仲裁，也不得向人民法院起诉。②具有强制执行效力。调解书生效后，如果义务人不履行调解书所确定的实体义务，权利人有权依据该调解书向有管辖权的人民法院申请强制执行，以实现其合法权益。

小　　结

本章主要阐述仲裁审理程序及相关制度，包括仲裁审理的概念、特征、仲裁审理前的准备工作、仲裁审理的原则、审理程序、仲裁审理中特殊情况的处理，如撤回仲裁申请、缺席裁决、延期开庭，以及仲裁中的和解与调解制度等。其主要内容是：

一、仲裁审理概述

（一）仲裁审理的概念

仲裁审理，即仲裁庭依法组成后，按照仲裁法以及仲裁规则规定的程序和方式，对当事人之间发生争议并交付仲裁的争议案件进行审理并作出仲裁裁决的活动。

(二) 仲裁审理的特征

1. 具有阶段性与程序性；
2. 参与人具有综合性。

二、仲裁审理前的准备

(一) 仲裁审理前的准备的概念

仲裁审理前的准备，是指仲裁委员会受理案件后，在正式审理之前，为保证仲裁审理工作的顺利进行所做的一系列准备性工作。

(二) 仲裁审理前的准备工作

1. 送达仲裁文书、仲裁规则与仲裁员名册；
2. 书面通知仲裁庭的组成情况；
3. 审阅仲裁资料，调查收集必要的证据。

三、仲裁审理程序

(一) 仲裁审理原则

1. 以开庭审理为主，书面审理为补充原则；
2. 以不公开审理为主，公开审理为补充原则。

(二) 仲裁审理程序

1. 开庭准备：告知当事人开庭审理的日期与地点；公开审理的，应发出公开审理的公告。
2. 开庭开始：宣布开庭；核对当事人及其代理人的基本情况；宣布仲裁庭组成人员与记录人的名单，告知双方当事人有关的权利义务。
3. 庭审调查：当事人陈述；证人作证，宣读未到庭证人的证言；出示书证、物证和视听资料；宣读鉴定意见；宣读勘验笔录。
4. 庭审辩论：申请人及其代理人发言；被申请人及其代理人答辩；双方进行辩论。
5. 评议与裁决。

四、仲裁审理中特殊情形的处理

(一) 撤回仲裁申请

1. 申请撤回仲裁申请的条件：主体须合法；须采取书面形式；须在仲裁委员会受理

案件后，作出仲裁裁决之前；须当事人自愿。

2. 按撤回仲裁处理的情况：申请人经书面通知，无正当理由不到庭；申请人未经仲裁庭许可中途退庭的；申请人的法定代理人无正当理由不到庭或未经仲裁庭许可中途退庭。

（二）缺席裁决

缺席裁决情形：被申请人经书面通知，无正当理由不到庭的；被申请人未经仲裁庭许可中途退庭的；申请人经书面通知，无正当理由不到庭或未经仲裁庭许可中途退庭，被申请人提出反请求的；被申请人的法定代理人经书面通知，无正当理由不到庭或未经仲裁庭许可中途退庭的。

（三）延期开庭

延期开庭情形：当事人有正当理由不能到庭的；当事人在仲裁审理过程中临时提出回避申请的；需要调取新的证据或者需要重新鉴定、勘验的。

五、仲裁中的和解与调解

（一）仲裁中的和解

仲裁中的和解，是指仲裁委员会受理争议案件后，仲裁庭作出仲裁裁决之前，双方当事人通过自愿平等协商，达成和解协议，以解决争议案件，终结仲裁程序的活动。

和解特征：是双方当事人的自愿行为；作为当事人自行解决争议案件的活动，需双方达成和解协议；需在受理案件后，仲裁庭作出仲裁裁决前和解。

处理及效力：请求仲裁庭根据和解协议作出裁决书确认效力，具有强制执行力；撤回仲裁申请，仲裁庭无须作出裁决，仲裁程序终结。

（二）仲裁中的调解

仲裁中的调解，即在仲裁程序中，根据双方当事人的申请或者仲裁庭的自行决定，在仲裁庭的主持下，双方当事人就争议的实体权利、义务自愿协商，达成协议，解决双方争议案件的活动及方式。

1. 调解的特征：在仲裁庭的主持下进行；在双方当事人平等自愿的基础上，以友好协商的方式解决争议案件；调解与裁决具有同等的法律效力。

2. 调解的意义：有利于争议的迅速、友好解决；有利于当事人自觉履行调解书；有利于增强当事人的法制观念，减少争议的发生。

3. 调解的程序：

（1）调解的开始：仲裁庭自行开始调解；仲裁庭根据当事人的自愿开始调解。

(2) 调解的进行：采取独任制仲裁庭形式时，独任仲裁员主持；采取合议制仲裁庭形式时，既可以由全体仲裁员主持，也可以由其中 1 名仲裁员主持。

(3) 调解的结果：因双方当事人达成调解协议而结束；因双方当事人未达成调解协议而结束。

4. 调解书制作：首部；正文；尾部。

5. 调解书的法律效力：确认效力；强制执行力。

□ 练习与思考

一、名词解释

1. 仲裁审理
2. 书面审理
3. 庭审辩论
4. 缺席裁决
5. 延期开庭
6. 仲裁中的和解
7. 仲裁中的调解

二、简答题

1. 简述仲裁审理各阶段的任务。
2. 申请撤回仲裁须具备哪几个条件？
3. 延期开庭的情形有哪些？
4. 仲裁中的和解有什么特征？
5. 仲裁中调解的法律效力是什么？

三、思考题

1. 如何认识仲裁审理前的准备工作？
2. 如何理解仲裁审理应遵循的原则？
3. 如何理解缺席裁决？
4. 如何认识仲裁中调解的意义？

第十四章

仲裁裁决

■学习目的和要求

通过本章学习，要求学生
- 重点掌握：仲裁裁决的作出及其效力。
- 掌握：仲裁裁决的种类。
- 一般了解：仲裁裁决的概念及意义。

第一节 仲裁裁决概述

一、仲裁裁决的概念

仲裁裁决，是指由仲裁庭对当事人依据仲裁协议提请仲裁的争议案件进行审理，在查明争议案件事实、分清是非的基础上，适用法律，就双方当事人之间的实体权利义务所作出的具有约束力的判定。

仲裁裁决是仲裁庭对于当事人提请仲裁的争议案件进行处理的手段和形式，体现了仲裁庭对双方当事人争议案件的认定，具有一定的意义：

1. 仲裁庭对争议案件经过审理作出仲裁裁决是仲裁庭行使仲裁权

> 裁决是仲裁庭对争议案件的终局判定

的体现。在仲裁程序中，仲裁庭组成后，其职责就是以仲裁协议为基础，对双方当事人提请仲裁的争议案件进行审理并作出具有终局效力的仲裁裁决。因此，仲裁庭对争议案件行使仲裁权的有效标志就是该仲裁裁决。

2. 仲裁裁决是当事人将仲裁协议约定的争议事项提请仲裁解决的目的所在。当事人依据仲裁协议将所发生的争议案件提请仲裁解决，就意味着当事人希望以迅速、便利的仲裁方式来解决双方当事人之间所发生的争议。而仲裁裁决以实体权利义务的确认为其内容，恰好体现了当事人以仲裁解决争议案件的愿望。

二、仲裁裁决的种类

根据不同的标准，可以将仲裁裁决分为不同的种类：

（一）对席裁决与缺席裁决

以仲裁裁决是否在双方当事人都到庭参加辩论的基础上作出为标准，仲裁裁决可以分为对席裁决和缺席裁决。

<u>针对当事人到庭情况不同，可分对席裁决与缺席裁决</u>

所谓对席裁决，是指仲裁庭在双方当事人及其代理人都到庭参加仲裁审理，进行充分陈述与辩论，并查明争议案件事实的基础上作出的仲裁裁决。双方当事人及其代理人参加仲裁审理并行使其辩论权，有利于争议案件事实的认定，因此，对席裁决是仲裁庭对争议案件进行解决的正常形式。而缺席裁决则是仲裁庭在非正常情况下作出的裁决，即仲裁庭在听取到庭一方当事人的陈述和辩论，并对未到庭一方当事人提交的书面资料进行审查的基础上，对争议案件作出的裁决。

（二）临时裁决、部分裁决与全部裁决

以仲裁裁决涉及的内容为标准，可以将仲裁裁决划分为临时裁决、部分裁决与全部裁决。

<u>裁决内容决定裁决种类的不同</u>

所谓临时裁决，也称为中间裁决，是指仲裁庭对仲裁程序进行过程中的有关程序性问题，如仲裁协议的效力等临时作出的仲裁裁决。所谓部分裁决，也称为先行裁决，是仲裁庭对争议案件的一部分作出的裁决，即仲裁庭在审理争议案件的过程中，在对某些重要的问题或者事实已经查清楚的基础上作出的裁决。而全部裁决则是仲裁庭在争议案件审理结束后，针对当事人之间所争议案件的全部，在事实清楚、权利义务关系明确的基础上所作出的裁决。部分裁决与全部裁决具有同等的约束力与强制执行力。

(三) 先行裁决和最终裁决

以仲裁裁决作出的时间为标准,仲裁裁决可以分为先行裁决和最终裁决。

所谓先行裁决,是指仲裁庭在仲裁审理过程中,为了及时保护当事人的合法权益,也为了有利于其他实体问题的进一步解决,就其中一部分事实已经清楚、权利义务关系已经明确的争议案件事实,先行作出的仲裁裁决。而最终裁决则是仲裁庭对整个争议案件审理完毕后,在仲裁审理程序终结时对争议案件所作出的仲裁裁决。

(四) 合意裁决与非合意裁决

以仲裁裁决的作出是否反映双方当事人的合意为依据,仲裁裁决可分为合意裁决与非合意裁决。

所谓合意裁决,是指仲裁庭根据双方当事人达成的和解协议或调解协议所作出的裁决。除此之外的其他裁决为非合意裁决。

第二节 仲裁裁决的作出与效力

一、仲裁裁决的作出及形式

(一) 仲裁裁决的作出

仲裁裁决的作出因仲裁庭的组成形式不同而有所不同,具体可分为两种:

1. 独任制仲裁庭作出仲裁裁决。仲裁庭由1名仲裁员组成时,由于不存在仲裁员对争议案件意见的分歧,因此,独任仲裁员对当事人提请仲裁的争议案件,经过审理后,在事实清楚,权利义务关系明确,双方当事人又无法达成调解协议的情况下,可以直接作出仲裁裁决。

> 独任仲裁员独自作出仲裁裁决

2. 合议制仲裁庭作出仲裁裁决。合议制仲裁庭由3名仲裁员组成,这就决定了在对当事人提请仲裁的争议案件进行认定时,仲裁庭成员经常会存在意见分歧。为此,《仲裁法》第53条规定:"裁决应当按照多数仲裁员的意见作出,少数仲裁员的不同意见可以记入笔录。仲裁庭不能形成多数意见时,裁决应当按照首席仲裁员的意见作出。"可见,仲裁裁决可以采取两种形式作出:①按照多数仲裁员的意见作出,

> 合议制仲裁庭的仲裁裁决以多数意见为主,以首席仲裁员的意见为例外

这也是世界各国普遍遵守的一种形式；②按照首席仲裁员的意见作出。这是因为首席仲裁员是合议庭的主持者，也是整个争议案件审理的负责者。在合议庭成员就争议案件的事实以及权利义务关系的确定，存在重大意见分歧而无法形成多数人意见时，为了保证仲裁审理工作的顺利进行，也为了保证争议案件尽快得到解决，应按首席仲裁员的意见及时作出仲裁裁决。

（二）仲裁裁决的形式

仲裁裁决应当采取书面形式，由仲裁员签名，并加盖仲裁委员会印章。但是，对该仲裁裁决持不同意见的仲裁员，可以签名，也有权拒绝签名。

二、仲裁裁决书及其效力

（一）仲裁裁决书的内容及补正

1. 仲裁裁决书及其内容。仲裁裁决书是仲裁庭根据仲裁法、仲裁规则以及查明的争议案件事实作出的确定双方当事人之间争议的实体权利义务关系的，具有终局法律效力的书面文书。

我国《仲裁法》第54条对仲裁裁决书应当具备的相应内容作出了明确的规定，即仲裁裁决书应当写明仲裁请求、争议事实、裁决理由、裁决结果、仲裁费用的负担和裁决日期。当事人协议不愿写明争议事实和裁决理由的，可以不写。裁决书由仲裁员签名，加盖仲裁委员会印章。对裁决持不同意见的仲裁员，可以签名，也可以不签名。

根据仲裁实践，仲裁书一般包括以下几部分：

（1）首部。首部是仲裁裁决书的开头部分，应当写明以下几项内容：①裁决书名称、仲裁机构、年号及仲裁裁决书的编号；②双方当事人及其代理人的基本情况。

（2）正文。正文是仲裁裁决书的核心部分，应当写明以下几项内容：①仲裁请求，即仲裁申请人请求仲裁委员会通过仲裁审理所要解决的问题；②争议事实，即双方当事人对争议案件的事实以及相应的证据，所产生的争议焦点及各自的不同观点；③裁决理由，即仲裁庭对争议案件事实的认定以及作出仲裁裁决所依据的事实和证据；④裁决结果，即仲裁庭对双方当事人之间实体权利义务的确定，这既是仲裁庭对当事人提请仲裁的争议案件的最终观点，同时也是双方当事人行使其权利，履行其义务的依据；⑤仲裁费用的负担，即仲裁庭对双方当事人就仲裁申请人预交的仲裁费用进行分担的确定。在上述内容中，对争议事实和裁决理由部分，仲裁庭也可以根据双方当事人的协议略去不写。

（3）尾部。尾部是仲裁裁决书的结尾部分，主要包括以下内容：①仲裁员签名，对该仲裁裁决持不同的意见的仲裁员可以签名，也可以不签名；②加盖仲裁委员会印章；③裁决的日期。

仲裁裁决书应包括首部、正文、尾部三部分

2. 仲裁裁决书的补正。仲裁裁决作出后即产生法律效力，具有一定的稳定性，任何一方当事人不得请求改变其内容，仲裁庭也不得就已经审理完毕的争议案件再重新审查，变更自己已作出的仲裁裁决。但是，仲裁裁决书毕竟是对双方当事人之间争议的实体权利义务关系的终局的确定，一旦该仲裁裁决书出现错误，则有可能会影响当事人的利益。因此，仲裁裁决具有稳定性并不是说仲裁庭不得就仲裁裁决中的任何错误予以纠正。只要出现法定的应当补正裁决书内容的情形时，如仲裁裁决书中出现文字、计算错误或者仲裁庭已经裁决但在裁决书中遗漏的事项时，根据《仲裁法》第56条的规定，仲裁庭应当补正；当事人自收到裁决书之日起30日内，可以请求仲裁庭补正。

仲裁裁决书的补正是保证其正确的方法

（二）仲裁裁决的法律效力

仲裁裁决的法律效力，是指仲裁裁决作出后所发生的法律后果。

根据《仲裁法》第57条的规定，裁决书自作出之日起发生法律效力。具体来说，仲裁裁决的法律效力体现在以下两个方面：

1. 约束力。仲裁裁决作出后，就具有一定的约束力。该约束力体现在以下方面：①仲裁裁决对当事人具有约束力。即仲裁裁决作出后，就该仲裁裁决所确定的当事人之间的实体权利义务关系，任何一方当事人不得再行向仲裁机构申请仲裁，也不得向人民法院提起诉讼。②仲裁裁决对仲裁机构或者人民法院具有约束力。即仲裁裁决作出后，任何仲裁机构或者人民法院都不得随意变更该仲裁裁决，也不得受理当事人就该仲裁裁决所确定争议提出的申请或者起诉。③仲裁裁决对社会具有约束力。即仲裁裁决作出后，在当事人履行该仲裁裁决或者人民法院依据当事人的申请强制执行该仲裁裁决的过程中，任何就该仲裁裁决的实现负有协助义务的单位或者个人，应当履行自己的协助义务，以保证生效仲裁裁决的实现。

仲裁裁决具有广泛的约束力

2. 强制执行力。仲裁裁决的强制执行力体现在以下两个方面：①仲裁裁决是当事人自觉履行其实体义务的依据。仲裁裁决是对当事人之间争议的实体权利义务关系的终局确认，因此，该仲裁裁决是义

> 强制力是仲裁裁决权威性的体现

务人履行义务，以实现权利人合法权益的依据。如果义务人不自觉履行义务，则权利人有权向有管辖权的人民法院申请强制执行。②仲裁裁决是人民法院强制执行的依据。人民法院受理当事人提出的强制执行申请后，就可以根据该仲裁裁决中所确定的义务种类以及被申请执行人的具体情况，采取民事诉讼法所规定的相应执行措施，迫使义务人履行义务，以实现权利人的合法权益。

□小　　结

本章主要阐述仲裁裁决的相关问题，包括仲裁裁决的概念、种类，仲裁裁决的作出，裁决书的内容及其效力等。其主要内容是：

一、仲裁裁决概述

(一) 仲裁裁决的概念

仲裁裁决，即由仲裁庭对当事人依据仲裁协议提请仲裁的争议案件进行审理，在查明争议案件事实、分清是非的基础上适用法律，就双方当事人之间的实体权利义务作出的具有约束力的判定。

(二) 仲裁裁决的种类

根据当事人是否都到庭分为：对席裁决；缺席裁决。
根据裁决的内容分为：临时裁决；部分裁决；全部裁决。
根据裁决的时间分为：先行裁决；最终裁决。
根据是否反映当事人的合意分为：合意裁决；非合意裁决。

二、仲裁裁决的作出与效力

(一) 仲裁裁决的作出及形式

仲裁裁决的作出：独任制仲裁庭作出仲裁裁决；合议制仲裁庭作出仲裁裁决：按多数仲裁员的意见作出或按首席仲裁员的意见作出。

形式：书面形式。

(二) 仲裁裁决书及其效力

裁决书内容：首部；正文；尾部。

法律效力：约束力，包括对当事人具有约束力、对仲裁机构或人民法院具有约束力以及对社会具有约束力；强制执行力，既是当事人履行义务的依据，又是人民法院强制执行的依据。

□练习与思考

一、名词解释

1. 仲裁裁决
2. 先行裁决
3. 最终裁决

二、简答题

1. 简述仲裁裁决的作出。
2. 简述仲裁裁决书的法律效力。

三、思考题

1. 如何认识仲裁裁决的种类？
2. 如何理解仲裁裁决的意义？

第三编
涉外仲裁

第十五章

涉外仲裁概述

■ **学习目的和要求**

通过本章学习，要求学生
- 重点掌握：我国涉外仲裁机构及其受理案件的范围。
- 掌握：涉外仲裁的概念与国际上几个主要仲裁机构仲裁规则之比较。
- 一般了解：主要国际商事仲裁机构的组织机构及职能。

第一节 涉外仲裁的概念

所谓涉外仲裁，是指含有涉外因素或者国际因素的仲裁，即当事人选定的涉外仲裁机构，根据当事人之间订立的仲裁协议，对当事人提交的在国际经济贸易及海事等活动中发生的争议，进行审理并作出仲裁裁决的活动。

以涉外仲裁的方式解决在国际经济贸易和海事活动中发生的争议，是世界各国通行的习惯性做法，特别是自19世纪末开始，随着国际经济贸易和海运的发展，仲裁在解决争议方面的作用日益重要。但是，

> 涉外仲裁即含有涉外或国际因素的仲裁

长期以来，在仲裁理论与实践中，对于什么是"涉外"，什么是"国际"，众说纷纭，目前在国际上，也没有普遍被接受的概念。因此，各国仲裁法对涉外仲裁的规定也各不相同。

在确定争议案件是否具有"涉外"或者"国际"因素时，世界各国采取的标准不尽相同，但主要有地理标准、争议性质标准、综合标准等。在这一问题上，传统的国际私法认为，涉外民商事法律关系是指民商事法律关系的三要素，即主体、内容、客体中至少有一个因素同外国具有一定的联系，具体包括三个方面：①民商事法律关系的一方或者双方当事人是外国人、无国籍人、外国法人、外国国家或者国际组织；②引起民商事法律关系发生、变更、消灭的法律事实发生在国外；③民商事法律关系的客体即双方当事人争议的标的物在国外。但是，上述标准和理论还是未能给争议的"国际性"下一个明确的定义，这就给国际商事仲裁实践中如何把握争议的"国际性"带来了困难。因此，在起草联合国国际贸易法委员会《国际商事仲裁示范法》期间，该委员会秘书处曾特别提出，既然拟定示范法是要为那些不是单纯涉及国内利益的仲裁提供一个专门的法律体系，定义"国际"一词是有必要的，虽然有相当的难度。[1]1985年联合国《国际商事仲裁示范法》第1条第3款规定："仲裁如有下列情况即为国际仲裁：其一，仲裁协议的当事各方在缔结协议时，他们的营业地点位于不同的国家；或其二，下列地点之一位于当事各方营业地点所在国以外：①仲裁协议中确定的或根据仲裁协议确定的仲裁地点；②履行商事关系的大部分义务的任何地点或与争议标的关系最密切的地点；或其三，当事各方明确地同意，仲裁协议的标的与一个以上的国家有关。"这一规定将国际仲裁扩展为：①其营业地点在不同国家的当事人之间的争议的仲裁；②仲裁地和当事各方营业地位于不同国家的仲裁；③主要义务履行地和当事各方的营业地位于不同国家的仲裁；④与争议标的关系最密切的地点和当事各方的营业地位于不同国家的仲裁；⑤当事各方明确同意仲裁标的与一个以上国家有关的仲裁。而且，这一规定显示出按照当事人的合意确定了什么是国际仲裁的倾向，大大丰富了"涉外"或"国际"的内涵。[2]我国《仲裁法》对什么是"涉外"因素未作出明确的规定，2013年实施的《最高人民法院关于适用〈中华人民共和国涉外民事关系法律适用法〉若干问题的解释（一）》第1条明确规定，

涉外因素即法律关系的主体、内容、客体之一与外国有一定联系

---

[1] 韩健：《现代国际商事仲裁法的理论与实践》，法律出版社1993年版，第9页。转引自 Fourteenth Session of UNCITRAL, June 19–26, 1981, *Report of the Secretary General*, UN Doc, A/CN, 9/207, p. 32.

[2] 黄进、徐前权、宋连斌编著：《仲裁法学》，中国政法大学出版社1999年版，第170页。

民事关系具有下列情形之一的，人民法院可以认定为涉外民事关系：①当事人一方或双方是外国公民、外国法人或者其他组织、无国籍人；②当事人一方或双方的经常居所地在中华人民共和国领域外；③标的物在中华人民共和国领域外；④产生、变更或者消灭民事关系的法律事实发生在中华人民共和国领域外；⑤可以认定为涉外民事关系的其他情形。2015年实施的《最高人民法院关于适用〈中华人民共和国民事诉讼法〉的解释》第522条也规定，有下列情形之一，人民法院可以认定为涉外民事案件：①当事人一方或者双方是外国人、无国籍人、外国企业或者组织的；②当事人一方或者双方的经常居所地在中华人民共和国领域外的；③标的物在中华人民共和国领域外的；④产生、变更或者消灭民事关系的法律事实发生在中华人民共和国领域外的；⑤可以认定为涉外民事案件的其他情形。通过上述规定，可以看到目前立法对涉外因素的界定与国际私法理论是一致的，即按照相关民事法律关系的主体、客体、法律事实、标的物等方面是否具有涉外因素来认定民事法律关系是否涉外。

对涉外仲裁的界定，仲裁法没有明确规定，但《民事诉讼法》对涉外仲裁司法审查案件的认定则采用按照仲裁机构是否是涉外仲裁机构的标准来认定，这已经严重与仲裁实践脱节，从20世纪初，我国仲裁实践中各仲裁机构的受案范围已经趋同，均可以受理和审理涉外和国内的仲裁案件。因此，2018年1月1日起施行的《最高人民法院关于审理仲裁司法审查案件若干问题的规定》对涉外仲裁的标准作了明确的规定，仲裁协议或者仲裁裁决具有《最高人民法院关于适用〈中华人民共和国涉外民事关系法律适用法〉若干问题的解释（一）》第1条规定情形的，为涉外仲裁协议或者涉外仲裁裁决，即按照相关民事法律关系的主体、客体、法律事实、标的物等方面是否具有涉外因素来认定民事法律关系是否涉外，不再以仲裁机构是否是涉外仲裁机构的标准来认定。

由于涉外仲裁解决的是基于当事人之间的商事法律关系所产生的争议，因此，在了解了什么是"涉外"或者"国际"因素之后，还需要对商事法律关系中的"商事"一词有所了解。

对于"商事"一词，联合国国际贸易法委员会《国际商事仲裁示范法》作如下解释，即对"商事"一词应作广义的解释，使其包括不论是契约性或非契约性的一切商事性质的关系所引起的种种事情。商事性质的关系包括但不限于下列交易：供应或交换货物或服务的任何贸易交易；销售协议；商事代表或代理；代理；租赁；建造工厂；咨询；工程许可；

投资；融资；银行；保险；开发协议或特许；合资经营和其他形式的工业或商业合作；客货的航空、海上、铁路或公路运输。在我国，关于"商事"的含义，1987年《最高人民法院关于执行我国加入的〈承认及执行外国仲裁裁决公约〉的通知》第2条作出了明确的解释："根据我国加入该公约时所作的商事保留声明，我国仅对按照我国法律属于契约性和非契约性商事法律关系所引起的争议适用该公约。所谓'契约性和非契约性商事法律关系'，具体的是指由于合同、侵权或者根据有关法律规定而产生的经济上的权利义务关系，例如货物买卖、财产租赁、工程承包、加工承揽、技术转让、合资经营、合作经营、勘探开发自然资源、保险、信贷、劳务、代理、咨询服务和海上、民用航空、铁路、公路的客货运输以及产品责任、环境污染、海上事故和所有权争议等，但不包括外国投资者与东道国政府之间的争端。"

综上所述，涉外仲裁就是指涉外仲裁机构对民商事法律关系的主体、内容或者客体之一具有涉外或者国际因素的争议案件的仲裁。

第二节 我国的涉外仲裁机构

在我国《仲裁法》颁布实施之前，我国仲裁机构是根据受案范围来划分涉外仲裁机构和国内仲裁机构的，即根据规定只有涉外仲裁机构可以受理和审理涉外的民商事案件。当时我国只有中国国际经济贸易仲裁委员会和中国海事仲裁委员会可以受理和审理涉外民商事案件，其他仲裁机构只能受理和审理国内民商事案件。随着仲裁民间化的进一步推进，以及各仲裁机构的发展，我国打破了各仲裁机构的受案范围的限制，从2000年开始，传统的涉外仲裁机构中国国际经济贸易仲裁委员会和中国海事仲裁委员会可以受理和审理国内争议，而相应的其他国内仲裁机构也可以受理和审理涉外民商事争议。自此，我国各仲裁机构在受案范围上没有实质差异了，各仲裁机构开始侧重根据自己的实际情况发展自己的优势和特色。

一、中国国际经济贸易仲裁委员会

（一）中国国际经济贸易仲裁委员会的发展

中国国际经济贸易仲裁委员会（China International Economic and Trade Arbitration Commission，简称 CIETAC），最初的名称为"中国国

际贸易促进委员会对外贸易仲裁委员会",是为了适应中国对外贸易事业发展的需要,根据 1954 年 5 月 6 日前中央人民政府政务院第 215 次政务会议通过的《关于在中国国际贸易促进委员会内设立对外贸易仲裁委员会的决定》,于 1956 年 4 月 2 日正式成立的。成立这一涉外仲裁机构的目的,主要是解决对外贸易中发生的争议。当时,该委员会由中国国际贸易促进委员会在对外贸易、商业、工业、农业、运输、保险等行业以及法律方面具有专门知识和经验的人士中选任 15～21 名委员组成。

我国实行改革开放政策以后,为适应我国对外贸易的发展需要,1980 年 2 月 26 日,国务院发出《关于将对外贸易仲裁委员会改称为对外经济贸易仲裁委员会的通知》,决定将"对外贸易仲裁委员会"改为"对外经济贸易仲裁委员会",并将受案范围扩大到有关中外合资经营企业、中外银行相互信贷等方面的争议。此外,仲裁委员会增加了委员人数,开始实行委员和仲裁员职责分离的制度,1988 年 6 月 21 日,国务院又批准将对外经济贸易仲裁委员会改名"中国国际经济贸易仲裁委员会"(简称"贸仲委"),并将其受案范围扩大为国际经济贸易中发生的一切争议。2000 年 10 月 1 日起,中国国际经济贸易仲裁委员会同时启用"中国国际商会仲裁院"的名称。

中国国际经济贸易仲裁委员会总会设在北京。根据业务发展的需要,贸仲委分别在深圳、上海、天津、重庆、杭州、武汉和福州分别设有华南分会、上海分会、天津国际经济金融仲裁中心(天津分会)、西南分会、浙江分会、湖北分会和福建分会,2017 年贸仲委在香港特别行政区设立了贸仲委香港仲裁中心。贸仲委及其分会/仲裁中心是一个统一的仲裁委员会,适用相同的《仲裁规则》和《仲裁员名册》。贸仲委《章程》规定,分会/仲裁中心是贸仲委的派出机构,根据贸仲委的授权接受并管理仲裁案件。

(二) 中国国际经济贸易仲裁委员会的组织机构

为了充分发挥中国国际经济贸易仲裁委员会在涉外民商事争议解决方面的重要作用,该仲裁委员会设立了以下若干内部组织机构:

1. 委员和委员会议。仲裁委员会委员由仲裁委员会聘请经济贸易、法律等方面的专家人士担任,每届任期 3 年。

仲裁委员会委员通过仲裁委员会委员会议来行使其职权。委员会议每年召开 1 次,如有需要,也可以召开临时会议。仲裁委员会会议由主任或者主任委托的副主任主持。每次会议须有 2/3 以上的组成人员

中国国际经济贸易仲裁委员会下设委员和委员会议、主任会议、专家咨询委员会、秘书局(处)、秘书长会议、仲裁研究所等机构

出席，方能举行。修改章程或者对仲裁委员会作出解散决议，须经全体组成人员的2/3以上通过，其他决议须经出席会议组成人员的2/3以上通过。

仲裁委员会会议的主要职责是：①审议仲裁委员会的工作方针、工作计划等重要事项，并作出相应的决议；②审议、通过仲裁委员会秘书长提出的年度工作报告和财务报告；③决定仲裁委员会秘书长、专家咨询机构负责人人选；④审议、通过仲裁委员会办事机构设置方案；⑤决定仲裁员的聘任、解聘和除名；⑥仲裁委员会主任担任仲裁员的，决定主任的回避；⑦修改仲裁委员会章程；⑧决议解散仲裁委员会；⑨仲裁法、仲裁规则和本章程（《仲裁委员会章程示范文本》）规定的其他职责。

2. 主任会议。根据《仲裁法》第12条的规定，仲裁委员会由主任1人、副主任2~4人和委员7~11人组成。仲裁委员会的主任、副主任和委员由法律、经济贸易专家和有实际工作经验的人员担任。仲裁委员会的组成人员中，法律、经济贸易专家不得少于2/3。此外，仲裁委员会设秘书长1人，副秘书长若干人。仲裁委员会分会也设主任1人、副主任若干人、秘书长1人、副秘书长若干人。

仲裁委员会和仲裁委员会分会的主任、副主任和秘书长分别组成仲裁委员会和仲裁委员会分会的主任会议，在仲裁委员会委员会议闭会期间，分别负责仲裁委员会和仲裁委员会分会的重要日常工作。主任会议每3个月举行1次，如有需要，也可以召开临时主任会议。

仲裁委员会主任会议召开时，如果有必要可以邀请经济贸易以及法律专家和有关人员举行主任扩大会议，讨论仲裁委员会和仲裁委员会分会的重大问题，并作出相应的决定。

3. 专家咨询委员会。《仲裁法》中没有明确规定专家咨询委员会的组成和职能。《仲裁委员会章程示范文本》第10条规定："仲裁委员会可以根据需要设立专家咨询机构，为仲裁委员会和仲裁员提供对疑难问题的咨询意见。专家咨询机构设负责人1人，由仲裁委员会副主任兼任。"

专家咨询委员会主要负责仲裁过程中的一些重大疑难问题的研究，并提供相应的咨询意见。此外，还可以组织仲裁员交流仲裁争议案件的经验，对仲裁规则进行修订以及对仲裁委员会的工作和发展提出有关建议等。

4. 秘书局（处）。仲裁委员会设秘书局，仲裁委员会分会设秘书处，分别负责仲裁委员会和分会的日常事务，包括受理案件的登记管理、仲裁费用的收取、仲裁程序的管理和非仲裁庭调解案件的调解等。

5. 秘书长会议。仲裁委员会和仲裁委员会分会的秘书长、副秘书长和秘书局、秘书处的其他主要负责人共同召开秘书长会议，讨论决定秘书局、秘书处的程序管理事务和其他有关事项，并在必要时，向仲裁委员会或者仲裁委员会分会的主任会议或者主任扩大会议提出有关建议。

6. 仲裁研究所。仲裁研究所是仲裁委员会秘书局、秘书处下设的仲裁研究机构，负责调查研究仲裁的理论发展和仲裁实践中的主要问题，并负责仲裁委员会年刊、杂志、案例的编辑工作以及仲裁研究和宣传工作。研究所主办了《中国涉外仲裁年刊》《仲裁与法律》《仲裁裁决书选编》以及《涉外经济贸易仲裁文件汇编》等出版物，为中国国际经济贸易仲裁委员会的涉外仲裁工作提供服务。

此外，中国国际经济贸易仲裁委员会还设有案例编辑委员会、仲裁员资格审查考核委员会、域名争议解决中心、办事处等。案例编辑委员会负责案例编辑和仲裁委员会的年刊编辑工作。仲裁员资格审查考核委员会按照仲裁法和仲裁规则的规定，对仲裁员的行为进行监督考核，对仲裁员的聘任提出建议。域名争议解决中心负责解决各种域名争议。2005年7月5日起域名争议解决中心同时启用"中国国际经济贸易仲裁委员会网上争议解决中心"名称，全面涵盖域名争议解决中心目前业务，并进一步开展电子商务网上调解和网上仲裁等其他网上争议解决业务，为广大当事人提供快捷高效的网上争议解决服务。仲

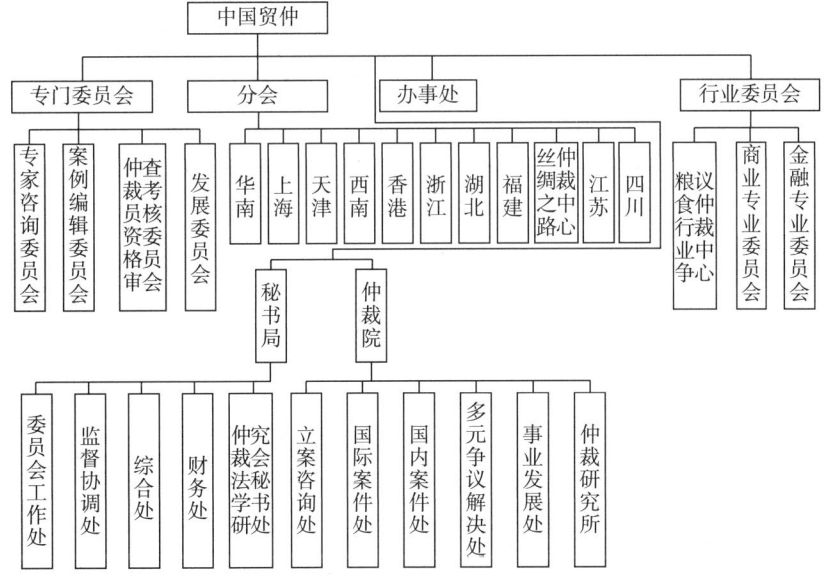

裁委员会在各地国际贸易促进委员会内及经济比较发达的城市设立了仲裁办事处，办事处是仲裁委员会的联络、咨询和宣传机构，不能受理仲裁案件。

(三) 中国国际经济贸易仲裁委员会的受案范围

中国国际经济贸易仲裁委员会的受案范围，即中国国际经济贸易仲裁委员会依法可以受理争议案件的范围。

中国国际经济贸易仲裁委员会总会和各分会根据当事人约定的仲裁条款或仲裁协议受理当事人提起的国际的、涉外的和国内仲裁案件。

根据2012年5月1日起施行的《中国国际经济贸易仲裁委员会仲裁规则》第3条的规定，中国国际经济贸易仲裁委员会根据当事人的约定受理契约性或非契约性的经济贸易等争议案件。具体包括：

1. 国际的或涉外的争议案件；
2. 涉及香港特别行政区、澳门特别行政区或台湾地区的争议案件；
3. 国内争议案件。

根据现行《中国国际经济贸易仲裁委员会金融争议仲裁规则》(2015年版)第2条的规定，中国国际经济贸易仲裁委员会以仲裁的方式独立、公正地解决当事人之间因金融交易发生的或与此有关的争议。其中，金融交易包括但不限于下列交易：①贷款；②存单；③担保；④信用证；⑤票据；⑥基金交易和基金托管；⑦债券；⑧托收和外汇汇款；⑨保理；⑩银行间的偿付约定；⑪证券和期货。

为适应"一带一路"经济战略，中国国际贸易促进委员会（中国国际商会）2017年9月12日通过《中国国际经济贸易仲裁委员会国际投资争端仲裁规则（试行）》，并于2017年10月1日起施行。根据该规则第2条的规定，中国国际经济贸易仲裁委员会根据当事人之间的仲裁协议，受理基于合同、条约、法律法规或其他文件提起的，一方当事人为投资者，另一方当事人为国家或政府间组织、经政府授权的或其行为可归责于国家的其他任何机构、部门和其他实体的国际投资争端。

根据《仲裁法》第3条及第77条的规定，仲裁委员会（包括国内及涉外仲裁委员会）不受理下列纠纷：

1. 婚姻、收养、监护、扶养、继承纠纷；
2. 依法应当由行政机关处理的行政争议；
3. 劳动争议和农业集体经济组织内部的农业承包合同争议。

经过60多年的不懈努力、开拓进取、励精图治，中国国际经济贸易仲裁委员会以其独立、公正、高效的仲裁工作在国内外享有广泛的声誉,赢得了中外当事人的普遍信赖,现已成为世界上重要的国际商事仲裁机构之一。仲裁委员会的受案量自1990年以来和其他仲裁机构相比居于世界前列,案件当事人涉及除中国之外的45个国家和地区,仲裁裁决的公正性得到了国内外的一致肯定,仲裁裁决在香港的执行率达到了99%以上,仲裁裁决可以依据联合国《承认和执行外国仲裁裁决的公约》(简称《纽约公约》)在世界上150多个国家得到承认和执行。

二、中国海事仲裁委员会

(一) 中国海事仲裁委员会的发展

中国海事仲裁委员会(China Maritime Arbitration Commission,简称CMAC)是根据中华人民共和国国务院1958年11月21日的《关于在中国国际贸易促进委员会内设立海事仲裁委员会的决定》,于1959年1月在北京正式成立的。其设立时的名称为中国国际贸易促进委员会海事仲裁委员会,1998年更名为"中国海事仲裁委员会"(简称"海仲委"),并一直沿用至今。仲裁委员会设在北京,在上海、天津、重庆、深圳、香港、福建设有分会。根据仲裁业务发展的需要,以及就近为当事人提供仲裁咨询和程序便利的需要,海仲委在国内主要港口城市,大连、天津、青岛、宁波、广州、舟山均设立了办事处。此外,还有一个辽宁办事处。

中国海事仲裁委员会是附设在中国国际贸易促进委员会下的受理国内外海事海商争议的常设仲裁机构。它的宗旨就是:以仲裁的方式,独立、公正地解决海事、海商、物流争议以及其他契约性或非契约性争议,以保护当事人的合法权益,促进国际国内经济贸易和物流的发展。

(二) 中国海事仲裁委员会的组织机构

中国海事仲裁委员会建立并完善了委员会议、主任会议、秘书长会议和三地秘书会议制度,并设立了专家咨询委员会、案例编辑委员会和仲裁员资格审查考核委员会等机构。

1. 委员会议和主任会议。仲裁委员会设名誉主任1人、顾问若干人。

仲裁委员会由主任1人、副主任若干人和委员若干人组成。主任

中国国际贸易促进委员会海事仲裁委员会
↓
中国海事仲裁委员会

履行《中国海事仲裁委员会仲裁规则》（2015年）赋予的职责，副主任受主任的委托可以履行主任的职责。委员由中国国际贸易促进委员会（中国国际商会）聘请中国立法、司法、航运、保险等有关部门的专家、学者和知名人士担任。

委员会议每年召开1次，以研究解决仲裁委员会组织机构及业务发展等方面的重大问题。主任会议在委员会议闭会期间负责仲裁委员会的工作，每3个月召开1次。

2. 秘书会议。仲裁委员会及其分会设秘书处，秘书处设秘书长，分别领导仲裁委员会秘书处和分会秘书处处理日常事务。

仲裁委员会建立秘书会议制度，原则上每年召开1次。主要是互相沟通和交流办案经验，对秘书人员进行业务培训，以提高办案质量。

3. 专家咨询委员会。仲裁委员会下设专家咨询委员会。专家咨询委员会负责仲裁程序和实体上的重大疑难问题的研究和提供咨询意见，对仲裁员进行培训和经验交流，对仲裁规则的修改提供意见，以及对仲裁委员会的工作和发展提出建议等。

专家咨询委员会由仲裁委员会主任会议聘请13名专家任委员组成，其中1人为主任委员，1人为副主任委员。

4. 案例编辑委员会。仲裁委员会下设案例编辑委员会。委员会设主任委员1人、副主任委员1人，由仲裁委员会主任聘任。

案例编辑委员会负责已审理终结的案例编辑和仲裁委员会的年刊编辑工作。

5. 资格审查考核委员会。仲裁委员会下设资格审查考核委员会。委员会设主任委员1人、副主任委员1人，由仲裁委员会主任聘任。

资格审查考核委员会的主要职责是，按照仲裁法和仲裁规则的规定，对仲裁员的资格和表现进行审核和考查，对仲裁员的续聘和解聘提出建议。

6. 仲裁委员会分会和办事处。为适应业务发展的需要，仲裁委员会1999年先后在大连、上海和广州设立3个办事处。

上海办事处已于2002年升格为分会，分会可以独立受理和审理案件。办事处是仲裁委员会的宣传、咨询和联络机构，在仲裁委员会的统一领导下，从事海事仲裁的宣传、调研和咨询工作，协助仲裁委员会或其分会在当地安排开庭，但不从事仲裁案件的受理、收费和审理。

此外，仲裁委员会还设有物流争议解决中心和渔业争议解决中心。

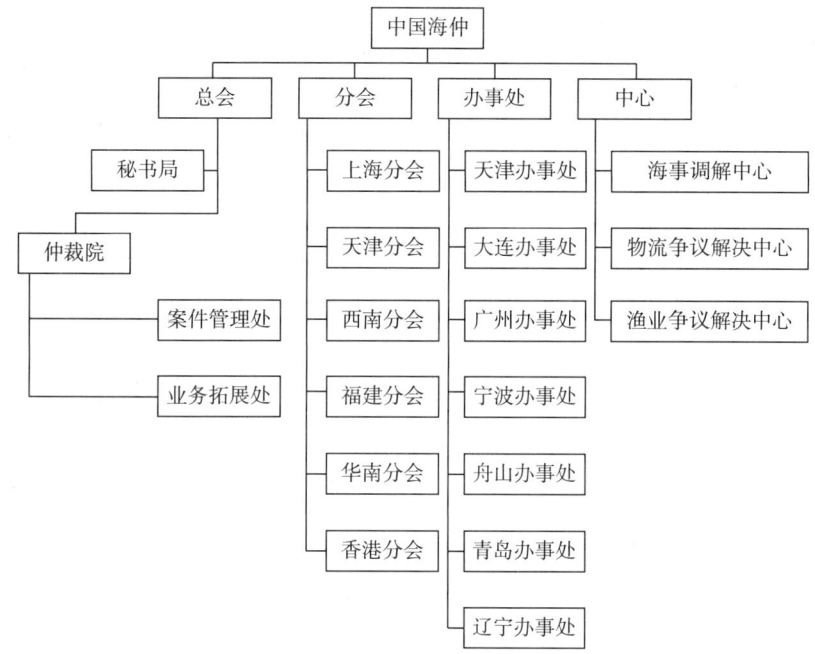

（三）中国海事仲裁委员会的受案范围

中国海事仲裁委员会的受案范围，即中国海事仲裁委员会依法可以受理争议案件的范围。

中国海事仲裁委员会根据当事人在争议发生之前或争议发生之后达成的将争议提交中国海事仲裁委员会仲裁的仲裁协议和一方当事人的书面仲裁申请，受理海事争议案件。

根据《中国海事仲裁委员会仲裁规则》（2015年）第3条的规定，中国海事仲裁委员会受理下列海事争议：

1. 租船合同、多式联运合同或者提单、运单等运输单证所涉及的海上货物运输、水上货物运输、旅客运输争议；

2. 船舶、其他海上移动式装置的买卖、建造、修理、租赁、融资、拖带、碰撞、救助、打捞，或集装箱的买卖、建造、租赁、融资等业务所发生的争议；

3. 海上保险、共同海损及船舶保赔业务所发生的争议；

4. 船上物料及燃油供应、担保争议，船舶代理、船员劳务、港口作业所发生的争议；

5. 海洋资源开发利用、海洋环境污染所发生的争议；

6. 货运代理、无船承运、公路、铁路、航空运输，集装箱的运输、拼箱和拆箱，快递，仓储，加工，配送，仓储分拨，物流信息管理，运输工具、搬运装卸工具、仓储设施、物流中心、配送中心的建造、买卖或租赁，物流方案设计与咨询，与物流有关的保险，与物流有关的侵权争议，以及其他与物流有关的争议；

7. 渔业生产、捕捞等所发生的争议；

8. 双方当事人协议仲裁的其他争议。

中国海事仲裁委员会自成立以来的几十年里，坚持以事实为根据、以法律为准绳、参考国际惯例、尊重合同约定、独立公正地解决海事争议的原则，审理了大量的海事案件，有力地维护了中外当事人的正当权益，其裁决的公正性得到了国内外的肯定，在国内外的航运、保险、贸易、法律等各界赢得了信誉，大大推动了中国与世界其他国家和地区之间的经贸往来及海上事业的迅速发展。

第三节 主要的国际商事仲裁机构

一、国际商会仲裁院

（一）国际商会仲裁院的组织机构

国际商会仲裁院（the International Court of Arbitration of International Chamber of Commerce，简称 ICC）成立于 1923 年，是附属于国际商会的一个国际性常设调解与仲裁机构。

国际商会仲裁院是国际性民间组织，国际商会仲裁院的组织机构及职能具有很大的独立性。该仲裁院总部设在巴黎，其委员会由来自 40 多个国家和地区的具有国际法专长和解决国际争端经验的成员组成。其成员首先由国际商会的各国委员会根据一国一名的原则提名，然后由国际商会大会决定，任期 3 年。仲裁院成员独立于其国家或地区委员会行事。仲裁院设主席 1 名，副主席 8 名。该仲裁院在国际商会总部设有秘书处，秘书处由来自 10 多个国家的人员组成，设秘书长 1 名。秘书处的工作由秘书长主持。秘书处分 5 个小组，每组由 3 人组成，1 名顾问、1 名助理还有 1 名秘书。顾问一般是律师，并至少应当懂英语与法语。这 5 个小组负责处理案件管理中的日常事务。除以上 5 个小组以外，秘书处还设有 1 名特别顾问、1 名档案管理员、1 名行政助理和几名秘书。

(二) 国际商会仲裁院的职能

设立国际商会仲裁院的目的在于通过处理国际性商事争议，促进国际经济贸易合作与发展。该院最初受理的案件主要是有关货物买卖合同和许可证贸易的争议，后来逐渐扩大其受理案件的范围，几乎包括因契约关系而发生的任何争议。而且，国际商会仲裁院对根据仲裁协议提请仲裁的当事人不作限制，任何国家的当事人，不论是自然人还是法人，甚至是国家、政府及其机构本身，都可以通过仲裁协议将其争议提交仲裁。

和大多数仲裁机构一样，随着仲裁理念和环境的发展，国际商会仲裁院也多次对其仲裁规则作出修订。现行的仲裁规则是2012年修订的《国际商会仲裁规则》。根据该规则，国际商会仲裁院的职责是根据国际商会仲裁规则以仲裁方式解决国际性的商业纠纷。如经仲裁协议授权，仲裁院也可根据本规则的规定解决非国际性的商业纠纷。当事人协议按照国际商会仲裁规则提交仲裁的，应视为他们事实上愿意按照仲裁程序开始之日有效的仲裁规则进行仲裁，除非他们已经约定按照订立仲裁协议之日的仲裁规则仲裁。争议由1名或3名仲裁员裁决。当事人没有商定仲裁员人数的，仲裁院将指定1名独任仲裁员审理案件，除非仲裁院认为案件争议需要由3人仲裁庭审理。当事人有权自由约定仲裁庭处理案件实体问题所应适用的法律规则。当事人对此没有约定的，仲裁庭将决定适用其认为适当的法律规则。仲裁庭必须作出终局裁决的期限为6个月。

二、英国伦敦国际仲裁院

(一) 英国伦敦国际仲裁院的组织机构

1892年11月23日成立的伦敦仲裁会于1903年4月2日改名为伦敦仲裁院，由伦敦城市和伦敦商会各派12名代表组成的联合委员会管理。1975年伦敦仲裁院与女王特许仲裁员协会合并，1981年改称为伦敦国际仲裁院（London Court of International Arbitration，简称LCIA）。这是国际上最早成立的常设仲裁机构，现由伦敦市、伦敦商会和女王特许仲裁员协会三家共同组成的联合管理委员会管理。仲裁院的日常工作由女王特许仲裁员协会负责，仲裁员协会的会长兼任仲裁院的主席。

> 英国伦敦国际仲裁院的组织机构及职能

(二) 伦敦国际仲裁院的职能

伦敦国际仲裁院的职能是为解决国际商事争议提供服务，它可以受理当事人依据仲裁协议提交的任何性质的国际争议，在国际社会享有很高的声誉，特别是国际海事案件，大多诉诸伦敦国际仲裁院。

伦敦国际仲裁院备有供当事人选择的仲裁员名单。在选聘仲裁员的标准方面，该仲裁院非常强调其专业知识，尤其是某些技术领域方面的知识。

伦敦国际仲裁院对其仲裁规则也作过多次修订以适应仲裁的最新发展和法律的改革。1996年英国颁布了新的仲裁法，法院对仲裁给予较为适度的干预，进一步强化了自由仲裁的政策。现行的（1998年1月1日起生效）仲裁规则就是根据1996年仲裁法对原来仲裁规则进行修订而来的。

根据现行的仲裁规则，倘若各方当事人具有不同国籍，独任仲裁员或仲裁庭主席不得与任何当事人国籍相同，但与被提名人国籍不同的所有当事人书面同意者，则不在此限。各方当事人或任何第三人都可以提名任何仲裁员，但最终只有仲裁院有权指派仲裁员。仲裁院将于指派仲裁员时对当事人书面协议的任何具体选择方法或标准予以适当的考虑。仲裁庭应根据当事人选择的适用于其争议的实体法和法律规范，裁决当事人的争议。倘若仲裁庭认定当事人并未作出这种选择，仲裁庭应适用其认为适当的法律或法律规范。仲裁庭须以书面方式作出裁决，而且应说明其裁决所依据的理由，除非所有的当事人另有书面约定。裁决书还应写明作出裁决的日期和仲裁地，并由仲裁庭或同意裁决的仲裁庭成员签字。

三、美国仲裁协会

（一）美国仲裁协会的组织机构

> 美国仲裁协会的组织机构及职能

美国仲裁协会（American Arbitration Association，简称 AAA 或 3A）成立于1926年，是由1922年成立的美国仲裁会和1925年成立的美国仲裁基金会合并而成的，是美国最主要的国际仲裁常设机构。

美国仲裁协会是独立的、非政府性的、非营利性的民间组织，其总部设在纽约，并且在美国其他24个主要城市设有分会，拥有6万多名仲裁员，500多名专职人员。美国仲裁协会内部设有一个负责教育与培训的部门，定期对仲裁员进行仲裁知识和技巧的培训，并召开研讨会，使这些既具有法律专业知识，又具有仲裁技能的仲裁员能够充分发挥在解决争议案件方面的作用。

（二）美国仲裁协会的职能

美国仲裁协会的宗旨是：进行有关仲裁的研究，完善仲裁技术和程序，进一步发展仲裁科学，提供仲裁便利。为实现这一宗旨，美国仲裁协会受理全美各地的以及外国的各种当事人提交的除法律和公共政策禁止仲裁的事项以外的任何国际争议。在处理争议案件的同时，美国仲裁协会还广泛发展与其他国家的仲裁机构和商业组织之间的业务联系，从而成为世界上最大的民间仲裁机构之一。

美国仲裁协会在仲裁国际性商事争议案件时，一般适用其商事仲裁规则，现行仲裁规则是2003年7月1日生效的国际仲裁规则。根据该规则，当事人书面同意按本规则仲裁争议，或者在未指明特定规则的情况下将国际争议提交国际争议解决中心或美国仲裁协会仲裁，应根据仲裁开始之日有效的本规则进行，当事各方可以书面形式对本规则进行任何修正。

2001年，国际争议解决中心（the International Centre for Dispute Resolution，简称ICDR），作为美国仲裁协会的一个机构，是全球最大的国际商事争议仲裁机构。中心有来自全球的400多名仲裁员和调解员。受理的案件涉及合资、买卖、特许经营、专利和其他投资与贸易。审理案件适用的规则包括了美国仲裁协会仲裁规则或其国际规则、示范仲裁规则和特种标的规则，如建筑工程规则、劳动争议规则等。

国际争议解决中心已经与世界40多个国家的56个仲裁机构建立了合作关系，特别是后来又与海牙常设的仲裁法庭建立了合作关系。

从2003年新修订的美国仲裁协会国际仲裁规则中不难看出，国际争议解决中心将成为今后美国仲裁协会受理争议的主要机构。

四、瑞典斯德哥尔摩商会仲裁院

（一）瑞典斯德哥尔摩商会仲裁院的组织机构

瑞典斯德哥尔摩商会仲裁院（Arbitration Institute of the Stockholm Chamber of Commerce，简称SCC）成立于1917年，是斯德哥尔摩商会附设的仲裁机构。

斯德哥尔摩商会仲裁院由理事会和秘书处组成。

理事会由主席、副主席和理事组成，其中主席1人，副主席不超

瑞典斯德哥尔摩商会仲裁院的组织机构及职能

过 3 人，理事不超过 12 人。理事会成员包括瑞典公民和非瑞典公民。理事会由商会理事会指定。理事会成员任期 3 年，若无特殊情况，可在其职位上连任 1 次。基于特别原因，商会理事会可以撤换理事会成员。如果某一理事会成员在其任职期间辞职或被撤换，商会理事会将指定一新成员接替其剩余任期。

理事会的职能是，在根据仲裁院规则或当事人约定的其他规则或程序管理纠纷时应仲裁院的要求作出各项决定。这些决定包括决定仲裁院管辖权、确定预付费用、指定仲裁员、就当事人对仲裁员的异议作出决定、撤换仲裁员以及确定仲裁费。

理事会 2 名理事意见构成多数意见。如果无法达成多数意见，主席拥有决定权。遇有紧急事项，主席或者副主席有权代表理事会作出决定。理事会下属委员会可以接受指定代表理事会作出决定。理事会可以授权秘书处作出决定，包括决定预付费用、延长裁限、因未缴注册费而撤销案件、解除仲裁员指定以及确定仲裁费。理事会决定为终局决定。

秘书长领导秘书处工作。秘书处履行仲裁院规则所赋予的职责，也可以受理事会的委托作出各项决定。

（二）瑞典斯德哥尔摩商会仲裁院的职能

瑞典斯德哥尔摩商会仲裁院虽然附设于斯德哥尔摩商会，但在职能上是独立的，其宗旨在于促进工商、航运事业的发展。设立之初，主要是从事国内仲裁。1970 年，美、苏贸易合同的仲裁条款选择了该仲裁院，从此，在国际上开始肯认作为中立国的瑞典的仲裁院在解决东、西方贸易方面是一个理想的仲裁机构。同时，由于瑞典仲裁的历史悠久，使得瑞典斯德哥尔摩商会仲裁院有一套完整的仲裁规则和一批精通国际商事仲裁理论与仲裁实践的专家。此外，该仲裁院具有较高的仲裁效率。因此，在国际商事仲裁中，瑞典斯德哥尔摩商会仲裁院具有较高的声誉。

根据 2007 年 1 月 1 日生效的最新的《斯德哥尔摩商会仲裁院仲裁规则》的规定，仲裁院的职能是：①根据仲裁院规则管理国内和国际争议；②根据当事人约定的其他程序或规则管理国内和国际争议；③提供与仲裁和调解有关的信息。

可见，目前，瑞典斯德哥尔摩商会仲裁院可以受理世界上任何国家当事人所提交的商事争议。双方当事人之间发生争议时，如果要将该争议提交仲裁院仲裁，必须向仲裁院提出书面申请，并提供所依据的合同副本或者仲裁协议副本。仲裁院经过审查后，对于符合受理条件的争议案件，即协助当事人设立仲裁庭，以保证仲裁程序的顺利进行。仲裁庭在进行仲裁时，可以适用该仲裁院的仲裁规则，也可以适用当事人选定的其他仲裁规则，仲裁庭对争议案件经过审理后作出的仲裁裁决具有终局效力。

五、解决投资争端国际中心

（一）解决投资争端国际中心的组织机构

解决投资争端国际中心（International Center for Settlement of Investment Disputes，简称ICSID）是1966年10月14日根据1965年3月在世界银行赞助下于美国华盛顿签署的《解决各国和其他国家国民之间投资争端的公约》（即1965年华盛顿公约）而建立的一个专门处理国际投资争议的国际性常设仲裁机构，它是国际复兴开发银行下属的一个独立机构。

> 世界银行即国际复兴开发银行，是联合国下属的一个专门机构

该中心设有行政理事会和秘书处。行政理事会的委员由各缔约国委派代表1人组成，主席由国际复兴开发银行行长担任，负责中心各项规章制度的拟订，确定秘书长和副秘书长的服务条件及有关中心的重要决策事宜。秘书处设秘书长1人，副秘书长1人或者若干人，工作人员若干人，负责中心的日常行政事务，认证根据公约作出的仲裁裁决并核证其副本等。担任秘书长、副秘书长职务的人不允许执行任何政治任务，以保证中心的工作不受外来政治影响。

> 解决投资争端国际中心的组织机构及职能

（二）解决投资争端国际中心的职能

解决投资争端国际中心的地址在美国华盛顿，其宗旨在于：以调解和仲裁的方式，为解决国家同外国私人投资者之间投资争议提供便利。该中心具有不同于其他国际商事仲裁机构的特殊法律地位，即具有完全的国际法人格，具有缔结契约、取得和处理动产和不动产及起诉的能力。此外，作为一个国际组织，在各缔约国领土内执行职务时，该中心及其工作人员享有公约所规定的豁免权和特权。

该中心制定了自己的调解和仲裁规则。当事人双方经协商同意将争议提交中心仲裁后，即不能单方撤回。秘书长收到申诉书后，经审核同意登记后，就开始组织仲裁庭。仲裁庭一般由双方当事人同意任命的独任仲裁员或者非偶数仲裁员组成；如果双方当事人对仲裁庭的组成人数和任命的方法不能达成一致意见时，则由3名仲裁员组成仲

裁庭。仲裁庭的权限原则上应当由仲裁庭决定，仲裁庭在对争议案件处理时，应当适用双方当事人共同选定的法律；如果当事人未选定所适用的法律，仲裁庭可以适用争议一方缔约国的法律，以及可能适用的有关国际法准则。此外，仲裁庭还可以根据当事人双方的授权，依公平和善意作出仲裁裁决。该仲裁裁决是终局的。

六、香港国际仲裁中心

（一）香港国际仲裁中心的组织机构

香港国际仲裁中心（Hong Kong International Arbitration Center，简称HKIAC）成立于1985年，是一家按照香港公司法注册的民间性的、非营利性的担保责任有限公司。它不受香港政府或者其他官员的影响或者控制，是在许多公司、专业机构、律师行业以及香港政府的支持下成立的。

香港国际仲裁中心在理事会的领导下工作，理事会由不同国籍并具有多方面专业特长和资历的商界、法律界和其他各界人士组成。中心的仲裁工作和日常管理工作，由理事会下属的管理委员会通过中心的秘书处进行管理。秘书处设秘书长1人，由律师担任，秘书长的主要工作是负责中心的行政和注册事务的管理。

（二）香港国际仲裁中心的职能

香港国际仲裁中心的主要职能是：为通过仲裁解决商事争议提供管理方面的服务，包括就国际或者香港内仲裁提供一般性意见和帮助，回答应该在香港进行仲裁方面的咨询，特别是在香港进行国际仲裁方面的法律与程序问题，并就仲裁条款的适当形式提供咨询意见。

香港国际仲裁中心受理两类仲裁案件，即国际商事仲裁案件和香港的区内仲裁案件。但是，这两类案件分别适用不同的仲裁规则，国际商事仲裁案件适用联合国国际贸易法委员会的仲裁规则，而香港的区内案件适用香港国际仲裁中心制定的仲裁规则。此外，双方当事人还可以自由地选择适用其他仲裁规则在香港进行仲裁。

香港国际仲裁中心设有由有经验及有声望的人士组成的国际和本地仲裁员名册，供当事人选择，列入名册的仲裁员分别来自多个国家和地区。中心根据当事人的请求，或者在适当的情况下，为当事人推荐和指定仲裁员，并就仲裁员的费用提供意见。在国际商事争议案件的仲裁中，除非当事人另有约定，仲裁庭由3名仲裁员组成。仲裁庭对争议案件进行仲裁时，应当适用当事人选定的实体法；当事人未作出选择的，仲裁庭应按照它认为应适用的国际私法规则来决定适用的法律。该中心作出的仲裁裁决具有终局的法律效力。

□ 小　结

本章主要阐述了涉外仲裁中的一些基本问题，包括涉外仲裁概念的理解、中国国际经济贸易仲裁委员会的组织机构及受案范围、中国海事仲裁委员会的组织机构及受案范围以及主要的国际商事仲裁机构及其职能等问题。其主要内容包括：

一、涉外仲裁的概念

涉外仲裁，是指含有涉外因素或国际因素的仲裁，即当事人选定的涉外仲裁机构，根据当事人之间订立的仲裁协议，对当事人提交的在国际经济贸易及海事等活动中发生的争议，进行审理并作出仲裁裁决的活动。

涉外因素：民商事法律关系的一方或双方当事人具有涉外因素；引起民商事法律关系发生、变更、消灭的事实具有涉外因素；民商事法律关系的客体即争议的标的物具有涉外因素。

二、我国的涉外仲裁机构

（一）中国国际经济贸易仲裁委员会

中国国际经济贸易仲裁委员会的组织机构：委员和委员会议；主任会议；专家咨询委员会；秘书局（处）；秘书长会议；仲裁研究所；案例编辑委员会；仲裁员资格审查考核委员会；域名争议解决中心；办事处。

受案范围：国际的或涉外的争议案件；涉及香港特别行政区、澳门特别行政区或台湾地区的争议案件；国内争议案件；当事人之间因金融交易发生的或与此有关的争议；国际投资争端。

不予受理案件范围：婚姻、收养、监护、扶养、继承纠纷；依法应当由行政机关处理的行政争议；劳动争议和农业集体经济组织内部的农业承包合同争议。

（二）中国海事仲裁委员会

中国海事仲裁委员会的组织机构：委员会议和主任会议；秘书会议；专家咨询委员会；案例编辑委员会；资格审查考核委员会；仲裁委员会分会和办事处；物流争议解决中心和渔业争议解决中心。

受案范围：租船合同、多式联运合同或者提单、运单等运输单证所涉及的海上货物运输、水上货物运输、旅客运输争议；船舶、其他海上移动式装置的买卖、建造、修理、租赁、融资、拖带、碰撞、救助、打捞，或集装箱的买卖、建造、租赁、融资等业务所发生的争议；海上保险、共同海损及船舶保赔业务所发生的争议；船上物料及燃油供应、担保争议，船舶代理、船员劳务、港口作业所发生的争议；海洋资源开发利用、海洋环境污染所发生的争议；货运代理、无船承运、公路、铁路、航空运输、集装箱的运输、拼箱和拆箱，快递、仓储、加工、配送、仓储分拨、物流信息管理、运输工具、搬运装卸工具、仓储设施、物流中心、配送中心的建造、买卖或租赁、物流方案设计与咨询、与物流有关的保险、与物流有关的侵权争议，以及其他与物流有关的争议；渔业生产、捕捞等所发生的争议；双方当事人协议仲裁的其他争议。

三、主要的国际商事仲裁机构

1. 国际商会仲裁院的组织机构及其职能。
2. 英国伦敦国际仲裁院的组织机构及其职能。
3. 美国仲裁协会的组织机构及其职能。
4. 瑞典斯德哥尔摩商会仲裁院的组织机构及其职能。
5. 解决投资争端国际中心的组织机构及其职能。
6. 香港国际仲裁中心的组织机构及其职能。

□练习与思考

一、名词解释

1. 涉外仲裁
2. 中国国际经济贸易仲裁委员会

二、简答题

1. 简述中国国际经济贸易仲裁委员会的受案范围。
2. 简述中国海事仲裁委员会的受案范围。

三、思考题

如何理解涉外仲裁的含义？

第十六章

涉外仲裁程序

■ **学习目的和要求**

通过本章学习，要求学生
- **重点掌握**：涉外仲裁中的通常程序。
- **掌握**：涉外仲裁中的简易程序。
- **一般了解**：我国涉外仲裁中的法律适用。

在涉外仲裁中，涉外经济贸易仲裁与涉外海事仲裁程序基本上是相同的，只是涉外经济贸易仲裁相对而言具有一定的复杂性。因此，对涉外经济贸易争议案件的仲裁程序，可以根据案件的具体情况分为通常程序与简易程序。

第一节 通常程序

所谓通常程序，是指涉外仲裁机构根据当事人之间的仲裁协议以及当事人提出的仲裁申请，对涉外经济贸易争议案件进行审理时通常所适用的程序。根据《中国国际经济贸易仲裁委员会仲裁规则》（2015年）（以下简称《贸仲规则》）的有关规定，通常程序一般应当包括以下阶段：

一、仲裁申请与受理

(一) 仲裁申请

仲裁申请，是指当事人依据仲裁协议，将发生的争议案件提交涉外仲裁机构进行审理并作出仲裁裁决的行为。仲裁申请是引起仲裁程序开始的前提，根据《贸仲规则》第11条的规定，仲裁程序自仲裁委员会仲裁院收到仲裁申请书之日起开始。

根据我国仲裁法以及《贸仲规则》第12条的规定，当事人申请仲裁需具备以下条件：

1. 当事人之间必须存在有效的仲裁协议。
2. 当事人提请仲裁的争议案件必须属于涉外仲裁机构的受案范围。
3. 有具体的仲裁请求和事实理由。
4. 当事人须向仲裁协议约定的仲裁机构提交由申请人或申请人授权的代理人签名及/或盖章的仲裁申请书。仲裁申请书应写明：①申请人和被申请人的名称和住所，包括邮政编码、电话、传真、电子邮箱或其他电子通讯方式；②申请仲裁所依据的仲裁协议；③案情和争议要点；④申请人的仲裁请求；⑤仲裁请求所依据的事实和理由。
5. 在提交仲裁申请书时，附具申请人请求所依据的证据材料以及其他证明文件。
6. 按照仲裁委员会制定的仲裁费用表的规定预缴仲裁费。

(二) 仲裁受理

仲裁受理，即涉外仲裁机构对当事人提出的仲裁申请，予以立案审理的行为。根据《贸仲规则》第13条的规定，仲裁委员会根据当事人在争议发生之前或在争议发生之后达成的将争议提交仲裁委员会仲裁的仲裁协议和一方当事人的书面申请，受理案件。仲裁委员会秘书局收到申请人的仲裁申请书及其附件后，经审查，认为申请仲裁的手续完备的，应将仲裁通知、仲裁委员会仲裁规则和仲裁员名册各一份发送给双方当事人；申请人的仲裁申请书及其附件也应同时发送给被申请人。经审查认为申请仲裁的手续不完备的，可以要求申请人在一定的期限内予以完备。申请人未能在规定期限内完备申请仲裁手续的，视同申请人未提出仲裁申请；申请人的仲裁申请书及其附件，仲裁委员会秘书局不予留存。仲裁委员会受理案件后，秘书局应指定一名案件秘书协助仲裁案件的程序管理工作。

(三) 被申请人的答辩与反请求

为保障双方当事人能够平等行使其权利,《贸仲规则》赋予被申请人针对申请人的仲裁请求提出答辩或者反请求的权利。

答辩是指被申请人针对申请人仲裁申请书中的请求与所依据的事实理由作出的答复与反驳。而反请求则是被申请人以仲裁申请人为被申请人,向仲裁委员会提出的与原仲裁请求具有事实与理由相牵连的独立的反请求。

> 答辩与提出反请求是被申请人维护其利益的重要手段

根据《贸仲规则》第15条的规定,被申请人应在收到仲裁通知之日起45天内向仲裁委员会秘书局或其分会秘书处提交答辩书。仲裁庭认为有正当理由的,可以适当延长此期限。答辩书由被申请人或被申请人授权的代理人签名及/或盖章,并应包括下列内容:

1. 被申请人的名称和住所,包括邮政编码、电话、电传、传真、电报号码、电子邮件或其他电子通讯方式;
2. 对申请人的仲裁申请的答辩及所依据的事实和理由;
3. 答辩所依据的证据材料以及其他证明文件。

根据《贸仲规则》第16条的规定,被申请人如有反请求,应当自收到仲裁通知之日起45天内以书面形式提交。被申请人确有正当理由请求延长提交反请求期限的,由仲裁庭决定是否延长反请求期限;仲裁庭尚未组成的,由仲裁委员会仲裁院作出决定。被申请人提出反请求时,应在其反请求书中写明具体的反请求及其所依据的事实和理由,并附具有关的证据材料以及其他证明文件。被申请人提出反请求,应当按照仲裁委员会制定的仲裁费用表在规定的时间内预缴仲裁费。仲裁委员会认为被申请人提出反请求的手续已完备的,应向双方当事人发出反请求受理通知。申请人应在接到反请求受理通知后30天内对被申请人的反请求提交答辩。申请人确有正当理由请求延长提交答辩期限的,由仲裁庭决定是否延长答辩期限;仲裁庭尚未组成的,由仲裁委员会仲裁院作出决定。

根据上述仲裁规则的规定,虽然答辩是被申请人维护其自身利益的一种有效方法,但是,是否行使答辩权完全由被申请人自行决定。因此,为保证仲裁程序的顺利进行,涉外仲裁规则也规定,被申请人未提交书面答辩及/或申请人对被申请人的反请求未提出书面答辩的,不影响仲裁程序的进行。

仲裁委员会受理仲裁申请后,申请人可以对其仲裁请求提出修改,被申请人也可以对其反请求提出修改。但是,仲裁庭认为其修改的提出过迟而影响仲裁程序正常进行的,可以拒绝其修改。

在仲裁的申请与受理阶段,当事人提交仲裁申请书、答辩书、反请求书和有关证明材料以及其他文件时,应当一式5份;如果当事人人数超过2人,则应增加相应份数;如果仲裁庭组成人数为1人,则可以减少2份;如果当事人提出财产保全申请或证据保全申请,则应相应增加1份。

二、组成仲裁庭

（一）仲裁庭的组成形式

仲裁庭是当事人提请仲裁的争议案件的具体审理者与裁决者。在一般情况下,由当事人自行确定仲裁庭的组成形式以及组成仲裁庭的仲裁员。根据《贸仲规则》第25条和第26条的规定,仲裁庭的组成有两种形式,由1名或3名仲裁员组成,即独任制仲裁庭与合议制仲裁庭。当事人可以约定仲裁庭的组成形式,当事人没有约定或本规则无另有规定,仲裁庭由3名仲裁员组成。仲裁员通常从仲裁委员会制定的仲裁员名册中选定仲裁员。当事人约定在仲裁委员会仲裁员名册之外选定仲裁员的,当事人选定的或根据当事人约定指定的人士经仲裁委员会主任确认后可以担任仲裁员。

1. 合议制仲裁庭的组成。如果当事人约定采取合议制仲裁庭的,根据《贸仲规则》第27条的规定:①申请人和被申请人应各自在收到仲裁通知后15天内选定或委托仲裁委员会主任指定1名仲裁员。当事人未在上述期限内选定或委托仲裁委员会主任指定的,由仲裁委员会主任指定。②第三名仲裁员由双方当事人在被申请人收到仲裁通知后15天内共同选定或共同委托仲裁委员会主任指定。第三名仲裁员为仲裁庭的首席仲裁员。③双方当事人可以各自推荐1~5名候选人作为首席仲裁员人选,并按照上述第②款规定的期限提交推荐名单。双方当事人的推荐名单中有1名人选相同的,该人选为双方当事人共同选定的首席仲裁员;有1名以上人选相同的,由仲裁委员会主任根据案件的具体情况在相同人选中确定1名首席仲裁员,该名首席仲裁员仍为双方共同选定的首席仲裁员;推荐名单中没有相同人选时,由仲裁委员会主任指定首席仲裁员。④双方当事人未能按照上述规定共同选定首席仲裁员的,由仲裁委员会主任指定首席仲裁员。

此外,当事人约定在仲裁委员会仲裁员名册之外选定仲裁员的,当事人选定的或根据当事人之间的协议指定的人士经仲裁委员会主任依法确认后可以担任仲裁员、首席仲裁员或独任仲裁员。

2. 独任制仲裁庭的组成。根据《贸仲规则》第28条的规定，如果当事人根据争议案件解决的需要，约定采取独任制仲裁庭，双方当事人可以在仲裁委员会仲裁员名册中共同选定仲裁员或者共同委托仲裁委员会主任指定1名仲裁员作为独任仲裁员，成立仲裁庭，单独审理案件。但是，为了保证仲裁程序的正常进行，如果双方当事人约定由1名独任仲裁员审理案件，但在被申请人收到仲裁通知书之日起15天内未就独任仲裁员的人选达成一致意见的，则由仲裁委员会主任指定。

仲裁案件有2个或者2个以上申请人及/或被申请人时，申请人之间及/或被申请人之间应当经过协商，在仲裁委员会仲裁员名册中各自共同选定或者各自共同委托仲裁委员会主任指定1名仲裁员。如果申请人之间及/或被申请人之间未能在收到仲裁通知书之日起15天内各自选定或者各自共同委托仲裁委员会主任指定1名仲裁员，则由仲裁委员会主任指定。

根据《贸仲规则》第30条的规定，仲裁委员会主任根据本规则的规定指定仲裁员时，应考虑争议的适用法律、仲裁地、仲裁语言、当事人国籍，以及仲裁委员会主任认为应考虑的其他因素。

> 仲裁庭的组成形式由当事人选定，超期未选定的，由仲裁委员会主任指定

（二）仲裁员的披露义务

由于仲裁庭毕竟是当事人提请仲裁的争议案件的审理者，仲裁庭的组成人员的公正性直接关涉到仲裁的公正性，因此，各国仲裁法以及各仲裁机构的仲裁规则中均规定了回避制度，使与争议案件的双方当事人或者与争议案件本身具有某种联系的仲裁员退出仲裁程序，以保障仲裁的公正性。当事人如何才能发现仲裁员具有与争议案件的双方当事人或者与争议案件本身具有某种联系的情形（回避事由），则成为回避制度能否发挥功能的关键。与申请回避制度相配套，仲裁员的披露制度应运而生，即仲裁员在接受选定或指定时，应当向仲裁机构和当事人披露可能影响案件公正性审理的情形。《贸仲规则》也不例外，其第31条规定了仲裁员的披露义务，以保障仲裁庭的组成以及仲裁权行使的正当性。

> 仲裁员履行其披露义务的目的在于保证仲裁的正当

根据《贸仲规则》第31条规定："①被选定或者被指定的仲裁员应签署声明书，向仲裁委员会披露可能引起对其独立性或公正性产生合理怀疑的任何事实或情况。……③仲裁员的声明书及/或披露的信息应提交仲裁委员会秘书局并由其转交各方当事人。"《贸仲规则》第32条规定了仲裁员的回避制度，回避制度包括仲裁员自行回避与当事人申请回避两种形式，当事人申请仲裁员回避，应当符合下列要求：

①当事人收到仲裁员的声明书及/或书面披露后，如果以仲裁员披露的事实或情况为理由要求该仲裁员回避，则应于收到仲裁员的书面披露后10天内书面提出。逾期没有申请回避的，不得以仲裁员曾经披露的事项为由申请该仲裁员回避；②当事人对被选定或者被指定的仲裁员的公正性和独立性产生具有正当理由的怀疑时，可以书面向仲裁委员会提出要求仲裁员回避的请求，但应当说明提出回避请求所依据的具体事实和理由，并举证。对仲裁员的回避请求应在收到组庭通知后15天内以书面形式提出；在此之后得知要求回避事由的，可以在得知回避事由后15天内提出，但应不晚于最后一次开庭终结。仲裁员是否回避，由仲裁委员会主任作出终局决定并可以不说明理由。

仲裁庭组成后，无论是合议制仲裁庭，还是独任制仲裁庭，如果出现涉外仲裁规则中规定的特殊情形，如仲裁员因回避或者由于死亡、除名等其他原因不能履行职责时，应当按照原选定或者指定仲裁员的程序，选定或者指定替代的仲裁员。替代的仲裁员选定或者指定后，由仲裁庭决定以前进行过的全部或者部分审理是否需要重新进行。

三、仲裁审理

仲裁审理是仲裁庭对争议案件进行实体审理并作出仲裁裁决的活动，是仲裁庭行使仲裁权的集中体现。

（一）审理方式

根据《贸仲规则》的有关规定，仲裁庭应当开庭审理案件，但是经过双方当事人申请或者征得双方当事人同意，仲裁庭也认为不必开庭审理的，仲裁庭可以只依据书面文件进行审理并作出裁决。因此，仲裁庭可以采取两种方式进行审理：一是开庭审理案件。对于开庭审理的案件，仲裁庭应不公开进行，但是，如果双方当事人要求公开审理的，由仲裁庭作出是否公开审理的决定。凡是不公开审理的案件，双方当事人及其仲裁代理人、证人、翻译、仲裁员、仲裁庭咨询的专家和指定的鉴定人、仲裁委员会秘书局的有关人员，均不得对外界透露案件实体和程序进行的有关情况。二是基于双方当事人的申请或者征得双方当事人的同意可以进行书面审理。

> 仲裁以开庭审理为主，以书面审理为例外，由当事人选择

（二）开庭审理的程序

根据《贸仲规则》的有关规定，如果仲裁庭采取开庭审理的方式对争议案件进行审理，一般应当经过以下阶段：

1. 开庭准备。实行开庭审理的案件，第一次开庭审理的日期，经仲裁庭决定后，由秘书局于开庭前 20 天通知双方当事人。当事人有正当理由的，可以请求延期开庭，但必须在收到开庭通知后 5 天内以书面形式向秘书局提出；是否延期，由仲裁庭决定。第一次开庭审理后的开庭审理日期及延期后开庭审理日期的通知，不受 20 天的限制。

2. 开庭开始。在开庭开始阶段，首席仲裁员或者独任仲裁员应当宣布开庭，核对双方当事人及其仲裁代理人到庭的情况，再次告知当事人的权利义务及仲裁庭的组成人员，并询问双方当事人是否申请回避。

3. 庭审调查。在开庭审理时，仲裁庭可以按照以下顺序对争议案件的事实与所涉及的证据资料进行调查：①双方当事人向仲裁庭进行陈述；②证人作证，宣读未到庭证人的证言；③出示相关的其他证据；④宣读鉴定意见；⑤宣读勘验笔录。

4. 庭审辩论。在仲裁庭对争议案件事实进行调查的基础上，由双方当事人及其仲裁代理人围绕着双方争议的焦点事实与证据资料，按照申请人及其代理人发言、被申请人及其代理人答辩、双方互相进行辩论的顺序展开辩论。这样既可以保障双方辩论权的实现，也有利于仲裁庭全面地查明争议案件事实。

5. 评议和裁决。仲裁庭对争议案件经过审理后，应当进行评议并根据评议的结果作出仲裁裁决。由 3 名仲裁员组成的仲裁庭审理的案件，裁决依全体仲裁员或多数仲裁员的意见作出。少数仲裁员的书面意见应当附卷，并可以附在裁决书后，但该书面意见不构成裁决书的组成部分。仲裁庭不能形成多数意见时，裁决依首席仲裁员的意见作出。其他仲裁员的书面意见应当附卷，并可以附在裁决书后，但该书面意见不构成裁决书的组成部分。

仲裁庭应当独立公正地作出仲裁裁决，在作出仲裁裁决时，应当根据事实，依照法律和合同规定，参考国际惯例，并遵循公平合理原则。为保证争议案件的尽快解决，仲裁庭应当在组庭之日起 6 个月内作出仲裁裁决书。在仲裁庭的要求下，仲裁委员会主任认为确有必要和确有正当理由的，可以延长该期限。

仲裁庭在其作出的仲裁裁决书中，应当写明仲裁请求、争议事实、裁决理由、裁决结果、仲裁费用的负担、裁决的日期和地点。当事人协议不愿写明争议事实和裁决理由的，以及按照双方当事人和解协议的内容作出裁决的，可以不写明争议事实和裁决理由。该仲裁裁决除非是依照首席仲裁员的意见或者独任仲裁员的意见作出，否则仲裁裁决应当由多数仲裁员署名。持有不同意见的仲裁员可以在仲裁裁决书

> 评议实行少数服从多数原则，无法形成多数意见的，按首席仲裁员的意见作出

上署名，也可以不署名。仲裁庭在签署裁决书之前应当将裁决书草案提交仲裁委员会核阅。在不影响仲裁庭独立作出仲裁裁决的情况下，仲裁委员会可以就裁决书的有关问题提请仲裁庭注意。裁决书应当加盖仲裁委员会的印章。由于仲裁实行一裁终局的制度，因此，作出裁决书的日期即为仲裁裁决产生约束力与强制执行力的日期。

6. 和解与调解。在涉外仲裁程序中，当事人享有自行和解权与申请调解权。如果当事人在仲裁庭之外自行达成和解的，可以请求仲裁庭根据其和解协议的内容作出裁决书结案，也可以申请撤销案件。在仲裁庭组成前撤销案件的，由仲裁委员会秘书长作出决定；在仲裁庭组成后撤销案件的，由仲裁庭作出决定。当事人就已经撤销的案件再提出仲裁申请时，由仲裁委员会主任作出受理或者不受理的决定。

如果当事人在仲裁委员会之外通过调解达成和解协议的，可以凭当事人达成的由仲裁委员会仲裁的仲裁协议和他们的和解协议，请求仲裁委员会组成仲裁庭，按照和解协议的内容作出仲裁裁决。

在仲裁程序中，如果双方当事人有调解的愿望，或者一方当事人有调解的愿望并经仲裁庭征得另一方当事人同意的，仲裁庭可以按照其认为适当的方式进行调解；此外，仲裁庭也可以自行按照其认为适当的方式进行调解。经仲裁庭调解达成和解的，双方当事人应签订书面和解协议；除非当事人另有约定，仲裁庭应当根据双方当事人达成的书面和解协议的内容作出仲裁裁决结案。如果调解不成功，任何一方当事人均不得在其后的仲裁程序、司法程序和其他任何程序中援引对方当事人或者仲裁庭在调解过程中曾发表的意见、提出的观点、作出的陈述、表示认同或否定的建议或主张作为其请求、答辩或反请求的依据。在调解进行过程中，任何一方当事人提出终止调解或者仲裁庭认为已无调解成功的可能时，应当停止调解。如果双方当事人在仲裁庭之外达成和解的，应当视为是在仲裁庭的主持调解下达成的和解。

和解与调解是基于当事人自愿而解决争议案件的方式

第二节 简易程序

一、简易程序的概念

简易程序，是指仲裁庭对于争议金额小、案情比较简单，或者虽然争议金额较大但当事人同意的案件进行审理时所适用的一种简便易

行的程序。

与通常程序相比较，简易程序具有以下特征：

(一) 审理案件的仲裁组织形式简单

适用简易程序审理争议案件，一律实行独任制，即由当事人共同选定或者共同委托仲裁委员会主任指定 1 名仲裁员组成独任制仲裁庭审理争议案件。而适用通常程序审理争议案件，除非当事人约定独任制仲裁庭，否则应由 3 名仲裁员组成合议制仲裁庭。

<small>简易程序采取独任制</small>

(二) 审理案件的方式灵活

适用简易程序审理争议案件时，仲裁庭可以按照其认为适当的方式进行审理。而在通常程序中，仲裁庭只能按照当事人协议约定的方式或者没有当事人约定时，则按照仲裁规则规定的方式进行审理。

简易程序在涉外仲裁中，是一种独立于通常程序而存在的程序，它以通常程序为基础，是通常程序的简化形式。在仲裁庭适用简易程序审理案件时，遇到简易程序中没有作出明确规定的问题，可以适用通常程序中的相关规定。设置简易程序的目的，一方面，是尽快地解决一些简单的争议案件，以便提高涉外仲裁的效率；另一方面，也可以更好地尊重双方当事人对争议案件仲裁方式的选择权。

二、简易程序的适用范围

《贸仲规则》第 56 条规定："①除非当事人另有约定，凡争议金额不超过人民币 500 万元，或争议金额超过人民币 500 万元但经一方当事人书面申请并征得另一方当事人书面同意的，或双方当事人约定适用简易程序的，适用简易程序。②没有争议金额或争议金额不明确的，由仲裁委员会根据案件的复杂程度、涉及利益的大小以及其他有关因素综合考虑决定是否适用简易程序。"根据这一规定，简易程序可以适用于以下三种案件：

1. 争议金额较小的案件。争议的金额是适用简易程序的标准之一，现行《贸仲规则》规定，除当事人另有约定，适用简易程序的争议金额为 500 万元以下的案件。

<small>适用简易程序的两大标准：一是争议的金额；二是当事人的意思</small>

2. 当事人双方同意的案件。对于争议金额在 500 万元以上的案件，由于其争议的金额较大，适用何种程序进行仲裁由当事人决定。如果双方当事人约定通过简易程序审理，或一方当事人书面申请适用简易程序，而仲裁庭也征得了另一方当事人书面同意的，仲裁庭即可适用

简易程序予以审理；否则，仲裁庭应当适用通常程序。

3. 没有争议金额或争议金额不明确的，仲裁委员会根据案件的复杂程度、涉及利益的大小以及其他有关因素综合考虑决定适用简易程序的案件。

三、仲裁庭的组成

为了实现适用简易程序尽快审理争议案件的目的，对于仲裁庭的组成，《贸仲规则》规定，除非双方当事人已从仲裁委员会仲裁员名册中共同选定了 1 名独任仲裁员，双方当事人应在被申请人收到仲裁通知书之日起 15 天内，在仲裁委员会仲裁员名册中共同选定或者共同委托仲裁委员会主任指定 1 名独任仲裁员。双方当事人逾期未能共同选定或者共同委托仲裁委员会主任指定的，仲裁委员会主任应立即指定 1 名独任仲裁员成立仲裁庭审理案件。

四、审理

根据《贸仲规则》的规定，仲裁庭适用简易程序审理争议案件时，可以采取其认为适当的方式。也就是说，仲裁庭可以决定只根据双方当事人提交的书面材料和证据进行书面审理，也可以决定开庭进行审理。如果仲裁庭决定采取开庭审理的方式，只开 1 次庭，确有必要的，仲裁庭可以决定再次开庭。

在仲裁庭适用简易程序审理争议案件的过程中，任何一方当事人没有按照简易程序行事时，不影响简易程序的进行和仲裁庭作出仲裁裁决权力的行使。在仲裁程序进行过程中，申请人有权提出变更仲裁请求的申请，被申请人有权提出反请求，但是，仲裁请求的变更或者反请求的提出，不影响简易程序的进行。如果经变更的仲裁请求或者反请求所涉及的争议金额与简易程序受理的案件范围相抵触的，除非当事人约定继续适用简易程序，仲裁庭应当对该不适合适用简易程序审理的仲裁请求或者反请求适用通常程序进行审理。

五、裁决

仲裁庭适用简易程序对当事人提请仲裁的争议案件经过审理后，应当及时作出仲裁裁决。《贸仲规则》第 62 条的规定，仲裁庭应当在组庭之日起 3 个月内作出裁决书。在仲裁庭的要求下，仲裁委员会主任认为确有必要的和确有正当理由的，可以对上述期限予以延长。

第三节 我国涉外仲裁中的法律适用

涉外仲裁不同于国内仲裁的核心特点就在于，涉外仲裁解决的是具有涉外或者国际性因素的争议案件。在这些涉外或者国际性因素中，既可以是主体因素，也可以是引起法律关系发生、变更、消灭的法律事实方面的因素，还可以是争议的标的物方面的因素。由于各国的实体法律规范以及适用仲裁方式解决争议案件所适用的仲裁程序法律规范规定多有不同，这就导致在审理涉外争议案件时，经常会碰到包括实体法律与程序法律在内的法律适用问题。这不仅关系到仲裁协议有效与否、仲裁庭的组成是否符合规定等一系列的程序性问题，还可能直接影响到合同的效力、当事人的实体权利义务关系等实体性问题。在我国涉外仲裁中，仲裁机构在解决争议案件时所适用的程序法律规范与实体法律规范也不完全相同。

一、我国涉外仲裁中的程序法律适用

我国涉外仲裁中的程序法律适用，是指我国涉外仲裁机构根据双方当事人之间的仲裁协议以及当事人的仲裁申请，对争议案件进行审理时所适用的程序性法律规范。

涉外仲裁不同于涉外诉讼，人民法院根据当事人的起诉行为，对涉外案件行使审判权，完全来自于立法所赋予的司法审判权。因此，人民法院只能根据本国民事诉讼法规定的程序对涉外争议案件行使审判权。而涉外仲裁则不同，涉外仲裁机构是民间性的争议解决机构，其根据当事人双方的协议授权以及国际和国内立法的认可，行使对当事人提请仲裁的争议案件的仲裁权。因此，在涉外仲裁中就产生了程序法律的适用问题。

《贸仲规则》第4条规定，当事人约定将争议提交仲裁委员会仲裁的，视为同意按照本规则进行仲裁；当事人约定将争议提交仲裁委员会仲裁但对本规则有关内容进行变更或约定适用其他仲裁规则的，从其约定，但其约定无法实施或与仲裁程序适用法强制性规定相抵触者除外。当事人约定适用其他仲裁规则的，由仲裁委员会履行相应的管理职责；当事人约定适用仲裁委员会制定的专业仲裁规则的，从其约定，但其争议不属于该专业仲裁规则适用范围的，适用本规则。根据该条规定，在我国涉外仲裁中，仲裁机构可以根据下列原则决定其所

> 我国涉外仲裁中的程序法律，以适用仲裁机构仲裁规则为原则，以适用当事人选择的程序法律为例外

适用的程序性法律规范:

(一) 当事人协议选择程序法律适用的原则

仲裁程序受仲裁地法支配的观念,长期以来一直为人们所接受。但是,随着仲裁在解决国际商事争议中作用的加强,以及仲裁程序中对当事人意思表示尊重的加强,在仲裁程序法律的适用方面也发生了巨大的变化,突出体现在当事人对所适用法律的选择权方面。目前,依照当事人意思自治原则决定涉外仲裁适用的程序法,在国际范围内已经逐渐得到了普遍的认同,各国仲裁立法一般都承认当事人有权选择对其争议案件进行仲裁时所适用的程序法,即所适用的仲裁规则。我国改变原有的依照仲裁机构仲裁规则进行仲裁的传统做法,从 1998 年 5 月 10 日起开始实施的新的涉外仲裁规则,也允许当事人根据其意思自愿选择所适用的程序法。2005 年修订的《贸仲规则》更是扩大了当事人的选择适用程序法的范围,即当事人不仅可以约定选择仲裁机构以外的仲裁规则,还可以对受理案件的仲裁机构的仲裁规则进行修改。2012 年 5 月 1 日施行的《贸仲规则》在保留了 2005 年规定的基础上,又增加了当事人可以约定适用仲裁委员会制定的专业仲裁规则。当然,其有效的前提是当事人的约定必须能够实施且不与仲裁的强制性法律规定相抵触。2015 年 1 月 1 日起实施的《贸仲规则》保留和沿用了 2012 年规则的规定。

(二) 适用仲裁机构仲裁规则的原则

尊重当事人的意思表示,依照当事人的协议选择适用法律虽然是我国涉外商事仲裁的发展趋势,但是,在仲裁实践中,仍然有许多当事人由于各种原因,没有对仲裁所适用的程序规则作出选择。此时,根据我国涉外仲裁规则的规定,应当适用我国涉外仲裁机构的仲裁规则进行仲裁。

适用仲裁机构仲裁规则的原则是适用仲裁地法原则的具体体现,这一原则的理论基础主要是国际商事仲裁的司法权理论。根据这一理论,国家具有控制和管理发生在其管辖领域内的所有仲裁的权力。[1] 当事人有权协议将所发生的争议提交仲裁而不诉诸法院解决,仲裁庭根据当事人之间的有效仲裁协议受理争议案件并行使仲裁权进行审理从而作出具有法律效力的仲裁裁决,都取决于特定国家法律的授权与

---

[1] 朱克鹏:《国际商事仲裁的法律适用》,法律出版社 1999 年版,第 84 页。

认可。因此,为了维护国家特定机构对争议案件的解决权,仲裁机构有权依照自己的仲裁规则对争议案件进行审理并作出仲裁裁决。

二、我国涉外仲裁中的实体法律适用

我国涉外仲裁中的实体法律适用,是指涉外仲裁机构依据当事人的仲裁申请审理涉外争议案件时,确定当事人之间争议的实体权利义务关系、判定争议是非曲直所适用的法律规范。

当事人依据仲裁协议向涉外仲裁机构申请仲裁的目的就在于解决仲裁协议所约定事项的争议,从而确定双方当事人之间的实体权利义务关系。由于各国实体法的规定各不相同,因此,在涉外仲裁中如何适用实体法对争议的最终裁决具有决定性的意义,它直接影响到当事人的实体权利,在仲裁实践中,深为双方当事人与仲裁庭所关注。

从理论上讲,国际商事仲裁实体法的选择适用比国内法院选择争议案件所适用的实体法更为复杂。在面临实体法的选择适用时,国内法院作为一个国家设置的专门负责适用法律解决争议案件的机构,其职责决定了国内法院会毫不犹豫地适用本国的冲突规则去确定所应当适用的实体法;而在国际商事仲裁中则截然不同,涉外仲裁机构作为依据仲裁协议解决争议案件的民间性机构,没有义务适用仲裁地的冲突规则。此外,涉外仲裁所解决的商事争议的涉外性或者国际性,决定了对于一个争议案件的解决,存在许多可供仲裁庭选择适用的冲突规则。因此,如何确定争议案件所适用的实体法就成为仲裁庭所承担的困难任务之一。在我国涉外仲裁中,仲裁庭可以依据以下原则确定所适用的实体法律规范:

(一)当事人选择仲裁实体法原则

当事人意思自治原则是国际私法领域中普遍接受的原则之一,尤其是基于合同而产生争议的法律适用问题。而仲裁归根结底是基于当事人的协议选择而产生的一种灵活的争议解决机制,仲裁机构的仲裁权来源于双方当事人的协议授权,这就使仲裁机构有义务遵循当事人的协议。虽然当事人意思自治的法律效力来源于国内立法或者国际立法的认可,但是,在仲裁实践中,一旦当事人选择了适用某一国家的实体法,仲裁庭即直接适用当事人所选择的实体法。因此,当事人意思自治这一原则自然也就在涉外争议案件的仲裁中得以承认与适用。

在涉外仲裁中,虽然当事人有权选择仲裁所适用的实体法,但是,这种选择并不是绝对的。如果当事人选择适用我国法律以外的法律或

> 确定涉外仲裁中所适用实体法的三大原则:当事人选择实体法原则,依冲突规则或者密切联系确定实体法原则,适用国际条约与国际惯例原则

者国际公约作为处理争议案件的实体法时，应当符合以下要求：①不得违反我国法律的基本原则和社会公共利益；②与争议案件具有一定的联系；③须经双方当事人协商一致，并采用书面形式。

（二）依冲突规则或者密切联系确定实体法原则

在涉外仲裁实践中，由于各种原因的存在，如果当事人没有选择所适用的实体法，此时仲裁庭就承担起确定争议案件所适用的实体法的职责。仲裁庭在确定所适用的实体法时，通常按照以下两种方法：一是依据冲突规则确定所适用的实体法；二是依据密切联系直接确定所适用的实体法。

1. 依冲突规则确定实体法原则。在涉外仲裁中，如果当事人没有选择所适用的实体法，仲裁庭可以依据冲突规则确定所适用的实体法。由于仲裁庭不同于国内法院，没有遵循仲裁地国冲突规则的法律义务，因此，仲裁庭可以根据争议案件的实际需要，分别适用以下冲突规则确定所适用的实体法：①适用仲裁地国冲突规则所确定适用的实体法；②适用仲裁庭认为最为适当的或者可适用的冲突规则，如仲裁举行地或者仲裁庭所在地国冲突规则、裁决执行地国家的冲突规则、国际私法公约和交货共同条件中的冲突规则等确定应适用的实体法；③适用最密切联系的冲突规则确定应适用的实体法。

2. 依据密切联系直接确定所适用的实体法原则。与依据冲突规则确定实体法原则不同，密切联系原则即仲裁庭不考虑冲突规则，而直接根据案情的需要确定应当适用的实体法的原则。这一原则的优点在于，可以直接适用相应的实体法解决当事人之间的争议案件。在涉外仲裁实践中，具体可以采取两种做法：①比较的方法，即仲裁庭通过对争议案件所涉国家的实体法规则进行分析比较，从而直接确定所应适用的实体法。②最密切联系的方法，即仲裁庭通过对与争议案件有关联的各种因素的分析与比较，确定适用与争议案件最密切联系国家的实体法。

（三）适用国际条约与国际惯例原则

涉外仲裁中，在选择适用实体法时，如果发生争议的双方当事人所在国均参加了某一共同的国际公约或者国际条约，或者双方当事人所在国之间签订了双边条约或者协定，除非双方当事人之间就争议案件所适用的实体法作出约定，否则，应当直接适用该国际条约或者公约。

国际惯例是在长期的国际经济贸易和海事活动中逐渐形成的成文或者不成文的商业行为规范。在涉外争议案件中适用国际惯例已为我国相关法律明确加以规定,如《海商法》第268条第2款规定:"中华人民共和国法律和中华人民共和国缔结或者参加的国际条约没有规定的,可以适用国际惯例。"但是,适用国际惯例应以不违背我国的社会公共利益为前提。

小　结

本章主要阐述涉外仲裁程序中的有关制度,包括涉外仲裁的通常程序与简易程序,我国涉外仲裁中的程序法与实体法的适用等问题。其主要内容是:

一、通常程序

通常程序,即涉外仲裁机构根据当事人之间的仲裁协议以及当事人提出的仲裁申请,对涉外经济贸易案件进行审理时通常所适用的程序。

（一）仲裁申请与受理

仲裁申请的条件:当事人之间必须存在有效的仲裁协议;争议案件须属于涉外仲裁机构的受案范围;有具体的仲裁请求和事实理由;当事人须提出书面仲裁申请;须附具申请人请求所依据的事实的证明文件;按照仲裁委员会制定的仲裁费用表的规定预缴仲裁费。

（二）组成仲裁庭

仲裁庭的组成形式:合议制仲裁庭;独任制仲裁庭。

（三）仲裁审理

审理方式:开庭审理,包括不公开开庭审理和基于当事人的请求公开开庭审理;书面审理。

开庭审理程序:开庭准备;开庭开始;庭审调查;庭审辩论;评议和裁决;和解与调解。

二、简易程序

简易程序,即仲裁庭对于争议金额较小、案情比较简单,或者虽然争议金额较大但当事人同意的案件进行审理时所适用的一种简便易行的程序。

1. 特点:审理案件的仲裁组织形式简单;审理案件的方式灵活。
2. 简易程序的适用范围:争议金额较小的案件;当事人双方同意的案件;没有争议

金额或者争议金额不明确的，仲裁委员会综合考虑决定适用。

3. 仲裁庭的组成。
4. 审理。
5. 裁决。

三、我国涉外仲裁中的法律适用

程序法律适用：当事人协议选择程序法律适用的原则；适用仲裁机构仲裁规则的原则。

实体法律适用：当事人选择实体法原则；依冲突规则或者密切联系确定实体法原则；适用国际条约与国际惯例原则。

□练习与思考

一、名词解释

1. 通常程序
2. 简易程序

二、简答题

1. 涉外仲裁中的简易程序有哪些特点？
2. 简述简易程序的适用范围。
3. 简述我国涉外仲裁中的程序法律适用。

三、思考题

1. 分析我国涉外仲裁中的通常程序是什么？
2. 如何确定我国涉外仲裁中所适用的实体法？

第四编

仲裁裁决的撤销与执行

第十七章

仲裁裁决的撤销

■**学习目的和要求**

通过本章学习，要求学生
- 重点掌握：申请撤销仲裁裁决的条件。
- 掌握：撤销仲裁裁决的程序及效力。
- 一般了解：申请撤销仲裁裁决的概念及意义。

第一节 申请撤销仲裁裁决概述

一、申请撤销仲裁裁决的概念

申请撤销仲裁裁决，是指当仲裁裁决有违反法律规定的情形时，当事人向人民法院提出申请，要求人民法院撤销仲裁裁决的行为。

申请撤销仲裁裁决作为当事人的一项重要权利，具有两大特点：①申请撤销仲裁裁决是当事人对于符合法定撤销情形的仲裁裁决，依法向有管辖权的人民法院提出申请的行为，当事人不得直接向仲裁委员会提出申请；②基于当事人申请而行使撤销仲裁裁决的权力是人民法院的一种被动行为，人民法院不得主动行使撤销仲裁裁决的权力。

二、申请撤销仲裁裁决的意义

商事仲裁实行一裁终局的制度。该制度早已为世界各国所普遍承认和接受，因此，仲裁裁决一经作出，即具有与生效判决同等的法律效力。我国也不例外。《仲裁法》第 9 条第 1 款规定："仲裁实行一裁终局的制度。裁决作出后，当事人就同一纠纷再申请仲裁或者向人民法院起诉的，仲裁委员会或者人民法院不予受理。"一裁终局制度的确立不仅充分体现了尊重当事人意愿的原则，而且充分体现了仲裁方便、快捷，有利于争议及时解决的优势。但是，在现实生活中，由于受各种因素的影响，有些仲裁裁决难免会出现不同程度的错误，即如果仲裁裁决出现了法律规定可以撤销的情形时，若不加以纠正，就会损害当事人的合法权益，不利于维护正常的民事法律关系和社会经济秩序的稳定，同时也不利于维护仲裁的权威和仲裁机构的威信。因此，我国《仲裁法》第五章设专章规定申请撤销仲裁裁决的制度，并不是要否定一裁终局制度，而是在有证据证明仲裁裁决出现法律规定的可以撤销的情形时，给予一定的司法救济。其具体意义体现在以下三个方面：

（一）有利于维护当事人的合法权益

> 申请撤销仲裁裁决是当事人的一项重要权利，也是仲裁裁决生效后，当事人对其合法权益予以救济的重要手段

仲裁的公正性是仲裁所追求的最终价值，也是建立在当事人意思自治基础之上的民间仲裁作为一种社会争议解决机制赖以存在和发展的生命力所在。一裁终局制度意味着，仲裁裁决一经作出，就对当事人之间争议的实体权利义务关系作出了终局的确定，并且该裁决具有强制执行力。此时，如果不建立适当的监督机制，因权力滥用而导致仲裁不公则在所难免，而一旦仲裁庭不遵守仲裁法以及仲裁规则的程序规定，甚至由于各种原因而作出有损于一方当事人利益的仲裁裁决，则势必侵犯该当事人的合法权益。因此，设立申请撤销仲裁裁决制度对维护当事人的合法权益非常有利。

（二）有利于监督仲裁机构的仲裁活动

申请撤销仲裁裁决程序并不是仲裁案件的必经程序，只是在仲裁裁决出现法律规定的可撤销情形时才适用的一种制度，并且在人民法院依法作出撤销仲裁裁决的裁定之前，该仲裁裁决对双方当事人仍然有效。因此，在法律上设立申请撤销仲裁裁决制度的主要目的在于加强对仲裁机构仲裁的监督。设立申请撤销仲裁裁决制度后，仲裁机构

的仲裁裁决就有可能因违反法律规定而被人民法院基于当事人的申请而撤销,这就使仲裁机构为了维护其声誉,为了更好地推动仲裁事业的发展,公正行使其仲裁权。

(三) 有利于促进经济贸易合作的发展

随着经济的发展,对外经济贸易交往日益增多,随之而来的是经济纠纷与涉外经济纠纷的增多。此时,我国仲裁机构的良好声誉,使当事人愿意选择由我国仲裁机构仲裁解决,而设立申请撤销仲裁裁决制度,保证仲裁的公正,不仅有利于形成我国经济建设发展所需要的良好法制环境,而且有利于形成我国良好的外商投资的法律环境,从而促进对外经济贸易的发展。

第二节 申请撤销仲裁裁决的条件

生效法律文书所具有的稳定性决定了仲裁裁决一经作出后,非经法定程序不得予以撤销。但是,为了维护当事人的合法权益,维护仲裁的公正性,仲裁法又赋予当事人在符合下列条件的情况下,有权申请撤销仲裁裁决:

一、申请撤销仲裁裁决的主体

当事人是提请仲裁机构仲裁的争议案件的利害关系人,仲裁裁决也正是仲裁庭对双方当事人之间的实体权利义务作出的终局确定,只有当事人最了解该仲裁裁决是否侵犯其合法权益。因此,仲裁法规定有权提出申请撤销仲裁裁决的主体是当事人,这里的当事人可以从两方面来理解:①从仲裁程序的角度理解,包括仲裁申请人与被申请人;②从仲裁裁决角度理解,包括仲裁裁决的权利人与义务人。这样规定,一方面有利于维护当事人的合法权益不受侵犯,另一方面也体现了当事人的意思自治原则,即法院不能主动行使撤销仲裁裁决的权利,从而干预当事人的合法权利。

> 申请撤销仲裁裁决的主体是仲裁申请人、被申请人(仲裁裁决的权利人、义务人)

二、申请撤销仲裁裁决的期间

为了及时、正确地解决当事人之间的权利义务争议,稳定社会经济秩序,促进社会经济的正常、迅速发展,仲裁法在赋予当事人撤销仲裁裁决申请权的同时,也对当事人该项权利的行使作出了时间上的限定。根据《仲裁法》第 59 条的规定，当事人申请撤销仲裁裁决的，应当自收到裁决书之日起 6 个月内提出。这样有利于督促当事人及时行使自己的合法权利，同时，也有利于人民法院审查仲裁裁决。如果《仲裁法》不规定申请撤销仲裁裁决的期限或者规定的期限过长，都会给人民法院的审查工作带来一定的困难。此外，当事人在上述期间内没有提出撤销仲裁裁决的申请，则意味着当事人自愿放弃了此项维护其利益的权利，双方当事人都应当自觉履行仲裁裁决书中所确定的实体义务。否则，另一方当事人在因对方不履行义务，导致其合法权益无法实现时，可以向有管辖权的人民法院申请强制执行。

<blockquote>申请撤销仲裁裁决须在收到裁决书之日起 6 个月内提出</blockquote>

三、申请撤销仲裁裁决的管辖

《仲裁法》第 58 条规定，当事人应当向仲裁委员会所在地的中级人民法院申请撤销仲裁裁决，即当事人应当向作出仲裁裁决的仲裁委员会所在地的中级人民法院提出申请。根据我国《仲裁法》的规定，仲裁委员会可以在直辖市和省、自治区人民政府所在地的市设立，也可以根据需要在其他设区的市设立。因此，相应的有撤销仲裁裁决管辖权的人民法院也就是直辖市和省、自治区人民政府所在地的市中级人民法院，以及其他一些设区并设有仲裁委员会的市中级人民法院。

<blockquote>撤销仲裁裁决的申请由仲裁委员会所在地中级人民法院管辖</blockquote>

确定撤销仲裁裁决的管辖法院，有其积极的意义：①由仲裁委员会所在地的中级人民法院管辖，有利于人民法院传唤当事人，了解仲裁委员会作出仲裁裁决的具体情况以及对当事人所提出证据与事实的审查核实，同时也便于仲裁案卷的移送；②仲裁机构依照当事人之间的仲裁协议以及当事人的仲裁申请对争议案件独立行使仲裁权，既是当事人协议授权的结果，又是国际与国内立法予以认可的结果，如果监督不当，则可能影响仲裁裁决的稳定性。因此，确定由仲裁委员会所在地中级人民法院管辖，可以避免当事人滥用撤销仲裁裁决申请权，有利于维护仲裁裁决的稳定性，从而维护仲裁机构的权威。

四、申请撤销仲裁裁决的情形

仲裁裁决作出后，即对当事人之间的实体权利义务关系作出了终局的确定后，为维护当事人的合法权益，各国仲裁法在确定当事人享有撤销仲裁裁决申请权的同时，都对撤销仲裁裁决的情形作出了相应的规定，归纳起来主要有：没有仲裁协议或者仲裁协议无效、失效；仲裁庭的组成与当事人的协议不一致，仲裁员不合格或者不是按照正当方式选定或者指定的；仲裁程序不合法或者违背仲裁协议约定的；

<blockquote>申请撤销仲裁裁决须符合仲裁法规定的情形</blockquote>

仲裁裁决处理了仲裁协议范围以外的争议，或者所裁决的争议事项系仲裁委员会无权仲裁的事项；仲裁员在仲裁过程中违背职务，犯刑事罪的；仲裁裁决是靠欺诈作出的，或者所依据的证据是伪造、变造的，等等。我国《仲裁法》也不例外，但是，我国对撤销国内仲裁裁决与撤销涉外仲裁裁决的情形又作出了各自不同的规定。

（一）申请撤销国内仲裁裁决的情形

根据《仲裁法》第 58 条第 1 款的规定，仲裁裁决出现下列情形时，当事人可以向有管辖权的人民法院申请撤销：

1. 没有仲裁协议的。《最高人民法院关于适用〈中华人民共和国仲裁法〉若干问题的解释》（以下简称《仲裁法解释》）第 18 条进一步规定，"没有仲裁协议"是指当事人没有达成仲裁协议。仲裁协议被认定无效或者被撤销的，视为没有仲裁协议。协议仲裁制度的本质，不仅决定了仲裁协议是当事人申请仲裁以及仲裁机构对当事人申请仲裁的争议事项行使仲裁权的依据，而且决定了仲裁协议是仲裁裁决具有法律效力的前提条件。如果没有仲裁协议，当事人申请仲裁的行为、仲裁机构行使仲裁权的行为以及仲裁裁决所具有的强制执行力，均失去了基础。同时，仲裁机构作出的仲裁裁决就违背了我国仲裁法的最基本的原则，即仲裁自愿原则。因此，仲裁裁决作出后，任何一方当事人都可以没有仲裁协议为由，向仲裁委员会所在地的中级人民法院申请撤销该仲裁裁决。

> 撤销国内仲裁裁决的情形，既包括仲裁中的程序性问题，也包括仲裁中的实体性问题，还包括仲裁员的职业道德问题以及社会公共利益问题

2. 裁决的事项不属于仲裁协议的范围或者仲裁委员会无权仲裁的。协议仲裁制度以当事人的意思自治为核心，这就决定了仲裁机构行使对争议案件的仲裁权不仅来源于当事人的协议授权，而且，仲裁机构行使仲裁权，对争议案件进行审理并作出仲裁裁决的范围也要受到当事人协议授权的限制，即仲裁裁决的范围必须以双方当事人在仲裁协议中约定的提交仲裁的争议事项为限；否则，该仲裁裁决不仅违背了当事人的意志，而且也违背了仲裁法的规定，是无效的。此外，当事人的意思自愿并不是绝对的，也就是说，当事人并不能协议将他们之间所发生的任何争议，均提交仲裁机构以仲裁的方式予以解决。对此，我国《仲裁法》第 3 条明确规定，婚姻、收养、监护、抚养、继承以及依法应当由行政机关处理的行政争议，不能仲裁。如果仲裁裁决违反这一规定，裁决解决了法定不能仲裁的争议事项，则该仲裁裁决必然是违法的。因此，任何一方当事人都可以裁决的事项不属于仲裁协议的范围或者仲裁委员会无权仲裁为由，向有管辖权的人民法院申请

撤销该仲裁裁决。

3. 仲裁庭的组成或者仲裁程序违反法定程序的。《仲裁法解释》第20条进一步规定，《仲裁法》第58条规定的"违反法定程序"，是指违反仲裁法规定的仲裁程序和当事人选择的仲裁规则可能影响案件正确裁决的情形。首先，仲裁庭的组成应当合法。仲裁庭是代表仲裁机构行使仲裁权，对当事人提请仲裁的争议事项进行审理并作出终局裁决的具体组织。仲裁庭采取何种形式，由哪些仲裁员组成仲裁庭，尤其是由谁担任首席仲裁员，直接影响到对争议案件事实的认定和法律的适用，因此，我国《仲裁法》第30~32条用3个条文对仲裁庭的组成作出了明确的规定。当事人对仲裁庭的组成形式作出约定，对组成仲裁庭的仲裁员作出选定后，仲裁机构应当予以尊重，不得任意改变。只有当事人在仲裁规则规定的期限内没有约定仲裁庭的组成形式，或者没有选定仲裁员，也没有委托仲裁委员会主任代为指定仲裁员时，仲裁委员会主任才有权为其指定仲裁庭的组成形式以及组成仲裁庭的仲裁员。否则，该仲裁庭的组成即违反了法定程序的规定。其次，仲裁程序应当合法。仲裁程序是仲裁法以及各仲裁规则所规定的仲裁庭对争议事项进行审理和裁决，以及当事人进行仲裁活动所应当遵守的一定的方法和步骤，是仲裁庭与当事人正确行使其权利的程序保障。仲裁违反法定程序主要是指没有将仲裁庭的组成情况、仲裁庭开庭审理的时间、地点等事项通知双方当事人，当事人在仲裁开庭审理中未能获得合法的陈述、辩论的机会，证据未经质证等。如果仲裁程序不合法，势必会影响到仲裁裁决的正确性与合法性。

综上所述，如果仲裁庭的组成或者仲裁程序违反法定程序，这不仅仅是对程序事项的违反，而且，也必然影响到当事人以及仲裁庭权利的行使以及仲裁裁决结果的正确性。因此，当事人可以此为由向有管辖权的人民法院申请撤销该仲裁裁决。

4. 裁决所依据的证据是伪造的。证据是仲裁庭查明争议案件事实、分清当事人之间的权利义务关系、作出公正仲裁裁决的依据，而且，根据事实，符合法律规定，公平、合理地解决争议是仲裁法所确定的仲裁基本原则。如果仲裁庭认定争议案件事实所依据的是伪造的证据，势必会因证据的不真实而影响仲裁庭对争议案件事实作出正确的判定，从而影响仲裁裁决的公正性与合理性。因此，当事人可以仲裁裁决所依据的证据是伪造的为由申请有管辖权的人民法院撤销该仲裁裁决。

5. 对方当事人隐瞒了足以影响公正裁决的证据的。所谓足以影响公正裁决的证据，即对证明争议案件的真实情况具有决定性作用的证据,如果缺少了该实质性证据,对争议案件事实的认定就不真实。在仲裁程序中,如果一方当事人隐瞒了足以影响公正裁决的证据,就可能使仲裁庭因无法收集到实质性证据,而对争议案件事实的认定出现偏差,从而作出不利于一方当事人的仲裁裁决,损害当事人的合法权益。因此,为了维护自己的合法权益以及仲裁之公正,一方当事人有证据证明对方当事人隐瞒足以影响公正裁决的证据的,即可以向有管辖权的人民法院申请撤销该仲裁裁决。

6. 仲裁员在仲裁该案时有索贿受贿、徇私舞弊、枉法裁决行为的。《最高人民法院关于审理仲裁司法审查案件若干问题的规定》第18条进一步明确,仲裁员在仲裁该案时有索贿受贿,徇私舞弊,枉法裁决行为,是指已经由生效刑事法律文书或者纪律处分决定所确认的行为。仲裁员是当事人提请仲裁的争议案件的审理者与终局裁决者,应当站在中立的立场上对当事人之间争议的权利义务关系作出仲裁裁决。如果仲裁员在仲裁活动中,有索贿受贿行为,即仲裁员向当事人非法索要或者非法接受当事人的财物或者其他不正当利益的行为;或者徇私舞弊行为,即仲裁员为了谋取私利或者为了报答当事人已经给予或者承诺给予的某种财物与不正当利益,而在仲裁争议案件时弄虚作假的行为;或者枉法裁决行为,即仲裁员在仲裁争议案件时玩忽职守,颠倒是非,歪曲甚至故意错误适用法律,作出仲裁裁决的行为,就可能会偏袒一方当事人,从而作出不利于另一方当事人的仲裁裁决。这样不仅损害一方当事人的合法权益,而且,也有损仲裁机构以及仲裁员的声誉。因此,当事人有权以此为由向有管辖权的人民法院申请撤销该仲裁裁决。

除出现上述六种可撤销的情形以外,如果人民法院在对当事人提出的撤销仲裁裁决申请进行审查过程中,认为仲裁裁决违背社会公共利益的,也应当予以撤销。所谓社会公共利益,即社会所有成员的利益或者社会上大多数成员的利益。违背社会公共利益的仲裁裁决如果得到承认与执行,就意味着以少数人利益的维护去损害全体社会成员或者社会上大多数成员的利益,这是现代各国所普遍不允许的。因此,维护社会公共利益就成为我国的基本司法准则之一。对于这类仲裁裁决,即使当事人未以此为由申请撤销,只要人民法院在基于当事人的申请对仲裁裁决予以审查时发现,也应当撤销。

(二) 申请撤销涉外仲裁裁决的情形

《仲裁法》第70条规定:"当事人提出证据证明涉外仲裁裁决有民

事诉讼法第 258 条[1]第 1 款规定的情形之一的，经人民法院组成合议庭审查核实，裁定撤销。"根据该条规定，在下列情形之下，当事人可以向有管辖权的人民法院申请撤销涉外仲裁裁决：

> 撤销涉外仲裁裁决的情形是仲裁裁决作出过程中的程序性问题

1. 当事人在合同中没有订立仲裁条款或者事后没有达成书面仲裁协议的。当事人提请仲裁解决争议案件的书面意思表示，既可以合同中的仲裁条款为其表现形式，也可以争议发生后所达成的书面仲裁协议为其表现形式。如果没有上述形式，则意味着当事人之间并不存在有效的仲裁协议，因此，仲裁庭基于当事人的申请所作出的仲裁裁决即为违法裁决，应予以撤销。

2. 被申请人没有得到指定仲裁员或者进行仲裁程序的通知，或者由于其他不属于被申请人负责的原因未能陈述意见的。在一般情况下，被申请人往往可能成为最后实体义务的承担者，如果被申请人没有得到指定仲裁员的通知，则被申请人可能会因不知而未及时在仲裁规则规定的期间内，行使选定仲裁员或者委托仲裁委员会主任指定仲裁员的权利，而由仲裁委员会主任行使其职权为其指定仲裁员，这就导致仲裁庭的组成人员不能很好地体现被申请人的意愿。此外，如果被申请人没有得到进行仲裁程序的通知，或者由于其他不属于被申请人负责的原因导致被申请人未能陈述其意见，则可能会因为被申请人的不知而耽误其在仲裁程序中正常权利的行使，使仲裁庭在不了解其全部观点的情况下，作出不利于被申请人的仲裁裁决。因此，当事人可以此为由向有管辖权的人民法院申请撤销该仲裁裁决。

3. 仲裁庭的组成或者仲裁的程序与仲裁规则不符的。在涉外仲裁中，当事人有权选择仲裁所适用的程序规则，即仲裁规则。如果当事人未对仲裁所适用的仲裁规则作出特殊的约定，则仲裁机构可以根据仲裁法以及仲裁机构自己的仲裁规则所规定的程序进行审理并作出仲裁裁决；但是，当事人一旦选择适用其他仲裁机构的仲裁规则，如当事人约定中国国际经济贸易仲裁委员会按照联合国国际贸易法委员会仲裁规则进行仲裁，则仲裁庭的组成与仲裁的程序应当与当事人选择的仲裁规则中的规定相一致。否则，当事人即可以仲裁庭的组成或者仲裁的程序与仲裁规则不符为由申请撤销该仲裁裁决。

4. 裁决的事项不属于仲裁协议的范围或者仲裁机构无权仲裁的。

---

[1] 即 2017 年《民事诉讼法》第 274 条。

仲裁庭行使对争议案件的仲裁权来源于当事人的协议授权,仲裁裁决的范围必须以双方当事人在仲裁协议中约定的提交仲裁的争议事项为限;否则,该仲裁裁决不仅违背了当事人的意志,而且也违背了仲裁法的规定,是无效的。此外,当事人的意思自愿并不是绝对的,也就是说,当事人并不能协议将他们之间所发生的任何争议,均提交仲裁机构以仲裁的方式予以解决。对此,我国《仲裁法》第3条明确规定,婚姻、收养、监护、扶养、继承以及依法应当由行政机关处理的行政争议,不能仲裁。如果仲裁裁决违反这一规定,裁决解决了法定不能仲裁的争议事项,则该仲裁裁决必然是违法的。任何一方当事人都可以裁决的事项不属于仲裁协议的范围或者仲裁委员会无权仲裁为由,向有管辖权的人民法院申请撤销该仲裁裁决。

（三）申请撤销国内与涉外仲裁裁决情形之比较

从上述关于申请撤销国内仲裁裁决与涉外仲裁裁决的情形分析,可以看出,其区别主要在于:

1. 申请撤销仲裁裁决的情形所涉及的问题不同。对于国内仲裁裁决而言,当事人既可以基于程序性问题,如没有仲裁协议、仲裁庭的组成或者仲裁的程序违反法定程序等问题,向有管辖权的人民法院申请撤销仲裁裁决;同时,也可以基于实体性问题,如裁决所依据的证据是伪造的、对方当事人隐瞒了足以影响公正裁决的证据等问题,向有管辖权的人民法院申请撤销仲裁裁决。而对于涉外仲裁裁决则不同,当事人只能基于程序性问题,如没有仲裁协议、裁决的事项不属于仲裁协议的范围或者仲裁机构无权仲裁等问题,向有管辖权的人民法院申请撤销该仲裁裁决。当事人与人民法院不得对涉外仲裁裁决所涉及的实体性问题予以监督。

2. 人民法院能否基于当事人未提出的理由裁定撤销仲裁裁决不同。对于国内仲裁裁决而言,人民法院基于当事人的撤销仲裁裁决申请,不仅可以对当事人提出的理由进行审查,从而根据审查的具体情况作出撤销仲裁裁决或者驳回当事人申请的裁定;而且,人民法院在对仲裁裁决进行审查时,虽然当事人没有提出,但是,如果认定该仲裁裁决违背社会公共利益的,也应当裁定撤销。而对于涉外仲裁裁决则不同,人民法院基于当事人的申请对仲裁裁决进行审查时,只能围绕着当事人提出的理由进行审查,并根据审查的具体情况作出撤销仲裁裁决或者驳回当事人申请的裁定,而不得对当事人所提出理由以外的事项进行审查。

> 撤销国内仲裁裁决与涉外仲裁裁决的情形不同,反映了我国对国内仲裁的监督范围要宽于对涉外仲裁的监督范围

第三节 撤销仲裁裁决的程序及效力

一、撤销仲裁裁决的程序

撤销仲裁裁决,是指人民法院基于当事人的申请,审查仲裁委员会作出的仲裁裁决,并对符合法定撤销情形的仲裁裁决裁定予以撤销的行为。由于仲裁裁决一旦被人民法院依法撤销,就意味着该仲裁裁决失去其对当事人的约束力,因此,撤销仲裁裁决需按照以下法定程序进行:

(一) 当事人在法定期间内提出撤销仲裁裁决的申请

根据我国《仲裁法》第58、59条的规定,当事人有证据证明仲裁裁决具有法定可撤销的情形时,应当自收到仲裁裁决书之日起6个月内向仲裁委员会所在地的中级人民法院提出撤销申请。也就是说,当事人的申请是人民法院裁定撤销仲裁裁决的前提条件,人民法院不得主动撤销仲裁裁决。

(二) 人民法院受理撤销仲裁裁决的申请

当事人提出撤销仲裁裁决申请后,人民法院应当对当事人的申请予以审查,认为当事人的申请符合申请条件的,人民法院应当予以受理;否则,不予以受理。

(三) 依法组成合议庭进行审理

人民法院受理当事人提出的撤销仲裁裁决申请后,应当依法组成合议庭,由合议庭决定是否作出撤销仲裁裁决的裁定,而不得适用独任制。法律之所以规定由合议庭负责审查核实仲裁裁决是否具有法定的应当撤销的情形,主要是因为:①此类型案件并非简单案件。撤销仲裁裁决的裁定一旦作出,不仅使该仲裁裁决失去法律效力,而且,还意味着人民法院依法行使司法审判权否定了仲裁机构作出的仲裁裁决。而根据民事诉讼法的有关规定,独任制只能适用于简单案件的审理。②此类型案件依法由仲裁委员会所在地中级人民法院管辖,而根据民事诉讼法的有关规定,独任制只能适用于基层人民法院及其派出法庭,中级以上的人民法院不能适用独任制,只能适用合议制。

(四) 在法定期限内作出裁定

根据《仲裁法》第 60 条的规定，人民法院依法组成合议庭后，询问当事人，对申请撤销仲裁裁决的案件，经过审查，认为仲裁裁决符合法定的应当撤销的情形，应当作出裁定撤销该仲裁裁决；如果认为仲裁裁决不符合法定应当撤销的情形，则应当作出裁定驳回当事人的申请，仲裁裁决继续有效。但是，撤销仲裁裁决或者驳回当事人申请的裁定，应当在受理撤销仲裁裁决申请之日起 2 个月内作出。仲裁法之所以对人民法院审查撤销仲裁裁决申请规定一定的期限，其目的主要是尽早确定仲裁裁决的法律效力，以实现当事人合法权益的维护。同时，规定一定的期限，也可以督促人民法院的审判人员及时行使其权利。

对撤销仲裁裁决申请的处理

(五) 审理结果

1. 撤销仲裁裁决的报核制度。经过审查，对撤销仲裁裁决申请的处理认为仲裁裁决符合法定的应当撤销的情形，应当作出裁定撤销该仲裁裁决。对于撤销仲裁裁决裁定的作出，《最高人民法院关于仲裁司法审查案件报核问题的有关规定》（2018 年 1 月 1 日起施行）（以下简称《报核问题规定》）明确规定了仲裁司法审查的报核制度。报核制度针对拟认定仲裁协议无效、撤销仲裁裁决和不予执行（不予承认和执行）仲裁裁决的情形。

（1）涉外（港澳台）仲裁：三级法院报核。《报核问题规定》第 2 条第 1 款规定，各中级人民法院或者专门人民法院办理涉外涉港澳台仲裁司法审查案件，经审查拟认定仲裁协议无效，不予执行或者撤销我国内地仲裁机构的仲裁裁决，不予认可和执行香港特别行政区、澳门特别行政区、台湾地区仲裁裁决，不予承认和执行外国仲裁裁决，应当向本辖区所属高级人民法院报核；高级人民法院经审查拟同意的，应当向最高人民法院报核。待最高人民法院审核后，方可依最高人民法院的审核意见作出裁定。

（2）国内仲裁：两级法院报核。《报核问题规定》第 2 条第 2 款规定，各中级人民法院或者专门人民法院办理非涉外涉港澳台仲裁司法审查案件，经审查拟认定仲裁协议无效，不予执行或者撤销我国内地仲裁机构的仲裁裁决，应当向本辖区所属高级人民法院报核；待高级人民法院审核后，方可依高级人民法院的审核意见作出裁定。

（3）国内仲裁的特殊规定：三级法院报核。《报核问题规定》第 3 条规定，本规定第 2 条第 2 款规定的非涉外涉港澳台仲裁司法审查案件，高级人民法院经审查拟同意中级人民法院或者专门人民法院认定仲裁协议无效，不予执行或者撤销我国内地仲裁机构的仲裁裁决，在下列情形下，应当向最高人民法院报核，待最高人民法院审核后，方可依最高人民法院的审核意见作出裁定：①仲裁司法审查案件当事人住所地跨省级行政区域；②以违背社会公共利益为由不予执行或者撤销我国内地仲裁机构的仲裁裁决。

《报核问题规定》对涉外（港澳台）和非涉外（港澳台）仲裁司法审查案件均规定了高级或最高人民法院的上报审核制度，对于统一仲裁司法审查案件的裁量标准，尊重当事人的仲裁意愿，避免仲裁协议或裁决被随意否定，维护国内外仲裁的终局性和权威性起到了积极意义。

2. 驳回撤销仲裁裁决申请。经审查，如果认为仲裁裁决不符合法定应当撤销的情形，则应当作出裁定驳回当事人的申请，仲裁裁决继续有效。

如果当事人未按期对仲裁协议的效力提出异议，在裁决作出后以仲裁协议无效为由主张撤销仲裁裁决的，人民法院不予支持。

（六）人民法院撤销仲裁裁决程序的中止与恢复

人民法院撤销仲裁裁决程序的中止，是指人民法院受理当事人的申请后，在作出撤销仲裁裁决的裁定之前，如果认为当事人双方的争议可以由仲裁庭重新仲裁的，通知仲裁庭在一定期限内重新仲裁，从而使撤销仲裁裁决程序暂时停止的状态。

我国《仲裁法》第61条规定："人民法院受理撤销裁决的申请后，认为可以由仲裁庭重新仲裁的，通知仲裁庭在一定期限内重新仲裁，并裁定中止撤销程序……"仲裁法之所以规定撤销程序的中止，其目的是尽快解决当事人之间的争议。如果没有该程序，就意味着仲裁裁决一旦出现《仲裁法》第58条规定的情形之一的，该仲裁裁决就会被人民法院依法撤销，从而使当事人之间的争议未能得到解决。此时，如果当事人要解决其争议案件，要么重新达成新的仲裁协议，申请仲裁；要么在无法达成新的仲裁协议的情况下，向人民法院起诉。无论采取何种方式，都将导致当事人人力、物力、时间以及精力的浪费，这样不仅不利于当事人合法权益的维护，也不利于提高争议解决机制的效率。而撤销仲裁裁决程序的中止制度的设立，可以在一定程度上缓解上述问题。

在适用撤销仲裁裁决程序的中止制度时，需要注意以下法律问题：

> 撤销仲裁裁决程序可因通知仲裁庭重新仲裁而中止，也可因仲裁庭拒绝重新仲裁而恢复

1. 撤销仲裁裁决程序中止的前提是人民法院认为当事人申请撤销仲裁裁决所解决的争议案件可以由仲裁庭重新仲裁。那么，在什么情况下人民法院认为可以由仲裁庭重新仲裁，就是一个非常重要的问题。根据《仲裁法解释》第21条的规定，人民法院对于当事人以仲裁裁决所根据的证据是伪造的；对方当事人隐瞒了足以影响公正裁决的证据的事由申请撤销国内仲裁裁决的案件，可以通知仲裁庭在一定期限内重新仲裁。这是因为，这些情形较为容易纠正，只要仲裁庭遵守法定程序，在查明争议事实的基础上，就可以对争议案件作出公正的仲裁裁决。而诸如没有仲裁协议，裁决的事项不属于仲裁协议的范围或者仲裁委员会无权仲裁等情形，则可以认为是无法通知仲裁庭重新仲裁的情形。

2. 人民法院认为可以由仲裁庭重新仲裁的，应当通知仲裁庭在一定期限内重新仲裁，但是，是否重新进行仲裁，则由仲裁庭自行决定，即仲裁庭可以重新仲裁，也可以拒绝重新仲裁。如果仲裁庭重新进行仲裁，则撤销仲裁裁决程序终结；如果仲裁庭拒绝重新仲裁，则人民法院应当裁定恢复仲裁裁决的撤销程序。

3. 仲裁庭重新仲裁时，可由原仲裁庭重新仲裁，而无须组成新的仲裁庭。这样既可以体现对当事人意思自愿的尊重，同时，也给原仲裁庭纠正其错误的机会，从而有利于确立仲裁的公正性。

二、撤销仲裁裁决的效力

人民法院对当事人提出的撤销仲裁裁决申请经过审查，如果认为该仲裁裁决符合法定可以撤销的情形的，应当裁定撤销该仲裁裁决。

撤销仲裁裁决的裁定一经作出，立即发生法律效力，当事人既不得提起上诉，也不得申请复议。仲裁裁决被人民法院以裁定的形式撤销后，就意味着原有仲裁裁决失去其效力，仲裁机构对当事人之间的实体权利义务争议的解决归于消灭。因此，仲裁裁决撤销后，当事人既可以重新达成仲裁协议，申请仲裁，也可以向有管辖权的人民法院提起诉讼。

□ 小　　结

本章主要阐述当事人申请撤销仲裁裁决的法律制度，包括申请撤销仲裁裁决的概念、意义，申请撤销仲裁裁决的主体、期间、管辖、情形，撤销仲裁裁决的程序及其效力等问题。其主要内容是：

一、申请撤销仲裁裁决概述

申请撤销仲裁裁决，是指当仲裁裁决有违反法律规定的情形时，当事人向人民法院提出申请，要求人民法院撤销仲裁裁决的行为。

意义：有利于维护当事人的合法权益；有利于监督仲裁机构的仲裁活动；有利于促进经济贸易合作的发展。

二、申请撤销仲裁裁决的条件

1. 申请撤销仲裁裁决的主体：申请人和被申请人。
2. 申请撤销仲裁裁决的期间：收到仲裁裁决书之日起 6 个月内。
3. 申请撤销仲裁裁决的管辖：仲裁委员会所在地中级人民法院。
4. 申请撤销仲裁裁决的情形：

（1）申请撤销国内仲裁裁决的情形：没有仲裁协议的；裁决的事项不属于仲裁协议的范围或者仲裁委员会无权仲裁的；仲裁庭的组成或者仲裁程序违反法定程序的；裁决所依据的证据是伪造的；对方当事人隐瞒了足以影响公正裁决的证据的；仲裁员在仲裁该案时有索贿受贿、徇私舞弊、枉法裁决行为的；仲裁裁决违背社会公共利益的。

（2）申请撤销涉外仲裁裁决的情形：当事人在合同中未订立仲裁条款或者事后没有达成书面仲裁协议的；被申请人没有得到指定仲裁员或者进行仲裁程序的通知，或者由于其他不属于被申请人负责的原因未能陈述意见的；仲裁庭的组成或者仲裁的程序与仲裁规则不符的；裁决的事项不属于仲裁协议的范围或者仲裁机构无权仲裁的。

三、撤销仲裁裁决的程序及效力

1. 撤销仲裁裁决的程序：当事人在法定期间内提出撤销仲裁裁决的申请；人民法院受理撤销仲裁裁决的申请；依法组成合议庭进行审理；在法定期限内作出裁定；审理结果。
2. 人民法院撤销仲裁裁决程序的中止与恢复。
3. 撤销仲裁裁决的效力：使仲裁裁决失去法律效力；当事人既可以重新达成仲裁协议，申请仲裁，也可以向人民法院起诉。

□ 练习与思考

一、名词解释

1. 申请撤销仲裁裁决
2. 撤销仲裁裁决程序的中止

二、简答题

1. 简述申请撤销仲裁裁决的主体。
2. 简述申请撤销仲裁裁决的期间。
3. 简述申请撤销仲裁裁决的管辖。
4. 简述申请撤销仲裁裁决的情形。
5. 简述撤销仲裁裁决的效力。

三、思考题

人民法院裁定撤销仲裁裁决的程序是什么?

第十八章

仲裁裁决的执行与不予执行

■ **学习目的和要求**

通过本章学习，要求学生
- 重点掌握：仲裁裁决的不予执行制度。
- 掌握：仲裁裁决执行的一般规定，如执行机构、对象、管辖、异议、担保、和解、承担、委托执行、仲裁裁决的申请执行以及所采取的执行措施。
- 一般了解：仲裁裁决执行的概念及意义。

第一节 仲裁裁决的执行概述

仲裁裁决的执行，是指经当事人申请，人民法院的执行组织运用国家强制力，依据生效仲裁裁决强制负有义务的一方当事人履行其实体义务，以实现权利人实体权利的行为。

当事人之间的争议案件经过仲裁机构裁决后，对双方当事人具有约束力，当事人必须履行生效仲裁裁决中所确定的实体义务。如果负有义务的一方当事人不履行其应尽的实体义务，对方当事人可以向有管辖权的人民法院申请强制执行。强制执行具有以下特征：

1. 执行根据的有效性。强制执行是人民法院依照民事诉讼法的相关规定，强制义务人履行其义务的法律行为。因此，作为人民法院执行工作根据的仲裁裁决必须是已经发生法律效力的。

2. 执行主体的特定性。执行可以分为民事执行、刑事执行与行政执行。在三种执行方法中，只有民事执行才是实现具有给付内容的生效仲裁裁决的方法。在我国，民事执行权只能由人民法院的执行组织来行使，其他任何单位与个人均无权行使民事执行权，强制执行仲裁裁决。

3. 执行手段的强制性。民事执行以义务人不履行生效的仲裁裁决为前提，这就决定了作为强制执行的手段，须借助国家的强制力量，采取强制性措施，才能实现迫使义务人履行生效仲裁裁决书所确定的实体义务的目的。

4. 执行过程的程序性。为保证民事执行活动的合法性，执行过程需按照法律规定的程序进行，否则，民事执行活动就会因其程序的违法而无法达到维护当事人合法权益的目的。

执行程序虽然不是仲裁程序的组成部分，但是，作为实现具有执行内容的生效仲裁裁决的保障，执行程序是确保仲裁制度得以继续存在并保持其生命力的根本。通过强制执行，不仅使仲裁裁决所确定的利益得以实现，从而切实保障当事人的合法权益；而且，人民法院强制执行仲裁裁决的活动，也有利于实现仲裁裁决的法律效力，从而极大地维护仲裁机构的权威性，保障国家的法律、法规在具体案件中得以贯彻执行。因此，各国仲裁法都有仲裁裁决可以强制执行的规定。

第二节　仲裁裁决在国内的执行

一、仲裁裁决执行的一般规定

人民法院强制执行仲裁裁决的法律依据主要是仲裁法与民事诉讼法，尤其是民事诉讼法。人民法院接受当事人强制执行仲裁裁决的申请并进入执行程序后，对于仲裁法没有规定的问题，可以适用民事诉讼法的相应规定。

（一）执行机构

执行机构是人民法院内部设立的负责执行工作的专门机构，是实现人民法院执行职能的组织机构,也是完成执行任务的组织保障。执行机构具有两大属性:①法定性,即执行机构是依法设立的;②专门性,即执行机构的职能是专门负责执行生效的法律文书。

<small>仲裁裁决由有管辖权的人民法院负责执行</small>

根据《最高人民法院关于人民法院执行工作若干问题的规定(试行)》(以下简称最高人民法院《执行规定》)的规定,人民法院根据需要,依据有关法律的规定,设立执行机构,专门负责执行工作。对于根据案件具体情况由人民法庭审理的案件,由人民法庭负责执行。其中复杂、疑难或者被执行人不在本法院辖区的案件,由执行机构负责执行。执行程序中重大事项的办理,应当由3名以上执行员讨论,并报经院长批准。

为了保证执行工作的顺利、有序进行,执行机构的人员可以分为执行员与书记员,执行员代表人民法院行使强制执行权,负责具体案件的执行工作以及执行中具体问题的处理,是执行工作的组织者和指挥者;而书记员负责记录和其他日常性事务,协助执行员做好执行工作。在采取重大执行措施时,可以由司法警察参加,负责维持执行秩序,以保障执行工作的顺利进行。此外,为了保证执行工作的需要以及执行员合法、有效地履行其执行职责,执行机构应当配备必要的交通工具、通讯设备、音像设备和警械用具等;在执行人员执行公务时,应当向有关人员出示工作证和执行公务证,并按规定着装。执行公务证由最高人民法院统一制发。

(二) 执行对象

执行对象,即人民法院强制执行行为所指向的对象。也就是说,在执行程序中,人民法院的执行措施所针对的是被执行人的财产或者行为。

<small>执行的对象只能是被执行人的财产或行为,不得是被执行人的人身</small>

在我国,执行对象只能是被申请执行人所有或者有权处分的用以实现权利人权利的财产或者行为,而不得是被执行人的人身。其中,被执行人的财产,指生效仲裁裁决书所确定的应当由被执行人向权利人交付的有关财产,这些财产既包括被执行人现有的财产,也包括被执行人可依法取得的财产,如被执行人享有的到期债权等。而被执行人的行为,指被执行人依据生效仲裁裁决书应当履行的行为,既包括被执行人的作为行为,也包括被执行人的不作为行为。由于行为可以分为可替代性行为和不可替代性行为两种,因此,其执行方法也有所不同。对于可替代性行为,人民法院可以强制执行或者委托有关单位或其他人完成,所需要的费用由被执行人负担;而对于不可替代的行

为，则可以采取责令被执行人赔偿因不履行该行为而给权利人造成损失的方法予以执行。

(三) 执行管辖

执行管辖，即上、下级人民法院与同级人民法院之间对执行案件的管辖权限与分工，也就是确定各级以及各个人民法院办理执行案件的职权范围。

人民法院对仲裁裁决的执行管辖问题，包括以下四个方面：

1. 级别管辖。级别管辖，即上、下级人民法院之间受理执行案件的权限与分工。根据《仲裁法解释》第29条的规定，当事人申请执行仲裁裁决案件，由被执行人住所地或者被执行的财产所在地的中级人民法院管辖。

2. 地域管辖。地域管辖，即同级人民法院之间受理执行案件的权限与分工。根据《仲裁法解释》第29条的规定，当事人申请执行仲裁裁决案件，由被执行人住所地或者被执行的财产所在地的中级人民法院管辖。也就是说，不论是国内仲裁裁决，还是涉外仲裁裁决，在确定其执行案件的地域管辖时，可以根据两个因素来确定：一是被执行人的住所地；二是被执行财产所在地。

3. 共同管辖。共同管辖，即两个以上的人民法院对同一执行案件均享有管辖权。根据最高人民法院《执行规定》第15条的规定："两个以上人民法院都有管辖权的，当事人可以向其中一个人民法院申请执行；当事人向两个以上人民法院申请执行的，由最先立案的人民法院管辖。"

4. 指定管辖与管辖权的转移。对仲裁裁决的执行，同样也存在类似于诉讼中的指定管辖与管辖权的转移这样一些灵活性的问题。对于上述问题的处理，根据最高人民法院《执行规定》第16、17条的规定，人民法院之间因执行管辖权发生争议的，由双方协商解决；协商不成的，报请双方共同的上级人民法院指定管辖。基层人民法院和中级人民法院管辖的执行案件，因特殊情况需要由上级人民法院执行的，可以报请上级人民法院执行。

(四) 执行异议

执行异议，是指在执行过程中，案件以外的第三人对执行标的提出确有理由的权利主张，致使执行程序暂时中止的法律制度。

执行异议制度的设立，其目的在于保护案件以外的第三人的合法权益，减少可能出现的民事争议。但是，由于仲裁裁决已经因义务人不履行其实体义务而进入了强制执行程序，因此，案外人提出执行异议应具备以下条件：①提出执行异议的主体只能是案外人，仲裁裁决的原当事人不得对该裁决的执行提出执行异议。②执行异议须在执行程序开始后，仲裁裁决执行完毕之前提出。如果执行程序尚未开始，无需提出执行异议；如果执行程序已经结束，则提出执行异议失去其价值。③案外人需针对执行标的提出实体主张。如果仅仅是案外人对人民法院执行工作提出程序性意见和观点，则不构成执行异议。④执行异议一般以书面形式提出，并提供相应的证据。以书面形式提出确有困难的，可以允许以口头形式提出。

在执行仲裁裁决的实践中，案外人提出执行异议后，执行法院应当及时审查执行异议是否成立。审查期间可以对财产采取查封、扣押、冻结等保全措施，但不得进行处分。正在实施的处分措施应当停止。经过审查，对于理由不能成立的执行异议，应当裁定驳回其异议，继续执行。案外人提出异议的标的物是仲裁裁决书指定交付的特定物，经审查认为案外人的异议成立的，报经院长批准，裁定对生效的仲裁裁决书中该项内容中止执行。执行标的物不属于生效仲裁裁决书指定交付的特定物，经审查认为案外人的异议成立的，报经院长批准，停止对该标的物的执行。已经采取的执行措施应当裁定立即解除或者撤销，并将该标的物交还案外人。对于异议理由成立的案件，执行法院应当将仲裁裁决交由作出该裁决的仲裁机构予以审查。仲裁机构对仲裁裁决进行审查后，如果认为该裁决书没有错误，应当向人民法院作出说明，以便及时恢复对仲裁裁决书的强制执行。

执行异议系案外人对执行标的主张实体权利，确有理由的执行异议会引起执行程序的中止

（五）执行担保

执行担保，是指在执行程序中，被执行人因暂时困难无力履行生效仲裁裁决书所确定的实体义务，从而向人民法院提供担保，并经申请执行人同意，而暂缓执行的法律制度。

执行程序开始后，如果不出现法定事由，该程序不得停止。但是，如果法院依据生效的仲裁裁决书以及被执行人的财产状态，对被执行人采取相应的强制执行措施，可能会给被执行人造成很大的困难，此时，如果被执行人能为自己的履行提供充分、确实的担保，以保障权利人权利的实现，人民法院则可以基于被执行人的申请而暂缓执行。因此，执行担保需具备以下条件：①被执行人在执行过程中向人民法院提供有效担保。此担保可以是财产担保，也可以是第三人的信誉担保，并且担保的数额应当相当于申请执行的数额。此外，担保的有效

执行担保引起暂缓执行以被执行人提供担保为条件，其目的在于为申请人权利实现提供担保的前提下维护被执行人的合法权益

性决定,第三人的信誉担保需保证人的财产达到足以担保的程度。担保的财产需是被执行人用以担保履行义务的财产,而且被执行人或者其担保人以财产向人民法院提供执行担保的,应当依据我国《担保法》的有关规定,按照担保物的种类、性质,将担保物移交执行法院,或者依法到有关机关办理登记手续。②须经过申请执行人的同意。是否暂缓执行直接关系到权利人利益的实现,因此,如果申请执行人不同意,执行担保就不能成立,人民法院不得暂缓执行。③须由被执行人向人民法院提出执行担保申请,人民法院不得主动暂缓执行。④须经过人民法院确认。

人民法院对于被执行人提出的执行担保申请经过审查并同意后,可以决定暂缓执行以及暂缓执行的期限。暂缓执行的期限一般应当与担保的期限相一致,但是最长不得超过1年。在暂缓执行期间,申请执行人不得随意占有、使用、处分被执行人或者担保人的财产;被执行人或者担保人也不得转移、隐藏、变卖或者毁损担保财产,如果出现上述行为,人民法院可以恢复执行。暂缓期间届满,被执行人未履行其相应的实体义务的,申请人有权申请人民法院执行被执行人或者担保人的财产。可见,设置执行担保制度的目的是,在维护申请执行人利益的同时,维护被执行人的利益。

(六) 执行和解

执行和解,是指在仲裁裁决的执行程序中,双方当事人就如何履行实体义务的问题,在自愿、平等协商的基础上,达成和解协议,以终结执行程序的一种活动。

执行和解不同于调解,其成立需具备以下条件:

1. 执行和解是双方当事人之间的自愿行为,无须第三方参加。在执行程序中,执行和解的目的在于变更生效仲裁裁决书所确定的履行义务的主体、标的物及其数额、履行期限和履行方式等,因此,执行和解协议需由双方当事人自行达成。

2. 执行和解一般应当采取书面形式。执行人员应当将和解协议副本附卷;如果没有书面协议,执行人员应当将执行和解协议的内容记入笔录,并由双方当事人签名或者盖章。

执行和解协议达成后,就意味着重新确定了双方当事人之间的实体权利义务关系。但是,执行和解协议的达成仅是双方当事人之间的契约行为,并不意味着否定或者撤销了原来的生效仲裁裁决书。因此,执行和解协议不具有强制执行的效力,不能作为人民法院强制执行的

> 执行和解是当事人处分权在执行程序中的体现,目的在于以自愿和解行为变更生效法律文书对实体权利义务关系的确认,但执行和解协议需以自觉履行为条件

依据,只能通过双方当事人自觉履行。如果申请执行人因受欺诈、胁迫与被执行人达成和解协议,或者当事人不履行和解协议的,人民法院可以根据当事人的申请,恢复对原生效法律文书的执行,义务人已履行部分扣除即可。如果义务人已全部履行了和解协议所确定的义务,且权利人已接受了义务人的履行,则因执行程序的结束,而不得要求恢复对原仲裁裁决书的执行。

(七) 执行承担

执行承担,是指在仲裁裁决书的执行程序中,因特殊情况的出现,案外人接替原执行当事人,承受其权利义务,使仲裁裁决书的执行程序继续进行的制度。

仲裁裁决书发生法律效力后,原则上其效力仅及于仲裁裁决书所确定的权利人与义务人,而不得对仲裁裁决书以外的人产生法律效力。但是,在执行程序开始后,如果作为执行当事人的公民死亡,或者法人及其他组织终止,则该执行当事人丧失了权利能力,不能再继续作为执行当事人。此时,如果执行程序终结,则可能导致权利人的合法承受人利益的损害,或者因义务人义务的免除而损害权利人的合法权益,而设置执行承担制度则可以解决执行当事人丧失权利能力时权利人利益的维护问题,也有利于维护仲裁裁决书的权威性。

在仲裁裁决书的执行程序中,如果作为申请执行人的公民死亡,或者法人及其他组织终止,则由其合法承受人承受其权利即可。而如果是被执行人出现特殊原因,则情况较为复杂,对此,最高人民法院《执行规定》作出了以下具体规定:

执行承担是在特殊情况导致一方当事人消灭时,使执行程序能够顺利进行的重要制度:

1. 被执行人为无法人资格的私营独资企业,无能力履行法律文书确定的义务的,人民法院可以裁定执行该独资企业业主的其他财产。

2. 被执行人为个人合伙组织或者合伙型联营企业,无能力履行生效法律文书确定的义务的,人民法院可以裁定追加该合伙组织的合伙人或者参加该联营企业的法人为被执行人。

3. 被执行人为企业法人的分支机构不能清偿债务时,可以裁定企业法人为被执行人。企业法人直接经营管理的财产仍不能清偿债务的,人民法院可以裁定执行该企业法人其他分支机构的财产。

若必须执行已被承包或者租赁的企业法人分支机构的财产时,对承包人或者承租人投入及应得的收益应依法保护。

4. 被执行人按法定程序分立为两个或多个具有法人资格的企业，分立后存续的企业按照分立协议确定的比例承担债务；不符合法定程序分立的，裁定由分立后存续的企业按照其从被执行企业分得的资产占原企业总资产的比例对申请执行人承担责任。

5. 被执行人无财产清偿债务，如果其开办单位对其开办时投入的注册资金不实或者抽逃注册资金，可以裁定变更或者追加其开办单位为被执行人，在注册资金不实或者抽逃注册资金的范围内，对申请执行人承担责任。

6. 被执行人被撤销、注销或歇业后，上级主管部门或者开办单位无偿接受被执行人的财产，致使被执行人无遗留财产清偿债务或遗留财产不足清偿的，可以裁定由其上级主管部门或开办单位在所接受的财产范围内承担责任。

7. 被执行人的开办单位已经在注册资金范围内或接受财产的范围内向其他债权人承担了全部责任的，人民法院不得裁定开办单位重复承担责任。

（八）委托执行

委托执行，是指被执行人或者被执行的财产不在执行法院辖区，执行法院到外地执行确有困难，委托被执行人住所地或者被执行财产所在地法院代为执行的一种法律制度。

1. 委托执行的程序。委托执行是人民法院之间相互协作的活动，需按照一定的程序进行。根据最高人民法院《执行规定》中的有关规定，凡需要委托执行的案件，委托法院应当在立案后 1 个月内办妥委托执行手续。超过此期限委托的，应当经对方法院同意。委托执行一般应当在同级人民法院之间进行，经对方法院同意，也可以委托上一级人民法院执行。被执行人是军队企业的，可以委托其所在地的军事法院执行；被执行标的是船舶的，可以委托有关的海事法院执行。

委托法院应当向受托法院出具书面委托函，并附送据以执行的生效法律文书副本原件、立案审批表复印件及有关情况说明，包括财产保全情况、被执行人的财产状况、生效法律文书履行的情况，并注明委托法院地址、联系电话、联系人等。案件委托执行后，未经受委托法院同意，委托法院不得自行执行。受托法院接到委托后，应当及时将指定的承办人、联系电话、地址等告知委托法院；如发现委托执行的手续、资料不全，应及时要求委托法院补办，但不得据此拒绝接受委托。

> 委托执行是法院之间互相协作的行为，有利于节省执行成本

2. 委托执行中特殊情况的处理。根据最高人民法院《执行规定》的有关规定，受托法院在执行中，认为需要变更被执行人的，应当将有关情况函告委托法院，由委托法院依法决定是否作出变更被执行人的裁定。受托法院认为受托执行的案件应当中止、终结执行的，应提供有关证据材料，函告委托法院作出裁定。受托法院提供的证据材料确实、充分的，委托法院应当及时作出中止或者终结执行的裁定。受托法院认为委托执行的法律文书有错误，如果执行可能造成执行回转或无法执行回转的，应当首先采取查封、扣押、冻结等保全措施，必要时要将保全款项划到法院账户，然后函请委托法院审查，受托法院按照委托法院的审查结果继续执行或者停止执行。但是，对执行担保和执行和解的情况以及案外人对非属法律文书指定交付的执行标的物提出的异议，受托法院可以按照有关法律规定处理，并及时通知委托法院。

3. 不得委托执行的情况。根据最高人民法院《执行规定》的有关规定，委托法院明知被执行人有下列情形的，应当及时依法裁定中止执行或者终结执行，不得委托当地法院执行：①无确切住所，长期下落不明，又无财产可供执行的；②有关法院已经受理以被执行人为债务人的破产案件或者已经宣告其破产的。

二、仲裁裁决的申请执行

仲裁裁决生效后，负有义务的一方当事人必须履行义务，如果不履行，享有权利的当事人有权向有管辖权的人民法院申请强制执行。当事人对仲裁裁决申请强制执行必须同时具备以下条件：

1. 申请人必须是仲裁裁决书中享有权利的一方当事人或者其继承人、权利承受人及其法定代理人或者经过特别授权的委托代理人。其中，当事人可以是公民、法人或者其他组织。

2. 申请必须要有执行根据，即国内或者涉外仲裁机构作出的发生法律效力的仲裁裁决书。

3. 仲裁裁决书必须具有给付内容，且执行标的和被执行人明确，即需具有义务人向权利人给付一定数额的金钱、物品，或者义务人向权利人履行某种行为。不具有给付内容的仲裁裁决书不具有强制执行性。

4. 必须是义务方当事人逾期不履行生效仲裁裁决书中所确定的实体义务。如果仲裁裁决书所确定的履行义务的期限尚未届满，不得申请强制执行。

> 仲裁裁决的强制执行以当事人提出申请为前提，但该申请须符合一定的条件

5. 申请人应当在法定期限内提出申请。根据民事诉讼法的规定，申请执行的期限为 2 年。申请执行的期限，从法律文书规定的履行期限的最后一日的次日起开始计算；法律文书规定分期履行的，从规定的每次履行义务期限的最后一日的次日起开始计算。

6. 当事人须向有管辖权的人民法院提交强制执行申请书以及相关的文件。当事人须向被执行人住所地或者被执行财产所在地的中级人民法院申请强制执行。此外，当事人申请执行仲裁裁决书时，应当向人民法院提交有仲裁条款的合同书或者仲裁协议书；申请执行国外仲裁机构的仲裁裁决，应当提交经我国驻外使、领馆认证或我国公证机关公证的仲裁裁决书中文本。

人民法院对于符合上述条件的执行申请，应当在 7 日内予以立案；不符合上述条件之一的，应当在 7 日内裁定不予受理。

此外，申请人申请强制执行仲裁裁决书时，应当向人民法院提交以下文件和证件：①申请执行书。申请执行书中应当写明申请执行的理由、事项、执行标的，以及申请人所了解的被执行人的财产状况。申请执行人书写申请执行书确有困难的，可以口头提出申请。人民法院接待人员对口头申请应当制作笔录，由申请执行人签字或者盖章。外国一方当事人申请执行的，应当提交中文申请执行书，当事人所在国与我国缔结或共同参加的司法协助条约有特别规定的，按照条约规定办理。②生效法律文书副本。③申请执行人的身份证明。公民个人申请的，应当出示居民身份证；法人申请的，应当提交法人营业执照副本和法定代表人身份证明；其他组织申请的，应当提交营业执照副本和主要负责人身份证明。④继承人或者权利承受人申请执行的，应当提交继承或者承受权利的证明文件。⑤其他应当提交的文件或者证件。

三、仲裁裁决的执行措施

仲裁裁决的执行措施，即人民法院依法强制执行时所采取的方法和手段。人民法院在执行仲裁裁决书时，可以根据被执行对象的具体情况，分别采取以下强制执行措施：

（一）对金钱债权的执行

所谓金钱债权，指仲裁裁决书中所确定的实体权利为金钱权利，即责令义务人向权利人支付一定数额的金钱，以实现权利人的合法权益。

对金钱债权的执行，可以针对被执行人的财产状况，分别采取以下执行措施：

1. 查询、冻结、划拨被执行人的存款。被执行人是法人或者其他组织的，查询、冻结、划拨是实现金钱债权通常适用的执行措施。所谓查询，即由人民法院的执行人员到有关的金融机构了解、查找被执行人的账户以及账户上的存款情况。冻结，即人民法院封存被执行人账户上一定数额存款，以停止被执行人提取、办理转账业务的方法。而划拨，则是人民法院通过金融机构，将被执行人的存款通过转账行为划入申请执行人的账户。

人民法院采取查询、冻结、划拨被执行人在银行（含分理处、营业所和储蓄所）、非银行金融机构、其他有储蓄业务的单位（以下简称金融机构）的存款，依照《中国人民银行、最高人民法院、最高人民检察院、公安部关于查询、冻结、扣划企业事业单位、机关、团体银行存款的通知》的规定办理。有关单位收到人民法院协助执行的通知后，擅自向被执行人或者其他人支付的，人民法院有权责令其限期追回；逾期未追回的，应当裁定其在支付的数额内向申请执行人承担责任。

查询、冻结、划拨的存款需被执行人享有所有权或经营管理权。人民法院对被执行人的存款采取查封、冻结等强制执行措施后，金融机构擅自解冻被人民法院冻结的款项，导致冻结款项被转移的，人民法院有权责令其限期追回已转移的款项。在限期内未能追回的，应当裁定该金融机构在转移的款项范围内以自己的财产向申请执行人承担责任。被执行人为金融机构的，对其交存在人民银行的存款准备金和备付金不得冻结和扣划，但对其在本机构、其他金融机构的存款，及其在人民银行的其他存款可以冻结、划拨，并可以对被执行的其他财产采取执行措施，但不得查封其营业场所。

2. 扣留、提取被执行人的收入及存款。被执行人为个人的，人民法院经常使用扣留、提取被执行人收入或者存款的方法予以强制执行。所谓扣留，即人民法院依法强制留置被执行人的收入，禁止被执行人处分或者支取其收入或存款的方法。所谓提取，是指人民法院依法支取被执行人的收入或者存款。

在仲裁裁决书的执行程序中，如果作为被执行人的公民，其收入转为储蓄存款的，人民法院应当责令其交出存单。拒不交出的，人民法院应当作出提取其存款的裁定，向金融机构发出协助执行通知书，并附生效法律文书，由金融机构提取被执行人的存款交人民法院或者存入人民法院指定的账户。被执行人在有关单位的收入尚未支取的，人民法院应当作出裁定，向该单位发出协助执行通知书，由其协助扣留或者提取。

3. 查封、扣押、拍卖、变卖被执行人的财产。对于金钱债权，如果义务人无金钱给付能力，人民法院经常采取查封、扣押、拍卖、变卖被执行人财产的方法实现生效的仲裁裁决书。上述执行措施既有联系，又有区别。

（1）查封与扣押。所谓查封，是指人民法院将被执行人的财产贴上封条，就地封存，以限制被执行人或者其他人转移或者处分该财产的方法。查封一般是针对不动产或者体积很大、移动不便的动产所采取，而扣押则不同。所谓扣押，是指人民法院将被执行人的财产移至另一场所予以扣留，以限制被执行人占有、使用和处分的方法。因此，扣押通常是针对移动方便的物品所采取。

根据最高人民法院《执行规定》的相关规定，被执行人无金钱给付能力的，人民法院有权裁定对被执行人的其他财产采取查封、扣押措施，裁定书应送达被执行人。采取查封、扣押措施，需要有关单位予以协助的，应当向有关单位发出协助执行通知书，连同裁定书副本一并送达有关单位。人民法院对被执行人所有的，其他人享有抵押权、质押权或留置权的财产，可以采取查封、扣押措施。在具体查封、扣押方法上，该《执行规定》也作出了明确的规定，即对动产的查封，应当采取加贴封条的方式，不便加贴封条的，应当张贴公告。对有证照的动产或不动产的查封，应向有关管理机关发出协助执行通知书，要求其不得办理查封财产的转移过户手续，同时可以责令被执行人将有关财产权证照交由人民法院保管。必要时也可以加贴封条或张贴公告的方法查封。既未向有关管理机关发出协助执行通知书，也未采取加贴封条或张贴公告的办法的，不得对抗其他人民法院的查封。被查封的财产，可以指令被执行人负责保管。如继续使用被查封的财产对其价值无重大影响，可以允许被执行人继续使用，因被执行人保管或使用的过错造成损失的，由被执行人承担。被扣押的财产，人民法院可以自行保管，也可以委托其他单位或个人保管。对扣押的财产，保管人不得使用。被执行人或者其他人擅自处分已被人民法院查封、扣押、冻结财产的，人民法院有权责令责任人限期追回财产或承担相应的赔偿责任。

查封、扣押措施应严格依法定程序采取

（2）拍卖和变卖。所谓拍卖，是指人民法院对已经查封、扣押的财产，以公平竞价的方式卖给出价最高的人，然后将所得价金交付给申请执行人的措施。拍卖是实现财产变价的最公平合理的方法,有利于最大限度地实现被拍卖财产的价值,从而最大限度地保护申请执行人与被执行人的合法权益。所谓变卖,是指人民法院将财产交由有关部门或者由自己强制直接出售,并将所得价金交付给申请执行人的措施。拍卖较为公道,因此,对被执行人的财产进行变价应尽量使用拍卖方式。但是,在没有拍卖场所的地方或者对不适合拍卖的财产,人民法院也可以采取变卖的方式。

拍卖和变卖以先行查封、扣押为原则

人民法院对查封、扣押的被执行人的财产进行变价时,应当委托拍卖机构进行拍卖。财产无法委托拍卖机关拍卖、不适于拍卖或者当事人双方同意不需要拍卖的,人民法院可以交由有关单位变卖或者自行组织变卖。人民法院对拍卖、变卖被执行人的财产,应当委托依法成立的资产评估机构进行价格评估;如果被执行人申请对人民法院查封的财产自行变卖,人民法院可以准许,但应当监督其按照合理价格在指定的期限内进行,并控制变卖的价格。拍卖、变卖被执行人的财产成交后,必须即时财物两清;委托拍卖、组织变卖被执行人财产所发生的实际费用,从所得价款中优先扣除;所得价款超出执行标的数额和执行费用的部分,应当退还给被执行人。

总之,适用查封、扣押、拍卖、变卖的措施,人民法院应当作出裁定,需要有关单位予以协助的,应当发出协助执行通知书,并且,采取措施应当以被执行人的财产为限,不得损害他人的合法权益。

(二) 对特殊标的的执行措施

在仲裁裁决书的执行中,如果被执行人不履行生效的仲裁裁决书所确定的义务,但是享有知识产权、股权等特殊利益时,人民法院也可以针对这些特殊标的采取相应的执行措施。对此,最高人民法院《执行规定》中作出一些明确的规定。

对被执行人的知识产权可采取禁止转让以及拍卖、变卖的方法实现其价值

1. 对被执行人知识产权的执行措施。在仲裁裁决书的执行中,如果被执行人不履行生效仲裁裁决书所确定的义务,但是享有专利权、商标权等知识产权时,人民法院有权裁定禁止被执行人转让其专利权、注册商标专用权、著作权(财产权部分)等知识产权。上述权利有登记主管部门的,应当同时向有关部门发出协助执行通知书,要求其不得办理财产权转移手续,必要时可以责令被执行人将产权或者使用权证照交人民法院保存。此外,对专利权、注册商标专用权等知识产权,人民法院也可以采取拍卖、变卖等执行措施,以实现其财产价值。

2. 对被执行人的股息或者红利等收益的执行措施。在仲裁裁决书的执行中，如果义务人不履行生效仲裁裁决书所确定的实体义务，但是在其他企业有投资的，对被执行人从有关企业中应得的已到期的股息或者红利等收益，人民法院有权裁定禁止被执行人提取和有关企业向被执行人支付，并要求有关企业直接向申请执行人支付。对被执行人预期从有关企业中应得的股息或者红利等收益，人民法院可以采取冻结措施，禁止到期后被执行人提取和有关企业向被执行人支付。到期后，人民法院可以从有关企业中提取，并出具提取收据。

3. 对股份凭证（股票）的执行措施。对被执行人在其他股份有限公司中持有的股份凭证（股票），人民法院可以扣押，并强制被执行人按照公司法的有关规定转让，也可以直接采取拍卖、变卖的方式进行处分，或者直接将股票抵偿给债权人，用于清偿被执行人的债务。

4. 对投资权益或者股权的执行措施。对于被执行人在有限责任公司、其他法人企业中的投资权益或者股权，人民法院可以采取冻结措施。冻结投资利益或者股权的，应当通知有关企业不得办理被冻结投资利益或者股权的转移手续，不得向被执行人支付股息或者红利。被冻结的投资利益或者股权，被执行人不得自行转让。被执行人在其独资开办的法人企业中拥有的投资权益被冻结后，人民法院可以直接裁定予以转让，以转让所得清偿对申请执行人的债务。

对被执行人在有限责任公司被冻结的投资利益或者股权，人民法院可以依据公司法的有关规定，征得全体股东过半数同意后，予以拍卖、变卖或者以其他方式转让。不同意转让的股东，应当购买该转让的投资权益或者股权，不购买的，视为同意转让，不影响执行。人民法院也可以允许并监督被执行人自行转让其投资权益或股权，将转让所得收益用于清偿对申请执行人的债务。对被执行人在中外合资、合作经营企业中的投资权益或者股权，在征得合资或者合作他方的同意和对外经济贸易主管机关的批准后，可以对冻结的投资权益或者股权予以转让。如果被执行人除在中外合资、合作企业中的股权以外别无其他财产可供执行，其他股东又不同意转让的，可以直接强制转让被执行人的股权，但应当保护合资他方的优先购买权。

采取上述措施时，人民法院应当向有关企业发出协助执行通知书，有关企业收到人民法院发出的协助执行通知书后，擅自向被执行人支付股息或者红利，或者擅自为被执行人办理已冻结股权的转移手续，造成已转移的财产无法追回的，应当在所支付的股息或者红利或转移的股权价值范围内向申请执行人承担责任。

（三）交付财产和完成行为的执行

交付财产和完成行为的执行，是指为实现生效仲裁裁决书所确定的责令义务人向权利人交付特定财产或者完成指定行为的义务，人民法院针对被执行人的特定财产或者行为所采取的执行措施。

在仲裁案件中，如果涉及特定物之争议或者行为给付之争议，则权利人权利的实现需借助义务人履行交付特定物或完成行为的义务。因此，在义务人不自觉履行其义务的情形之下，人民法院的强制执行措施则往往针对被执行人的特定财物或者其行为。具体如下：

1. 对交付财物的执行。如果生效的仲裁裁决书确定被执行人交付特定标的物，应当执行原物。原物被隐匿或非法转移的，人民法院有权责令其交出。原物确已变质、损坏或者灭失的，应当裁定折价赔偿或者按标的物的价值强制执行被执行人的其他财产。有关单位或者公民持有法律文书指定交付的财物，在接到人民法院协助执行通知书后，协同被执行人转移财物的，人民法院有权责令其限期追回；逾期未追回的，应当裁定其承担赔偿责任。

2. 对完成行为的执行。仲裁裁决书确定被执行人须向权利人履行一定的行为，而被执行人拒不履行该指定行为的，人民法院可以强制其履行。对于可以替代履行的行为，可以委托有关单位或他人完成，因完成上述行为所发生的费用由被执行人承担。对于不可替代的，只能由被执行人完成的行为，经教育，被执行人仍拒不履行的，人民法院应当按照妨害执行行为的有关规定处理。

（四）对被执行人到期债权的执行

对被执行人到期债权的执行，是指被执行人不能清偿到期债务，但是对第三人享有到期债权时，人民法院可以根据申请执行人的申请对该第三人的财产进行强制执行的法律制度。

对被执行人到期债权的执行不同于对被执行人的执行，具有以下特点：①被执行的主体具有特殊性。在一般情况下，被执行的主体应当是生效仲裁裁决书所确定的义务人，而对被执行人的到期债权进行执行时，被执行的主体扩大到仲裁裁决书所确定的义务人的到期债务人。②执行对象具有特殊性。在一般执行中，执行对象既可以是被执行人的财产，也可以是被执行人的行为，而在对被执行人到期债权的执行中，执行对象只能针对被执行人的到期债权。

1. 对被执行人到期债权执行的条件。设立对被执行人到期债权予以执行的制度，其目的主要是解决在被执行人无力履行仲裁裁决书所确定义务情况下，对权利人权利的实现。因此，对被执行人的到期债权进行执行，需具备以下条件：

（1）申请执行人必须已经取得对被执行人的生效仲裁裁决书。如果申请执行人尚未取得相应的仲裁裁决书，则其不能申请人民法院执行被执行人的财产。

（2）被执行人与第三人之间必须存在债权债务关系并且已到期。否则，不存在对被执行人的到期债权进行执行的前提。

（3）被执行人不能履行仲裁裁决书中所确定的义务。如果义务人有能力履行仲裁裁决书确定的义务，则无须对被执行人的到期债权予以执行。

（4）被执行人对第三人享有的债权是可以代位执行的。也就是说，被执行人对第三人享有的债权不具有专属性，否则，不得强制执行该债权。

对被执行人到期债权的执行实际上是以对被执行人负有到期义务的第三人的财产或行为为执行对象，因此，执行被执行人到期债权需依法定条件与程序进行。

2. 对被执行人到期债权执行的程序。对被执行人到期债权的执行应当按照以下程序进行：

（1）依申请向第三人发出履行义务的通知。被执行人不能清偿债务，但对本案以外的第三人享有到期债权的，人民法院可以依申请执行人或者被执行人的申请，向第三人发出履行到期债务的通知（以下简称履行通知）。履行通知必须直接送达第三人。履行通知应当包括下列内容：①第三人直接向申请执行人履行其对被执行人所负的债务，不得向被执行人清偿；②第三人应当在收到履行通知后的15日内向申请执行人履行债务；③第三人对履行到期债权有异议的，应当在收到履行通知后的15日内向执行法院提出；④第三人违背上述义务的法律后果。

（2）第三人提出异议。第三人接到人民法院发出的直接向申请执行人履行其义务的通知后，如果对该义务有异议，即对自己与被执行人之间的债权债务有意见的，可以在接到通知后15日内以书面形式向执行法院提出。口头提出异议的，执行人员应记入笔录，并由第三人签字或者盖章。

（3）对第三人异议的处理。第三人在履行通知指定的期间内提出异议的，人民法院不得对第三人强制执行，对提出的异议不进行审查。

这里一般理解为不进行实质审查，通过对异议的形式审查，以决定是否对第三人强制执行。

(4) 对第三人的执行。第三人在履行通知指定的期间内没有提出异议，而又不履行的，执行法院有权裁定对其强制执行，此裁定同时送达第三人和被执行人。但是，第三人提出自己无履行能力或者其与申请执行人无直接法律关系，不属于异议。如果第三人对债务部分承认、部分有异议的，可以对其承认的部分强制执行。此外，第三人收到人民法院要求其履行到期债务的通知后，擅自向被执行人履行，造成已向被执行人履行的财产不能追回的，除在已履行的财产范围内与被执行人承担连带清偿责任外，可以追究其妨害执行的责任。对第三人作出强制执行裁定后，第三人确无财产可供执行的，不得就第三人对他人享有的到期债权强制执行。

(五) 参与分配

参与分配，是指在仲裁裁决书的执行过程中，债务人的其他已经取得执行根据的债权人，发现债务人的财产不能清偿全部债权时，向人民法院申请就其所享有的债权平等受偿的制度。

> 参与分配制度的设立是将被执行人的财产公平分配给多个债权人，但债权人未得到清偿的债权仍然存在

设立参与分配制度的意义在于为多个债权人提供一个公平受偿的机会，以防止因少数债权人利益的全部实现而损害其他债权人的合法权益。但是，参与分配应当符合一定的条件：①必须存在多个债权人。②债权人须已经取得执行根据，如果债权尚未到期，则不能参与分配。③债务人的财产不能清偿全部债权。即作为被执行人的公民或者其他组织，其全部财产已被一个人民法院因执行确定金钱给付的生效法律文书而查封、扣押或者冻结，无其他财产可供执行或者其他财产不足清偿全部债务。④债权人的债权须为金钱债权。⑤债权人申请参与分配的时间须在执行程序进行过程中。⑥债权人须向人民法院提交参与分配申请书，写明参与分配的理由，并附有执行依据。

债权人申请参与分配后，对被执行人财产的具体分配，应当由首先查封、扣押或者冻结的法院主持进行。对人民法院查封、扣押或者冻结的财产有优先受偿权、担保物权的债权人，可以申请参与分配，主张优先受偿权。参与分配案件中可供执行的财产，在对享有优先权、担保权的债权人依照法律规定的顺序优先受偿后，按照各个案件债权数额的比例进行分配。被执行人的财产被分配给各债权人后，被执行人对其剩余债务应当继续清偿。

（六）执行竞合

执行竞合，即多个权利人同时或者先后依据不同的仲裁裁决书，对同一债务人的特定财产，请求人民法院强制执行的现象。在仲裁裁决书的执行过程中，由于权利人权利的确定性与权利内容的多样性，以及被执行人财产的特定性，往往导致权利人权利的执行无法同时满足，因此，就产生了强制执行之间的相互冲突，即竞合现象。根据最高人民法院《执行规定》的有关规定，多份生效法律文书确定金钱给付内容的多个债权人分别对同一被执行人申请执行，各债权人对执行标的物均无担保物权的，按照执行法院采取执行措施的先后顺序受偿。多个债权人的债权种类不同的，基于所有权和担保物权而享有的债权，优先于金钱债权受偿；有多个担保物权的，按照各担保物权成立的先后顺序清偿。一份生效法律文书确定金钱给付内容的多个债权人对同一被执行人申请执行，执行的财产不足清偿全部债务的，各债权人对执行标的物均无担保物权的，按照各自的债权比例受偿。

> 注意发生执行竞合时应当如何处理

（七）支付延迟履行期间的债务利息与迟延履行金

在仲裁裁决书的执行过程中，对于金钱债务，人民法院可以根据申请执行人的申请，责令义务人双倍支付迟延履行期间的债务利息；对于非金钱债务，可以根据申请执行人的申请，责令义务人支付迟延履行金。迟延履行金由人民法院根据双方当事人及案件的具体情况自行确定。

> 迟延履行义务，应当支付债务利息或迟延履行金，没有法定情形，债务是不能豁免的

（八）继续执行

继续执行，即在仲裁裁决书的执行程序中，对义务人暂时没有履行的债务部分，债权人发现债务人有其他财产的，人民法院可以根据债权人申请继续依法执行的制度。

继续履行制度的设立，有利于防止债务人以转移、隐匿、抽逃资金等方法逃避债务，可以最大限度地实现债权人的合法权益。

四、仲裁裁决的执行中止、终结与回转

（一）仲裁裁决的执行中止

仲裁裁决的执行中止，是指在仲裁裁决的执行过程中，由于出现某种特殊情形，致使执行程序必须暂时停止，待特殊情形消失后，再

恢复对仲裁裁决执行的制度。

在仲裁裁决的执行过程中，出现下列情形时，应中止执行：

1. 一方当事人申请执行仲裁裁决，另一方当事人申请撤销仲裁裁决的。

2. 申请人表示可以延期执行的。

3. 案外人对执行标的提出确有理由的异议的。

4. 作为一方当事人的公民死亡，需要等待继承人继承权利或承担义务的。

5. 作为一方当事人的法人或者其他组织终止，尚未确定权利义务承受人的。

6. 人民法院认为应当中止的其他情形。在执行实践中，引起执行中止的其他原因主要包括：①人民法院已受理以被执行人为债务人的破产申请的；②被执行人确无财产可供执行的；③执行标的物是其他法院或者仲裁机构正在审理的案件争议标的物，需要等待该案件审理完结确定权属的；④仲裁裁决的被申请人依据《民事诉讼法》第237条第2款的规定或者第274条的规定向人民法院提出不予执行请求，并提供适当担保的。

执行中止情形的出现仅导致执行程序的暂停，情形消失后，程序即恢复

基于上述原因之一，人民法院即可作出中止执行的裁定。该裁定作出并送达当事人后即生效，裁定书中应写明中止执行的理由和法律依据。中止执行的情形消失后，执行法院可以根据当事人的申请或者依职权恢复执行，恢复执行应当书面通知当事人。

（二）仲裁裁决的终结执行

仲裁裁决的执行终结，是指在执行过程中，由于出现某种特殊情形，致使执行程序无法继续进行或者继续进行已没有必要，因而停止执行程序，以后不再恢复的制度。

在仲裁裁决的执行过程中，出现下列情形时，人民法院可以裁定终结执行：

1. 仲裁裁决被人民法院依法定程序撤销的。

2. 申请人撤销申请的。

3. 作为被执行人的公民死亡，无遗产可供执行，也没有义务承担人的。

4. 追索赡养费、扶养费、抚育费案件的权利人死亡的。

5. 作为被执行人的公民因生活困难，无力偿还借款，无收入来源又丧失劳动能力的。

6. 人民法院认为应当终结执行的其他情形。在执行实践中，引起仲裁裁决执行终结的其他情形主要包括：①在执行程序中，被执行人被人民法院裁定宣告破产的；②当事人双方依据执行和解协议履行完毕的；等等。

基于上述原因之一，人民法院即可作出终结执行的裁定。该裁定作出并送达当事人后即生效，裁定书中应写明终结执行的理由和法律依据。

执行终结情形的出现必然导致执行程序的结束

（三）仲裁裁决的执行回转

仲裁裁决的执行回转，是指仲裁裁决执行完毕后，该仲裁裁决被人民法院依法定撤销程序撤销，以致取得全部或者部分财产的一方当事人丧失其依据，人民法院重新采取执行措施，使双方当事人之间的权利义务关系恢复到未执行以前的状态的法律制度。

执行回转制度是一种特殊的补救性制度，其目的在于纠正因仲裁裁决确有错误而导致的执行工作的失误，对于维护被执行人的合法权益以及法律的尊严有重要的作用。因此，发生执行回转，需要具备以下条件：

1. 作为执行根据的仲裁裁决书已被人民法院全部或者部分执行完毕。如果原仲裁裁决书尚未得到人民法院的强制执行，则无须进行执行回转。

2. 作为执行根据的仲裁裁决书被人民法院依法定程序撤销。执行程序的有效发生以生效仲裁裁决书为依据，如果该仲裁裁决书被人民法院依法定程序撤销，则意味着已经结束的执行程序丧失了其合法依据，应当通过再次执行恢复原有状态。

3. 申请人拒绝返还依据已被撤销的仲裁裁决所取得的民事权益。仲裁裁决执行完毕后，如果原申请执行人自觉返还基于被撤销仲裁裁决所取得的民事权益，则无须执行回转。但是，如果该当事人拒绝返还，则人民法院可以依当事人申请或者依职权，按照新的生效法律文书，作出执行回转的裁定，责令原申请执行人返还已取得的财产及其孳息，拒绝返还的，强制执行。

执行回转是执行程序完毕后，依据新的法律文书所进行的再执行，其目的在于恢复权利义务关系的正常状态

执行回转应当重新立案，适用执行程序的有关规定。在执行回转时，已执行的标的物系特定物的，应当退还原物。不能退还原物的，可以折价抵偿。

五、仲裁裁决执行的监督

为了保障执行工作的质量以及执行工作的合法性，我国法律设立

了执行监督制度,即上级人民法院执行机构负责本院对下级人民法院执行工作的监督、指导和协调,具体反映在:

1. 上级人民法院发现下级人民法院在执行工作中作出的裁定、决定、通知或者采取的具体执行行为不当,应当及时指令下级人民法院予以纠正,并可以通知有关法院暂缓执行。下级人民法院接到上级人民法院的指令后必须立即纠正,如果认为上级人民法院的指令有错误,应当在收到指令后5日内请求上级人民法院复议。上级人民法院认为请求复议的理由不成立,而下级人民法院仍不纠正的,上级人民法院可以直接作出裁定或者决定予以纠正,送达有关法院及当事人,并可以直接向有关单位发出协助执行通知书。

2. 上级人民法院发现下级人民法院执行的仲裁裁决书,有不予执行的事由的,应当依法作出不予执行的裁定而不制作的,可以责令下级人民法院在指定期限内作出裁定,必要时可直接裁定不予执行。

3. 上级人民法院发现下级人民法院的执行案件(包括受委托执行的案件)在规定的期限内未能执行结案的,应当作出裁定、决定、通知而不制作的,或者应当依法实施具体执行行为而不实施的,应当督促下级人民法院限期执行,及时作出有关裁定等法律文书,或者采取相应措施。对下级人民法院长期未能执行的案件,确有必要的,上级人民法院可以决定由本院执行或者与下级人民法院共同执行,也可以指定本辖区其他法院执行。

<small>执行监督对解决执行难能起很大作用</small>

4. 上级人民法院通知暂缓执行的,应当同时指定暂缓执行的期限。暂缓执行的期限一般不得超过3个月。有特殊情况需要延长的,应报经院长批准,并及时通知下级人民法院。暂缓执行的原因消除后,应当及时通知执行法院恢复执行。期满后,上级人民法院未通知继续暂缓执行的,执行法院可以恢复执行。

第三节 涉外仲裁裁决在国外的执行

中国涉外仲裁机构的仲裁裁决作出后,仲裁裁决书所确定的义务人及其可供执行的财产可能在中国境内,也可能在中国领域外。如果义务人或者其可供执行的财产在中国领域外,则产生中国涉外仲裁机构的仲裁裁决需要得到其他国家的承认与执行的问题。

涉外仲裁是应国际贸易发展的需要而产生与逐渐发展完善的。世界各国为使其涉外仲裁裁决不仅在国内得到承认与执行,而且在国外也得到承认与执行，从而发挥涉外仲裁机构在解决本国当事人与外国当事人，甚至是外国当事人之间的商事争议方面的作用，树立本国涉外仲裁机构的威信与地位，各国积极探索涉外仲裁裁决在国内尤其是在国外的承认与执行问题，并最终于1958年6月10日在美国纽约订立《承认及执行外国仲裁裁决公约》。我国第六届全国人民代表大会常务委员会第十八次会议于1986年12月2日决定我国加入1958年在纽约通过的《承认及执行外国仲裁裁决公约》，该公约于1987年4月22日对我国正式生效。至此，不仅意味着我国将承担对该公约成员国的仲裁裁决在我国的承认与执行的国际公约义务，而且也意味着我国涉外仲裁机构的仲裁裁决可以在该国际公约成员国同样得到承认与执行。

为使我国涉外仲裁机构的仲裁裁决在国外得到承认与执行具有国内法上的法律依据，我国《仲裁法》第72条规定："涉外仲裁委员会作出的发生法律效力的仲裁裁决，当事人请求执行的，如果被执行人或者其财产不在中华人民共和国领域内，应当由当事人直接向有管辖权的外国法院申请承认和执行。"根据该条规定，当事人向外国有管辖权的法院申请承认与执行我国涉外仲裁机构的仲裁裁决，需要具备以下条件：

> 涉外仲裁裁决在国外得到承认与执行需通过司法协助来解决

1. 我国与被请求国之间有相互承认和执行对方国家涉外仲裁机构仲裁裁决的双边条约，或者两国共同参加的国际公约中有相互承认和执行对方国家涉外仲裁裁决的内容或者两国之间具有互惠关系。这是我国涉外仲裁机构的仲裁裁决能够得到外国承认与执行的一个必要条件。

2. 我国涉外仲裁机构的仲裁裁决是依符合仲裁法或者当事人选定的仲裁规则规定的仲裁程序作出的，也就是说，涉外仲裁裁决的作出程序是正当的。

3. 我国涉外仲裁机构作出的仲裁裁决必须是已经发生法律效力的，并且该涉外仲裁裁决具有执行内容。

4. 涉外仲裁裁决所确定的义务人不履行其实体义务时，权利人可以依法直接向有管辖权的外国法院申请强制执行。所谓有管辖权的外国法院，根据国际惯例，一般是指被执行人住所地法院、被执行人国籍所属国法院或者被执行人可供执行的财产所在国法院。

5. 当事人须提交请求承认与执行涉外仲裁裁决的申请书及其相关文件，如据以执行的生效涉外仲裁裁决书及其译本，以及按照有关国际条约及被请求国法律的要求，需要办理的申请执行手续所需要的文件。

一般来说，我国涉外仲裁机构的仲裁裁决只要符合上述条件，即可得到被请求国的承认与执行。当然，我国涉外仲裁机构的仲裁裁决要得到外国的承认与执行，还需要符合被请求国国内法关于承认和执行外国涉外仲裁机构仲裁裁决的相应法律规定。

第四节 不予执行仲裁裁决

一、不予执行仲裁裁决

(一) 不予执行仲裁裁决的概念及意义

不予执行仲裁裁决，是指人民法院在被执行人提出证据证明仲裁裁决具有法定不予执行的情形时，经过审查核实并裁定不予执行的行为。

在仲裁中，不论是国内仲裁，还是涉外仲裁，都实行一裁终局的制度，即仲裁裁决一经作出，就具有约束力与强制执行的法律效力，权利人在义务人不履行仲裁裁决所确定的实体义务时，可以申请有管辖权的人民法院强制执行仲裁裁决。但是，为了维护被执行人自身的合法权益，法律赋予被执行人申请法院不予执行仲裁裁决的权利，即被执行人有证据证明该仲裁裁决具有法定不予执行的情形时，可以申请法院不予执行该仲裁裁决。

> 不予执行仲裁裁决是人民法院对仲裁实施监督的又一体现

设立不予执行仲裁裁决制度，一方面，有利于维护被执行人的合法权益，防止被执行人因法院强制执行不当而遭受不应有损害；另一方面，有利于法院对仲裁机构予以司法监督，以保障仲裁裁决的正确性与仲裁机构的权威性。

(二) 不予执行仲裁裁决的情形

我国对国内仲裁裁决与涉外仲裁裁决分别规定了不同的不予执行情形，具体如下：

1. 对国内仲裁裁决不予执行的情形。《仲裁法》第 63 条规定："被申请人提出证据证明裁决有民事诉讼法第 213 条[1]第 2 款规定的情形之一的，经人民法院组成合议庭审查核实，裁定不予执行。"也就是说，当国内仲裁裁决具有民事诉讼法所规定的下列情形之一的，被申请人可以申请人民法院裁定不予执行仲裁裁决：

> 不予执行国内仲裁裁决的情形涉及实体问题、程序问题、法律适用以及仲裁员的职业道德问题

---

[1] 即 2017 年《民事诉讼法》第 237 条。

(1) 当事人在合同中没有订立仲裁条款或者事后没有达成书面仲裁协议的。

(2) 裁决的事项不属于仲裁协议的范围或者仲裁委员会无权仲裁的。2018年3月1日实施的《最高人民法院关于人民法院办理仲裁裁决执行案件若干问题的规定》（以下简称《仲裁裁决执行规定》）第13条进一步规定，下列情形经人民法院审查属实的，应当认定为《民事诉讼法》第237条第2款第2项规定的"裁决的事项不属于仲裁协议的范围或者仲裁机构无权仲裁的"情形：①裁决的事项超出仲裁协议约定的范围；②裁决的事项属于依照法律规定或者当事人选择的仲裁规则规定的不可仲裁事项；③裁决内容超出当事人仲裁请求的范围；④作出裁决的仲裁机构非仲裁协议所约定。

(3) 仲裁庭的组成或者仲裁的程序违反法定程序的。《仲裁裁决执行规定》第14条进一步规定，违反仲裁法规定的仲裁程序、当事人选择的仲裁规则或者当事人对仲裁程序的特别约定，可能影响案件公正裁决，经人民法院审查属实的，应当认定为《民事诉讼法》第237条第2款第3项规定的"仲裁庭的组成或者仲裁的程序违反法定程序的"情形。

(4) 裁决所根据的证据是伪造的。《仲裁裁决执行规定》第15条进一步规定，"裁决所根据的证据是伪造的"情形包括：①该证据已被仲裁裁决采信；②该证据属于认定案件基本事实的主要证据；③该证据经查明确属通过捏造、变造、提供虚假证明等非法方式形成或者获取，违反证据的客观性、关联性、合法性要求。

(5) 对方当事人隐瞒了足以影响公正裁决的证据的。《仲裁裁决执行规定》第16条进一步规定，"对方当事人向仲裁机构隐瞒了足以影响公正裁决的证据的"情形主要指：①该证据属于认定案件基本事实的主要证据；②该证据仅为对方当事人掌握，但未向仲裁庭提交；③仲裁过程中知悉存在该证据，且要求对方当事人出示或者请求仲裁庭责令其提交，但对方当事人无正当理由未予出示或者提交。当事人一方在仲裁过程中隐瞒己方掌握的证据，仲裁裁决作出后以己方所隐瞒的证据足以影响公正裁决为由申请不予执行仲裁裁决的，人民法院不予支持。

(6) 仲裁员在仲裁该案时有贪污受贿、徇私舞弊、枉法裁决行为的。

2. 对涉外仲裁裁决不予执行的情形。《仲裁法》第71条规定："被申请人提出证据证明涉外仲裁裁决有民事诉讼法第258条[1]第1

---

[1] 即2017年《民事诉讼法》第274条。

款规定的情形之一的，经人民法院组成合议庭审查核实，裁定不予执行。"根据该条规定，涉外仲裁裁决具有民事诉讼法规定的下列情形之一时，被申请人可申请人民法院不予执行该仲裁裁决：①当事人在合同中没有订立仲裁条款或者事后没有达成书面仲裁协议的；②被申请人没有得到指定仲裁员或者进行仲裁程序的通知，或者由于其他不属于被申请人负责的原因未能陈述意见的；③仲裁庭的组成或者仲裁的程序与仲裁规则不符的；④裁决的事项不属于仲裁协议的范围或者仲裁机构无权仲裁的。

<small>不予执行涉外仲裁裁决的情形仅涉及程序问题</small>

（三）不予执行仲裁裁决的程序

1. 被申请人向负责执行的人民法院提出书面申请。在仲裁裁决的执行过程中，如果被申请人有证据证明仲裁裁决具有法定不予执行的情形之一时，可以向负责执行的人民法院提出书面申请，请求人民法院不予执行仲裁裁决。当事人对仲裁机构作出的仲裁裁决或者仲裁调解书申请执行的，由被执行人住所地或者被执行的财产所在地的中级人民法院管辖。《仲裁裁决执行规定》第 8 条规定，被执行人向人民法院申请不予执行仲裁裁决的，应当在执行通知书送达之日起 15 日内提出书面申请；有《民事诉讼法》第 237 条第 2 款第 4、6 项规定情形且执行程序尚未终结的，应当自知道或者应当知道有关事实或案件之日起 15 日内提出书面申请。

2. 人民法院应依法组成合议庭对申请进行审查。被申请人提出不予执行仲裁裁决申请后，为了保证被申请人的合法权利，人民法院应当对被申请人提出的申请进行审查。同时，为防止被申请人滥用其权利，损害仲裁机构的威信，人民法院应当组成合议庭进行审查，以保证人民法院对仲裁机构监督权的正当合法行使。根据《仲裁裁决执行规定》第 11 条规定，人民法院对不予执行仲裁裁决案件应当组成合议庭围绕被执行人申请的事由、案外人的申请进行审查；对被执行人没有申请的事由不予审查，但仲裁裁决可能违背社会公共利益的除外。

被执行人、案外人对仲裁裁决执行案件申请不予执行的，人民法院应当进行询问；被执行人在询问终结前提出其他不予执行事由的，应当一并审查。人民法院审查时，认为必要的，可以要求仲裁庭作出说明，或者向仲裁机构调阅仲裁案卷。

3. 人民法院在法定期限内作出裁定。根据《仲裁裁决执行规定》第 12 条规定，人民法院对不予执行仲裁裁决案件的审查，应当在立案之日起两个月内审查完毕并作出裁定；有特殊情况需要延长的，经本院院长批准,可以延长一个月。

4. 对被申请人不予执行仲裁裁决的申请作出处理。

第一,不予执行的报核程序。合议庭对被申请人的申请经过审查后,如果认为仲裁裁决符合法律规定的不予执行的情形之一,应当作出裁定不予执行该仲裁裁决,并将不予执行仲裁裁决的裁定书送达双方当事人及仲裁委员会。

2018年实施的《报核问题规定》明确规定了仲裁司法审查的报核制度。对于不予执行(不予承认和执行)仲裁裁决的裁定,需要经过向上级法院报核之后才能作出。

(1) 涉外(港澳台)仲裁:三级法院报核。《报核问题规定》第2条第1款规定,各中级人民法院或者专门人民法院办理涉外涉港澳台仲裁司法审查案件,经审查拟认定仲裁协议无效,不予执行或者撤销我国内地仲裁机构的仲裁裁决,不予认可和执行香港特别行政区、澳门特别行政区、台湾地区仲裁裁决,不予承认和执行外国仲裁裁决,应当向本辖区所属高级人民法院报核;高级人民法院经审查拟同意的,应当向最高人民法院报核。待最高人民法院审核后,方可依最高人民法院的审核意见作出裁定。

(2) 国内仲裁:两级法院报核。《报核问题规定》第2条第2款规定,各中级人民法院或者专门人民法院办理非涉外涉港澳台仲裁司法审查案件,经审查拟认定仲裁协议无效,不予执行或者撤销我国内地仲裁机构的仲裁裁决,应当向本辖区所属高级人民法院报核;待高级人民法院审核后,方可依高级人民法院的审核意见作出裁定。

(3) 国内仲裁的特殊规定:三级法院报核。《报核问题规定》第3条规定,本规定第2条第2款规定的非涉外涉港澳台仲裁司法审查案件,高级人民法院经审查拟同意中级人民法院或者专门人民法院认定仲裁协议无效,不予执行或者撤销我国内地仲裁机构的仲裁裁决,在下列情形下,应当向最高人民法院报核,待最高人民法院审核后,方可依最高人民法院的审核意见作出裁定:①仲裁司法审查案件当事人住所地跨省级行政区域;②以违背社会公共利益为由不予执行或者撤销我国内地仲裁机构的仲裁裁决。

第二,如果认为仲裁裁决不符合法律规定的不予执行的法定情形,应当裁定驳回被申请人的申请;仲裁裁决被人民法院裁定不予执行后,当事人即可以直接向人民法院起诉,也可以重新达成仲裁协议后申请仲裁。

（四）案外人申请不予执行仲裁裁决

针对虚假诉讼或虚假调解侵害案外第三人的情形频繁发生，2012年《民事诉讼法》修订增加了诚信原则，并在妨害民事诉讼的强制措施中增加了对虚假诉讼、虚假调解等当事人的规制，同时增设第三人撤销制度，对案外第三人权益进行救济。在执行程序中，执行异议制度也是对案外人权益救济的途径之一。而针对仲裁实践中虚假仲裁或恶意仲裁侵害案外人利益的情形，目前确没有途径可以救济。针对这一需求，2018年3月1日实施的《仲裁裁决执行规定》，明确规定了案外人申请不予执行仲裁裁决的情形。

1. 案外人申请不予执行仲裁裁决的条件。根据《仲裁裁决执行规定》第9条的规定，案外人向人民法院申请不予执行仲裁裁决或者仲裁调解书的，应当提交申请书以及证明其请求成立的证据材料，并符合下列条件：①有证据证明仲裁案件当事人恶意申请仲裁或者虚假仲裁，损害其合法权益；②案外人主张的合法权益所涉及的执行标的尚未执行终结；③自知道或者应当知道人民法院对该标的采取执行措施之日起30日内提出。

2. 人民法院对案外人不予执行仲裁裁决申请的处理。根据《仲裁裁决执行规定》第18条的规定，案外人申请不予执行仲裁裁决或者仲裁调解书，符合下列条件的，人民法院应当支持：①案外人系权利或者利益的主体；②案外人主张的权利或者利益合法、真实；③仲裁案件当事人之间存在虚构法律关系，捏造案件事实的情形；④仲裁裁决主文或者仲裁调解书处理当事人民事权利义务的结果部分或者全部错误，损害案外人合法权益。

3. 对案外人申请不予执行仲裁裁决处理的救济。根据《仲裁裁决执行规定》第22条第3款的规定，人民法院基于案外人申请裁定不予执行仲裁裁决或者仲裁调解书，当事人不服的，可以自裁定送达之日起10日内向上一级人民法院申请复议；人民法院裁定驳回或者不予受理案外人提出的不予执行仲裁裁决、仲裁调解书申请，案外人不服的，可以自裁定送达之日起10日内向上一级人民法院申请复议。

二、撤销仲裁裁决制度与不予执行仲裁裁决制度的比较

（一）撤销仲裁裁决制度与不予执行仲裁裁决制度的相同之处

仲裁机构基于仲裁协议以及当事人的仲裁申请对争议案件经过审

理并作出仲裁裁决后，作为对仲裁机构的监督制度，虽然法律规定了撤销仲裁裁决制度与不予执行仲裁裁决制度两种制度的不同之处，但两者也有其相同之处。相同之处主要体现在以下四个方面：

1. 性质相同。撤销仲裁裁决制度与不予执行仲裁裁决制度虽然在仲裁法中都有相应的规定，但与仲裁协议制度、仲裁审理制度等不完全不同。从性质上来看，两者并不是仲裁程序中的正常程序制度，而是在仲裁程序完毕之后，对仲裁裁决之不公正予以纠正的非正常制度。它们既是对当事人权利的救济制度，同时也是对仲裁裁决予以监督的制度。

两种制度都体现了人民法院对仲裁的监督

2. 行使权利的主体相同。虽然撤销仲裁裁决制度与不予执行仲裁裁决制度是两个不同的制度，但是，行使撤销权与不予执行权的主体是一致的，即都是由人民法院行使。

3. 对当事人的后果相同。法院基于当事人的申请对仲裁裁决予以审查，作出撤销或者不予执行的裁定后，对当事人产生相同的法律后果，即依据仲裁裁决享有权利的当事人的实体权利无法实现。因此，作为对其权利的救济，法律允许当事人直接向人民法院起诉或者重新达成仲裁协议后申请仲裁。

4. 撤销与不予执行的情形相同。从我国仲裁法和民事诉讼法的具体规定来看，对于仲裁裁决的撤销和不予执行法定情形的规定相同。

（二）撤销仲裁裁决制度与不予执行仲裁裁决制度的区别

1. 申请的主体不同。仲裁裁决作出后，依据法定情形，有权申请人民法院撤销仲裁裁决的主体既可以是依据仲裁裁决享有权利的权利人，也可以是仲裁裁决所确定的需要承担实体义务的义务人。而有权申请人民法院不予执行仲裁裁决的主体只能是依据仲裁裁决需要承担实体义务的义务人。

两种监督制度的区别是明显的

2. 申请的时间不同。仲裁裁决作出后，当事人要申请人民法院撤销该仲裁裁决，只能在接到仲裁裁决之日起6个月内提出申请；而不予执行仲裁裁决的申请则是在执行程序开始后，执行程序完毕前提出。

3. 管辖法院不同。撤销仲裁裁决申请只能向仲裁委员会所在地的中级人民法院提出，而不予执行仲裁裁决的申请则是向受理仲裁裁决执行案件的人民法院提出。

4. 法院的处理不同。法院受理当事人提出的撤销仲裁裁决的申请后，经过审查，除作出是否撤销仲裁裁决的处理，还可以在认为有必要由仲裁庭重新仲裁的情况下，通知仲裁庭重新仲裁，并根据仲裁庭重新仲裁的情况作出处理；而对于当事人提出的不予执行仲裁裁决的申请，法院只要经过审查，根据审查的情况作出是否不予执行的裁定即可。

□ 小　结

本章主要阐述仲裁裁决的执行和不予执行中的有关法律问题，包括仲裁裁决执行与不予执行的概念、国内仲裁裁决与涉外仲裁裁决在国内执行中的有关制度，如执行机构、执行管辖、执行异议、执行和解、执行担保、执行承担等，涉外仲裁裁决在国外的执行、撤销仲裁裁决与不予执行仲裁裁决制度之比较等。其主要内容是：

一、仲裁裁决的执行概述

仲裁裁决的执行，是指经当事人申请，人民法院的执行组织运用国家强制执行力，依据生效仲裁裁决书强制负有义务的一方当事人履行其实体义务，以实现权利人权利的行为。

执行的特点：执行根据的有效性；执行主体的特定性；执行手段的强制性；执行过程的程序性。

二、仲裁裁决在国内的执行

（一）仲裁裁决执行的一般规定

1. 执行机构：法定性；专门性。
2. 执行对象：被执行人的财产；被执行人的行为；不得执行被执行人的人身。
3. 执行管辖：级别管辖；地域管辖；共同管辖；指定管辖与管辖权的转移。
4. 执行异议：
（1）概念。
（2）条件：提出执行异议的主体只能是案外人；执行异议须在一定期间内提出；案外人须提出实体主张；执行异议一般以书面形式提出，并提供相应证据。
5. 执行担保：
（1）概念。
（2）条件：被执行人提供担保；须经申请人同意；须由被执行人提出申请；须经人民法院确认。
6. 执行和解：
（1）概念。
（2）条件：是双方当事人的自愿行为；一般应当采取书面形式。

7. 执行承担。
8. 委托执行:
(1) 委托执行的程序。
(2) 委托执行中特殊情况的处理。
(3) 不得委托执行的情况。

(二) 仲裁裁决的申请执行

条件：申请人须合法；申请必须要有执行根据；仲裁裁决必须具有给付内容；须义务人逾期拒绝履行其义务；申请人应在法定期间内提出申请；应向有管辖权的人民法院提交申请书及相关文件。

(三) 仲裁裁决的执行措施

1. 对金钱债权的执行措施：查询、冻结、划拨存款；扣留、提取收入及存款；查封、扣押、拍卖、变卖财产。
2. 对特殊标的执行措施：对知识产权的执行措施；对股息或红利等收益的执行措施；对股份凭证的执行措施；对投资权益或股权的执行措施。
3. 交付财产和完成行为的执行。
4. 对被执行人到期债权的执行：申请执行人必须已经取得对被执行人的生效法律文书；被执行人与第三人之间存在到期的债权债务关系；被执行人不能清偿到期债务；被执行人对第三人享有的到期债权是可以代位的。
5. 参与分配：
(1) 概念。
(2) 条件：须存在多个债权人；债权人已取得执行根据或者已经起诉；债务人的财产不能清偿全部债务；债权人的债权须为金钱债权；须在执行程序中参与分配；须提交参与分配申请书。
6. 执行竞合。
7. 支付迟延履行期间的债务利息及迟延履行金。
8. 继续执行。

(四) 仲裁裁决的执行中止、终结与回转

1. 执行中止：一方当事人申请执行仲裁裁决，另一方当事人申请撤销仲裁裁决的；申请人表示可以延期执行的；案外人提出确有理由的异议的；作为一方当事人的公民死亡，需要等待继承人继承权利或者承担义务的；作为一方当事人的法人或者其他组织终止，尚未确定权利义务承受人的；人民法院认为应当中止的其他情形。
2. 执行终结：仲裁裁决被人民法院依法撤销的；申请人撤销申请的；作为被执行人

的公民死亡，无遗产可供执行，也没有义务承担人的；追索赡养费、扶养费、抚育费案件的权利人死亡的；作为被执行人的公民因生活困难，无力偿还借款，无收入来源又丧失劳动能力的；人民法院认为应终结执行的其他情形。

3. 执行回转条件：作为执行根据的仲裁裁决已被执行完毕；该仲裁裁决被依法撤销；申请人拒绝返还依据被撤销仲裁裁决所取得的民事权益。

（五）仲裁裁决执行的监督

三、涉外仲裁裁决在国外的执行

条件：我国与被请求国之间有条约或互惠关系；仲裁裁决是合法作出的；仲裁裁决是具有法律效力的裁决；权利人直接向有管辖权的外国法院申请执行；须提交申请书及相关文件。

四、不予执行仲裁裁决

（一）不予执行仲裁裁决

1. 不予执行仲裁裁决的概念以及意义。
2. 情形：对国内仲裁裁决不予执行的情形；对涉外仲裁裁决不予执行的情形。
3. 程序。
4. 案外人申请不予执行仲裁裁决。

（二）撤销仲裁裁决制度与不予执行仲裁裁决制度的比较

1. 相同：性质相同；行使权利的主体相同；对当事人的后果相同；撤销与不予执行的情形相同。
2. 不同：申请的主体不同；申请的时间不同；管辖法院不同；法院的处理不同。

□练习与思考

一、名词解释

1. 执行异议
2. 执行和解
3. 执行担保
4. 执行承担
5. 申请执行

6. 执行回转

二、简答题

1. 申请执行仲裁裁决需具备哪些条件?
2. 撤销国内仲裁裁决的情形有哪些?
3. 不予执行涉外仲裁裁决的情形有哪些?
4. 当事人提出执行异议需具备哪些条件?
5. 对金钱债权的执行措施有哪些?
6. 什么是参与分配?须具备哪些条件?

三、思考题

1. 如何理解执行对象?
2. 比较分析撤销仲裁裁决制度与不予执行仲裁裁决制度。